基于成果导向与学分制的高职人才培养方案设计与应用

DESIGN AND APPLICATION
OF TALENT CULTIVATION PROGRAM BASED
ON OBE AND CREDIT SYSTEM

何 静 严中华 编著

·广州·

版权所有　翻印必究

图书在版编目（CIP）数据

基于成果导向与学分制的高职人才培养方案设计与应用/何静，严中华编著. —广州：中山大学出版社，2020.8
　　ISBN 978-7-306-06939-9

　　Ⅰ.①基… Ⅱ.①何… ②严… Ⅲ.①高等职业教育—人才培养—研究 Ⅳ.①G718.5

中国版本图书馆 CIP 数据核字（2020）第 152689 号

出 版 人：王天琪
策划编辑：刘爱萍
责任编辑：周明恩
封面设计：曾　斌
责任校对：陈晓阳
责任技编：何雅涛
出版发行：中山大学出版社
电　　话：编辑部 020-84111946，84110283，84111997，84110779
　　　　　发行部 020-84111998，84111981，84111160
地　　址：广州市新港西路 135 号
邮　　编：510275　传　真：020-84036565
网　　址：http://www.zsup.com.cn　E-mail：zdcbs@mail.sysu.edu.cn
印 刷 者：佛山家联印刷有限公司
规　　格：787mm×1092mm　1/16　18.5 印张　350 千字
版次印次：2020 年 8 月第 1 版　2020 年 8 月第 1 次印刷
定　　价：58.00 元

如发现本书因印装质量影响阅读，请与出版社发行部联系调换

序 一

王晓典

  黑龙江职业学院作为全国高职院校中较早探索并实践成果导向理念育人的院校，5年来，在本土化改造、本地化实践、本体化认知等方面做了具体的尝试，取得了一些实践成果和经验，也得到了全国兄弟院校的支持和鼓励。欣闻何静、严中华老师要编写出版有关成果导向与学分制教育理念的著作，并将黑龙江职业学院所取得的成果和经验作为部分内容，我们表示支持和感谢。如果我们学校基于成果导向课程改革在探索与实践中取得的经验成果，能为中国高等职业教育的改革与创新做点贡献，这或许是我们最大的欣慰。

  何静、严中华老师从理论与工具方法出发，将成果导向与学分制教育做框架性建构，既阐述基本理论，又提供范式和案例，为当前中国特色高水平高职院校和专业建设计划项目解决了重难点问题。对于推进"以学生为中心"的教育教学改革，探索"1+X"有效路径和模式，实现学生全面发展、人人发展、持续发展做了有益的探索。

  我们也知道，中国高等职业教育改革与创新任重道远，需要有更多的学校、更多的老师积极投身于我国职业教育的改革与创新，共同努力提升我国高等职业教育的人才培养质量和国际竞争力、影响力。我们深信，在不久的将来，定会涌现出多种适应国际形势和国民经济发展要求的富有特色的人才培养模式。同时，我们也坚信，"以学生为中心、以成果为导向、质量持续改进"的教育教学理念将会得到更多院校和教育工作者的认同。我期待不久的将来，我国高等职业教育的人才培养质量和国际竞争力不断得到提升。我们愿意成为这场高等职业教育改革的"雨露"，我们期待"阳光普照"的来临。我以此为序，既对该书的出版表示祝贺，同时也向关注和支持黑龙江职业学院的每一位专家、每一位领导、每一位教师与同仁表示感谢！

王晓典

教授

黑龙江职业学院校长助理、教务处处长

2019 年 12 月 8 日

序 二

马永青

今天，认真拜读了何静、严中华教授主编的《基于成果导向与学分制的高职人才培养方案设计与应用》书稿，受益匪浅、感受颇深。

教育是国之大计、党之大计，是民族振兴、社会进步的重要基石，对提高人民综合素质、促进人的全面发展、增强中华民族创新创造活力、实现中华民族伟大复兴具有决定性意义。新时代，坚定党对职业教育工作的全面领导，使职业教育领域成为坚持党的领导的坚强阵地，回答好"培养什么样的人、怎样培养人、为谁培养人"这些根本性问题，才能在任何时候、遇到任何问题时，不迷失方向。

党的十九大的召开标志着中国特色社会主义进入新时代，与此同时，中国职业教育发展也迎来了"黄金期"。党的十九大报告指出："从2020年到2035年，在全面建成小康社会的基础上，再奋斗15年，基本实现社会主义现代化。"对职业教育的发展目标来说，就是要在新的历史起点上继续贯彻落实《国家中长期教育改革和发展规划纲要（2010—2020年）》提出的"到2020年，基本实现教育现代化，基本形成学习型社会，进入人力资源强国行列"的战略目标和《现代职业教育体系建设规划（2014—2020年）》提出的"到2020年，形成适应发展需求、产教深度融合、中职高职衔接、职业教育与普通教育相互沟通，体现终身教育理念，具有中国特色、世界水平的现代职业教育体系，建立人才培养立交桥，形成合理教育结构，推动现代教育体系基本建立、教育现代化基本实现"的总体目标。到2035年，伴随着社会主义现代化的实现，职业教育现代化也要基本完成。

目前，我国经济已由高速增长阶段转向高质量发展阶段，必然需要高质量发展的职业教育与之相匹配。今后一个时期，职业教育改革发展的主题就是高质量发展。职业教育高质量发展有赖于高质量的教育教学改革。当前，高职的课程改革基于以学生为主体，使学生成为真正意义上的主人，教师成为教学活动的组织者、指导者、促进者和参与者。成果导向教育是保证通过每堂课的教学最终实现成果引领课堂学习的最佳方法。

《国家职业教育改革实施方案》明确指出，到 2022 年，需要建成覆盖大部分行业领域、具有国际先进水平的中国职业教育标准体系。因此，职业院校的国际化人才培养模式改革已成为当前职业教育研究的一个重要课题。广东岭南职业技术学院结合国情和新时代职业教育的使命，在参考美国学历资格框架的基础上，融合成果导向教育和学分制的核心理念，对高职教育专业人才培养模式进行了大胆改革创新。经过多年的实践，形成了一套基于成果导向教育核心理念的人才培养模式和学分制管理体系。有效地解决了新时代职业教育在人才培养模式改革中迫切需要解决的部分问题，为我国"双高"院校建设和职业教育的国际化发展提供了重要的思路和借鉴。

马永青

悉尼协议研究院执行院长

"全国工业和信息化应用人才测评"项目考试服务中心副主任

2019 年 12 月 19 日于济南

前　　言

——桃花依旧笑春来

教育改革是一个永恒的话题。社会经济和科学技术的变化与发展是推动教育与之适应的根本动力，我国高职教育在近30年来取得了巨大的成绩。在一代代职教人的努力下，我们在教育教学改革创新方面也取得了丰硕的成果。但是面对社会经济和科学技术不断发展的今天，我们依旧需要努力去适应和创造更美好的明天。本书的编写缘起很简单，某天课后接到严中华教授的电话，问我是否还有此前编的那本书（《基于DQP成果导向的人才培养探索与实践》）。我说，还留有一捆。他说，沈阳有一所学校想用这本书来给教师做培训，当当网上已经卖完了，买不到。我随后把剩余的那捆书给了严教授。我一直很感激严教授的支持和鼓励。他是高职领域较早提出改革的人之一，并一直为推行以学生为中心的成果导向教育教学改革奔走呼告。近年来，他受各种机构邀请在全国高职院校和部分本科院校做了几十场次的相关讲座、培训，受到大家的肯定和赞许。同时，他编撰出版的《国外职业教育核心理念解读——学习成果导向职业教育课程开发理论与实践》《高职院校管理创新理论与实践指南——基于校企双主体教学企业构建与管理》等著作也广受欢迎。我从他的讲座和著作中获益良多，在他的鼓励和支持下不断学习和探索。我此前的那本书也得益于他的推荐，曾用于部分院校的教师培训用书。那本书的快速售罄，以及出版社希望我能再版，给了我信心。其实，一开始我并没有什么热情，心想我也不是名家，在理论上也谈不上有什么创新。所以，我一直在纠结是否需要编写现在这本书，后来在严中华教授和中山大学出版社刘编辑、周编辑的鼓励下，我还是忙乎起来了。值得庆幸的是，后来严教授也加入了统稿，还得到了王晓典教授、马永青教授、陆长平教授以及其他朋友的鼓励和支持。

从知识创造创新的角度来讲，或许我不是最大的贡献者，但是，我却是

这些知识的应用者。这犹如堆积木，积木本身不是我创造的，但是我却应用这些积木来搭过各式各样的房子（作品）。所以，作为一个成果导向与学分制理念在高职教育领域的较早探索者、实践者，我把探索与实践的感受跟大家分享，就犹如堆积木，这些可以百花齐放，各有芬芳。关于成果导向与学分制的著作与文章当前不算新鲜，我也只是将那些有代表性的观点和做法与大家分享，只是力图更实用而已。没有"满园春色斗新妆，意似争妍夺国香"的豪志，但在当前高职教育改革创新的竞技中有"百花头上梅先觉"的倾愿，这或许就是我的理由。

当你翻开本书，就意味着你在这里可以品鉴到一本多面、多维、多味的关于成果导向、学分制的书籍。它未必是专业的，但这或许就是你想要的，专业与零散之间本来就是互补的。严教授在我编撰这本书之前就告诫我不要太理论化了，现在市场上其实不缺理论方面的书籍，缺的是实操方面的指导书。我既不能把这本书编成工作指南书，也不能编成一本纯理论书。为什么？很简单，凡事必然"事出有因"。怎么兼顾好理论与实践两者之间的关系，我思考后沿用了"是什么""为什么""怎么做"的逻辑思路来编写这本书。这个逻辑思路注定了需要多面、多维、多味。如果把这次编撰比喻成酿酒的过程，我更愿意说的是，我愿意和大家在这里分享这坛美酒。在编写与"酝酿"过程中难免存在这个或那个的不足。实际上，我也一直试图寻找一种能解决多个问题的方法，但是，事实上很难有一种或者几种方法可以解决我们需要面对的问题。因为我们所面临的问题极其复杂，而且涉及的面也非常广。因此，我想我们还是得一步一步走，万丈高楼平地起嘛。值得庆幸的是，我们已经看到很多院校在一步一步地前进。他们从人才培养的言语表述到学习成果与国际对标，再到专业国际认证，一步一步在完善和前行。或许不久的将来，我们可以看到有些专业的学习成果或学分开始在国内外建立互认、互换机制。

关于学分制与学习成果的构建（建构）与评鉴（评价），在我国高职领域的探索尚属初级阶段。当前的探索大多数也仅限于模仿阶段。事实上，在学习成果的框架、体系方面的研究还有很长的路要走。因为学习成果不是一个孤立存在的模块，需要与我们的教育目标、专业人才培养目标相衔接；需要有一套权威、严格、科学、合理的评量体系，特别是在理论研究方面如何解决其科学性和合理性，在政策方面如何解决其权威性，还需要大家一起来探索。当前已有一批院校参与探索与实践，这是一个良好的开端。相信有了这个良好的开端，未来我们一定会在这个领域看到很多精彩动人的故事。高职领域的教育教学改革，不仅要探索学习成果的构建与呈现，更重要的是要

前言

真正能理解和践行"以学生为中心"的教育理念，要建立适合我们国家和高职的学历（资格）框架。只有在那个时候，我们的学习成果与学分制才更有意义。我们作为较早接触这一领域的教师，愿意和大家一起，在"以学生为中心"的教育理念下，逐步推动教学范式向学习范式的转变，逐步丰富和完善这一领域的理论与实践。

关于职业教育的现状和未来，各种论断与分析的文章已经非常丰富。本书定稿前原本也编有专门的章节，但由于篇幅比较大，同时也考虑到我们可以从其他途径了解、学习，因此最后删除了。对于职业教育的阶段性未来，2019年1月24日，国务院发布的《国家职业教育改革实施方案》（俗称"职教20条"）已为我国职业教育发展指明了方向，也标志着职业教育将伴随中国经济的发展步入新阶段。而在这个"征程"中，学分制和"1+X"证书制度的教学改革必将呈现出一道亮丽的风景。关于职业教育实施学分制管理的提出，早在2001年9月教育部下发的《关于在职业学校进行学分制试点工作的意见》就已有说明，而《教育部关于深化职业教育教学改革全面提高人才培养质量的若干意见》（教职成〔2015〕6号）、《高等职业教育创新发展行动计划（2015—2018年）》（教职成〔2015〕9号）和2019年的"职教20条"都提出了要"建立学分积累与转换制度"。"1+X"证书制度是我国职业教育改革的重大创新，同时也是职业教育改革的导向，其本质是体现了"以学生为中心、成果为导向"的教育理念。成果导向教育（OBE）理念作为当前国际工程类人才培养过程中的重要教育理念，这些年也在不断创新发展，应用领域也逐步扩展到非工程类的其他领域。学习和应用OBE理念无疑对促进我国高等职业教育国际化有着积极的作用。这些年国家也非常重视并积极推进我国职业教育的国际化竞争力。中国高等职业教育在规模上相比其他国家相对较大，但在国际化竞争力上与很多发达国家相比还是有一定的差距。这也反映了高等职业教育在国际化职业人才培养方面任重而道远。因此，在中国未来向后工业社会和中等发达程度国家迈进的过程中，提高对职业教育的投入，扩大职业教育的规模，建立完善、灵活、融通的职业教育结构体系，参与并举办国际各类职业技能比赛，专项研讨体验和制定国际规则，促进教育模式国际化，加强教育成果、育人方式和评价国际化，加强学分学历互认，仍应是我国职业教育发展的基本方向，也是"1+X"证书制度实施的初衷之一。

不论是学分制还是OBE理念的应用与创新，当前都有一批院校前瞻性地进行了探索与实践，他们的探索与实践已开花结果，也见真经。但就趋势来看，我们希望有更多的院校参与，更多的院校一起研究，形成我们自己具

有中国特色的成果与学分认证体系和标准体系。虽然，现在是"竹外桃花三两枝，春江水暖鸭先知"，但是，未来我们希望的不是"花丛"而是"树林"。我坚信在职教的旅程与竞技里，总会迎接这场迟来的"春雨"。这或许正是"好雨知时节"。本书虽有"曙光"，但也尚存不足，大多是在借鉴、参考他人的基础上行文，我想这也是你我需要进一步努力的缘由吧。好在我们还是有起点、有基础，一起探索的，一切都是"润物细无声"。

要说的东西很多，限于篇幅在此不再赘述。有的内容在后面的文案中会涉及、阐述，更多的希望以后有机会和大家一起探讨。说到这里，前言也写得差不多了。非常感谢你的支持，你的支持就是我前进的动力，剩下的你可以开始慢慢阅读后面的章节内容了。本书不是什么理论上的创新专著，所畅述的实例或因事物的发展已有更新，但不要紧，就算这是一本有关成果导向与学分制教育理念的资料汇集，也凸显了实用和能用的关键。本书中有些章节直接或间接引用了严中华、王晓典、刘春生、赵进忠、周清明、李坤崇、陆长平、叶晓平等专家、学者的相关文章和著作，在此表示感谢。同时，书中有些章节的思路来自殷明、翟树芹、牛玉清老师们的实践，有些章节引用了我与他们共同署名发表的文章，在此一并向他们表示衷心的感谢，同时，由于匆忙或疏忽，编撰中可能存有采用而又未标明来源的文献，如有发现请作者联系我们，我们将及时修正并一同表示感谢。

在此，我想用龚自珍的"落红不是无情物，化作春泥更护花"作为本书的开篇。

何静

佛山职业技术学院财经管理学院院长、教授

2020 年 2 月 28 日于佛山三水

目　录

第一编　基础理论

第一章　辨析成果导向教育理念 …………………………………… 3
　第一节　认识成果导向教育理念 ………………………………… 3
　第二节　成果导向教育模式的特点与实施架构 ………………… 9
　第三节　成果导向教育模式的表现形式与评价理念 …………… 14

第二章　阐述课程与学习成果 ……………………………………… 18
　第一节　课程的概念与分类 ……………………………………… 18
　第二节　学习成果的界定与运用 ………………………………… 22

第三章　分析成果导向课程的开发动因与模式 …………………… 44
　第一节　成果导向课程的开发动因 ……………………………… 45
　第二节　成果导向课程的开发模式 ……………………………… 52

第四章　建构能力与能力指标 ……………………………………… 66
　第一节　教育目标与能力指标 …………………………………… 66
　第二节　目标与能力的建构原则 ………………………………… 69
　第三节　目标与能力的建构路径 ………………………………… 72
　第四节　核心能力与能力指标权重分配 ………………………… 77

第五章　认识学分与学分制 ………………………………………… 99
　第一节　了解学分与学分制 ……………………………………… 99
　第二节　学分制的基本模式 ……………………………………… 103

第三节　学分制改革中的主要问题和对策 …………………… 107

第六章　学分制与弹性学分制 …………………………………… 111
第一节　实行学分制的基本条件 …………………………… 111
第二节　弹性学分制的基本内涵 …………………………… 113
第三节　弹性学分制的操作规程 …………………………… 119

第二编　设计与应用

第七章　基于成果导向的人才培养设计 ………………………… 129
第一节　专业标准与人才培养方案 ………………………… 129
第二节　专业规范的结构及内容 …………………………… 134
第三节　专业规范的制定 …………………………………… 135
第四节　专业诊断与改进 …………………………………… 149

第八章　基于 DQP 的课程设计 …………………………………… 158
第一节　课程规范的内涵 …………………………………… 158
第二节　课程规范的结构 …………………………………… 160

第九章　基于 OBE 理念的人才培养方案设计 …………………… 174
第一节　基于 OBE 理念的人才培养方案设计指南 ………… 174
第二节　基于 OBE 理念的人才培养方案设计实例 ………… 175

第十章　基于 OBE 理念的课程大纲设计 ………………………… 190
第一节　课程大纲主要结构 ………………………………… 190
第二节　课程大纲主要说明 ………………………………… 194
第三节　课程教学单元设计 ………………………………… 198
第四节　课程大纲编写指南 ………………………………… 203

第十一章　基于 OBE 理念的教学设计 …………………………… 205
第一节　成果导向的教学设计思路 ………………………… 205
第二节　成果导向的教学实施理念 ………………………… 209
第三节　成果导向的教学实施步骤 ………………………… 212
第四节　成果导向高职教学设计与实施的逻辑路线 ……… 218

第五节　成果导向的教学效果比较 ………………………………… 228

第十二章　学分制的人才培养设计 ………………………………… 235
　　第一节　弹性学分制的人才培养方案 ………………………………… 235
　　第二节　学分制下导师制的基本要求 ………………………………… 240
　　第三节　美国大学学分制的特征与启示 ……………………………… 242

第十三章　学习与专业评量设计与应用 …………………………… 252
　　第一节　成果导向学习成效评量实践 ………………………………… 252
　　第二节　成果评价方法及境外案例赏析 ……………………………… 257

参考文献 ………………………………………………………………… 273

后　记 …………………………………………………………………… 276

第一编
基础理论
Theoretical Basis

"待到山花烂漫时,她在丛中笑"
——也说成果导向理念与学分制

成果导向教育（Outcome-based Education，简称 OBE）理念随着社会经济与人本主义理念的发展越来越受到人们的关注。但在现实中有很多老师往往会把 OBE 理念与学分制分成两件事来对待，而实际上，如果你能把 OBE 理念与学分制综合来考虑，或许会让你走得更稳、更远……

　　本章主要介绍有关 OBE 与学分制相关的理论基础，俗话说，创新发展理论先行，我们在认识和理解有关理论的情况后，跑起来或许可以更快……

第一编 基础理论

第一章 辨析成果导向教育理念[①]

成果导向教育（Outcome-based Education，OBE）理念发源于20世纪90年代。经过20多年的发展，该理念已逐渐在世界范围内进行传播。在我国，有关OBE的研究刚刚起步，对其如何与我国教育实践相结合的研究文献凤毛麟角。如果说我们对"为谁培养人"这一问题已经形成了共识，那么亟待解决的就是"培养什么样的人"和"怎样培养人"的现实问题。而OBE不仅仅作为一种教育理念，更作为一种教育实践为解决上述问题提供了一个重要的思维路径。关于成果导向教育理念的论述，当前有很多著述，在此我们不赘述过于专业和细节的内容。我们只是试图通过让大家在认识成果导向教育和了解成果导向教育模式发展轨迹的基础上，更好地理解这种模式存在的价值，更好地去借鉴和学习。

第一节 认识成果导向教育理念

一、成果导向教育理念的本质

1. OBE理念是一种朴素的育人理念

从成果导向教育理念的发展历史阶段来看，正好与美国在20世纪七八十年代兴起的由美国学者马斯洛和罗杰斯提出的人本主义学习理论在同一时期。而同一时期的美国（70—80年代）正处于经济滞胀期，在这时期里社会环境发生了巨大的变化，滞胀的经济环境造成了社会的各类负面的影响，大量企业倒闭，工人失业，经济增长停滞，这个时期的教育已经不再是为了就业的单一目标了，人们开始思考学习的目的和意义。人本主义观点认为可

[①] 何静、孔繁正、王林：《成果导向教育（OBE）理念辨析》，《广东水利电力职业技术学院学报》2018年第3期。

以将学习分为"无意义学习与意义学习"两大类①。同时也提出,教育的目标和学习的结果应该是使学生成为具有高度适应性和内在自由性的人。不论是斯派迪（Willam G. Spady）提出的成果导向教育理念还是马斯洛（A. Maslow）和罗杰斯（C. R. Rogers）提出的人本主义学习理论,他们共同的关注点,已经开始由传统的关注以教师和教学目的、过程为中心转为关注"全人"和社会适应能力培养。同时,也彻底改变了工业经济时代把受教育者培养成为生产者和劳动者,成为生产和消费工具的观点。当然,这是社会经济和工业发展的结果,从苏格拉底、亚里士多德到斯宾塞和杜威的课程论中,我们可以看到相应时期的教育观,从这个演变过程来看,可以认为"成果导向的教育理念实际是一种朴素的教育理念"。

之所以说"成果导向的教育理念实际是一种朴素的教育理念",不仅是因为它聚焦了培养具有高度适应性和内在自由性的人的问题；同时也较好地回答了"为什么学""学什么""怎么学""学了有什么用"的问题；更得到了发达国家的认同和青睐,也已经成为发达国家和地区人才培养的普适观点。在大多发达国家的教育理念中,认为在这一时期"以学生为中心、成果为导向"就应该是普适的,这体现了以人为本的教育观。所以,纵观全世界,当前采用成果导向理念来培养人才的国家众多,但似乎没有一个国家和学校会把这个理念当作特色来做宣传。为什么？在我看来,这正说明它是一种朴素的教育理念,有着共识性。但是在实现的方法、路径上大家可以各自各精彩,可做优势和特色,而成果导向教育理念的本身似乎不应成为一个学校的特色和优势,因为从某个角度来看,本来就是应做到的。OBE强调学生从学习的一开始就有明确目标和预期表现,学生清楚所期待的学习内涵,教师更清楚如何协助学生学习。核心是聚焦学生"学到了什么",而不是教师"教了什么"。同时又重视培养学生适应社会的综合能力和对人生意义的追求。

2. 成果导向教育理念是社会进步和文明的体现

人本主义教育观的出现,实际上也是社会进步和文明的体现。2015年在由联合国教科文组织与韩国政府共同主办的"世界教育论坛"上,通过的《仁川宣言》中所提出的"全纳教育"观点,就是一个典型的社会进步和文明的体现。教育作为人类社会特有的一种实践活动,从它产生的时候起,便具有价值属性。早期,我国古代教育价值观主张"以教治国""学而优则

---

① 潘光花：《人本主义学习理论主要观点研究》,山东心理学会第十届学术会议论文提要汇编,2002-06-01。

仕"，通过教育达到治理国家的目的，因而教育是严格为统治阶级服务的，限制了人性，同时，有着严格的等级制度，受教育很大程度上只是统治阶级的特权①。而我国现代教育价值观是为无产阶级政治服务，教育权掌握在人民大众手中，人人享有受教育的权利，虽然确立了男女平等的教育权利，但是那时的教育主要还是为提升生产力服务。随着社会经济的发展，我国已从计划经济转向新时期中国特色的社会主义市场经济，新时期我国政治、经济、文化得到全面进步发展，《国家中长期教育改革和发展规划纲要（2010—2020年）》提出，到2020年我国高等教育毛入学率达到50%以上的目标，毛入学率达到发达国家水平。同时，党的十九大报告提出"建设教育强国是中华民族伟大复兴的基础工程""落实立德树人根本任务"，教育已经不仅仅是要教会受教育者立足、谋生，还应该使受教育者懂得人生意义的追求。因此，从这个角度来看，成果导向教育理念也是社会进步和文明的体现。

二、述评成果导向教育理念的意义

1. 使人才培养思路与目标更清晰，学习机会更充分

当前，大多专业是在分析行业、企业岗位与岗位群的背景下，基于岗位所需的知识、能力与素养需求来制订人才培养方案。人才培养的目标指向如何有效地培养学生的职业能力。但在进行职业能力描述时，往往又习惯于停留在高度抽象、模糊的层面进行描述，如问题解决能力、设备操作能力、合作能力等。这种描述既不能清晰地说明能力的具体内容，也无法准确地界定能力要达到的标准，更无法说明怎么算达到标准。同时，在实施过程中又过于注重"课堂教学"和"考试成绩"，教与学之间缺乏沟通而使得学生对"职业能力"理解不深，掌握不够、不透。现行这种过于遵循规定的进程，统一的教学时间、内容、方式，难以实现学生成长目标的多层次需求。而OBE强调学生从学习的一开始就有明确目标和预期表现，OBE的目标、课程、教材、评价、毕业要求等均聚焦于成果，而不是规定的进程。传统的规定式"学习动作"在某种程度上也限制了学生成功的机会，更难以体现出学生学习能力的差异化。反过来思考，如果要扩大学生学习的机会和学习动机，我们就必须做到不能以单一的成绩作为标准，同时也不能以同学之间的成绩比较来判定学生的优劣，应根据单一学生的学习效率和成效的目标达成情况协助学生修改、调整，这样才能增加学生的学习机会和动机，这也是

---

① 陈蔚新：《我国教育价值观的历史演变及未来展望》，《教育管理》2012年第2期。

OBE 理念的关键。

2. 使培养体系更科学合理，师生更精彩

高度抽象的能力描述直接树立了学科课程牢不可破的地位。这是当前大多院校课程改革只停留于"浅层修饰"的重要原因。因为当我们把这种高度抽象的、要素取向的思维范式投射到作为课程内容的知识时，往往会把职业能力的形成仅仅看成是这些知识直接演绎的结果，这样就使职业能力与课程体系设计之间容易出现脱节，不能清晰地说明职业能力与课程体系设计的关系，不能体现各课程是如何有机地支撑这些职业能力，也无法体现学分的内涵及学分转换的依据。而看不到具体的实践知识开发的意义，也就寻找不到开发实践知识的有效技术路径。因此，多年来所强调的作为职教课程改革主导理念的"知识要与任务相关"，只不过是在知识与任务之间建立了一些松散联系，并没有进入到更具实质意义的改革层面[①]。而 OBE 教育理念正好提出以知识（能力）结构出发反向设计，这样就可以促使课程体系支撑知识结构，进而使每门课程的学习都与知识（能力）结构相呼应，最终使学生达成预期的学习成果。这个模式正好对传统人才培养中被弱化和分割的课程单元起到一个有效的补充，促使人才培养体系更科学合理。

现行教学中的大多数学校都会通过评教、评学的方式，经意或不经意地把师生进行某种等级划分。而 OBE 秉持的是尽量让所有学生都有成功学习的理念，其评价指标不直接对学生的学习结果（成绩）进行评价，而是对学生进行结构性区分或分类，更多的是通过各种鼓励措施来给学生创造更多的学习机会，为学生搭建实现学习目标的平台，并引导每一位学生都实现自我的成长目标。现行大多数教学是"以教师为中心"，教什么、怎么教都由教师说了算，学生只是被动地接受教师的安排来完成学习。而 OBE 强调以学生为中心，教师通过示范、诊断、评价、反馈等策略，来引导、协助学生达成预期成果。同时，OBE 还强调教师和学生应围绕课程预期学习成果进行沟通，对课程要求学生应知应会些什么、如何教、如何学、如何考核评价等达成共识，形成"教师如何教、学生如何学"的教—学"契约"。将"传授范式"向"学习范式"转变，整个过程让师生的体验更精彩。

3. 使培养方向更明确，教与学更轻松

OBE 理念强调学生获得专业、课程、毕业证书要以学习成果为准，学生必须达到规定的学习成果（绩效指标），才能获得学分，达到专业、课程、

---

① 徐国庆：《职业能力现实化视野中的我国职教课程改革基本命题》，《职教论坛》2010 年第 12 期。

毕业证书所需要的学分类型和数值才能获得相应的证书。同时，要求教师要突破那种传统的一个教师负责一门课，其他教师不参与或很少参与，课程的教学都由课程负责的教师自己决定的做法，还强调要改变现行大多数教学内容由任课教师自行决定的单一做法。OBE 理念强调教与学的协同性、协作性，不仅需要让学生知道学什么，怎么学，同时还得协助学生达成预定的学习成果，在此过程中需要进行实时的沟通，解答学生的学习疑问，协同合作完成学习任务。对学生，也要求改变原来那种学习是为在同学之间的学习竞争中获得某一个学习层次（级别）而努力的做法，强调由竞争学习转为同学之间协作性学习，通过同学团队协同、师生协助学习的方式，来提升和促进学生的学习能力。学校和老师在评价学生学习成果的方式上也需改变现行班级之间、学生之间的区别性评价，OBE 教育理念强调学生的自我比较，而不是学生之间的比较，强调通过自我的比较来发现和提升自己的学习能力。这样使得教师知道如何教，学生如何学，使人才培养方向更加明确，教与学更轻松。

三、基于科学实践成果导向教育理念的辨析

1. 正确理解"成果"的内涵，处理好能力教育与完人教育的关系是实践的关键

采用 OBE 理念开展教学改革，其中的一个难点是如何设计学生的学习成果，有认证标准的虽然有一个可参照标准，但如何嵌入课程以及如何体现达成度及其评量的科学性也是一个难点。特别是对尚无认证标准可参考的课程学习成果的科学性鉴定是一个难点，怎么证明其成果设计是科学合理的、有效的？怎么说明其学习过程和方法是可行的，是科学合理的？如何评鉴？这些或者是一个难点，但这也正是需要改革创新的地方。当然，OBE 理念的"成果"内涵，也有广义和狭义的理解，OBE 理念下的"成果"的定义，一般来讲不仅是学习时间和学习结果（成绩）的累积或平均，它更加关注的是对某一个学习目标学成后的达成度即学习过程后获得的最终结果。

OBE 理念下的"成果"表现形式也不仅仅是某个课程学习成绩或作业所体现出来的对知识记忆和了解的程度，更不是学习的暂时表现，而是更关注学生学习内化到其心灵深处的过程、历程和程度，不仅包括一般意义的知识能力，还包括知识的实际应用能力，以及可能涉及的价值观或其他情感因素等。在当前的社会阶段开展 OBE 理念下的教学改革与实践，应正确处理好能力教育与完人教育的关系。OBE 教育理念在某一角度来讲更注重培养适合社会的"完人"，而当前我国社会经济阶段既要考虑培养"完人"，也要

培养服务社会经济发展的"能人"。特别是作为服务经济发展的职业教育，培养高素质、高技能的复合型、创新型人才的目标不能改变，它有着典型的职业性。因此，职业教育在借鉴OBE教育理念开展教学改革时，应充分考虑并处理好人才培养的职业性和社会性，正确处理好能力教育与完人教育的关系。

2. 融合成果导向教育与学分制，促进实践价值

开展成果导向的教学改革与创新，不仅需要建构一套教学理念、方法，同时还需要正确理解"成果"的用途。OBE理念明确了学生需要达到规定的绩效指标也就是我们所说的"成果"，才能获得相应的学分。当学生所获得的学分达到某一课程或专业证书所要求的学分时，就可以提出相应的证书申请。这样就可以改变传统教育中学生在规定时间内完成规定的课程学分就可获得证书的做法。那么，把学习成果与学分制融合就能直接体现"成果"的价值和意义。从某个角度来看，一个学生的学习成果可以说明是这个学生的学习收获，这个收获就像挖番薯，他挖了几个番薯就可以或者应该兑现什么。这时候学分制就可以承接该生学习获得（成果）的篮子，制度上明确获取某个证书（毕业条件）就必须挖够多少个番薯（需要什么样的成果）。这样学生在明确学分制度的基础上，去完成挖番薯（学习成果）。这说明了"学习成果"需要一个承接的"东西"，这个"东西"就是我们所说的"学分制"。否则，对成果的应用和价值就难以体现，这似乎也就没必要去对传统的计分体系实施改革。事实上，正因为过去我们的学分是建立在假设基础上，是用虚拟学习时间来测定的，比如商务礼仪4个学分，每个学分18学时，18×4=64学时，学完考试合格就可以获得4个学分；而OBE理念下的成果导向，与我们现行的大多数学分内涵不一样，它与学习时间有关。改革创新融合成果导向教育与学分制，可以很好地促进改革与创新的实践价值。

3. 推动成果导向教育的广泛应用，促进实践的意义

我国当前专业建设，如人才培养计划的制订、教学方式的改进、毕业生要求的达成等，大多还是局限在国内同行借鉴、经验参考的层面上。而大多数院校在开展教学改革与创新的时候考虑更多的不是如何促成院校之间、专业之间、课程之间的共识性，而是喜欢标新立异，认为需要突出自己的特色和优势，使得同一所学校、同一门课程之间的教学标准和考核标准都不一样。而成果导向教育恰恰就突破了这个圈，要求对区域之间、院校之间、课程之间学生的学习成果应具有共识性。学生的学习成果，从理论上讲，在一定范围内是"粮票"，它在一定范围内应该可以流通，如果不能流通的话，那么这个成果就意义不大了。成果导向教育，其中一个很有意义的地方，就

是"成果"类似粮票，它可以相互之间流通，换句话说，实行成果导向，可以有助于学生在专业之间、学校之间以及国家之间转换学分。

所以，这就是当前的专业或课程实施国际互认、院校互认的前提，要能相互承认，那就需要专业与专业之间、学校与学校之间、国家与国家之间的同类"成果"是相当的，要能够相互之间可以评量，如果不能评量相互成果，怎么能够达到互认呢？因此，这就带来了一个思考，开展成果导向的教育改革，需要找到一个可以对成果互认的标杆，或者成为某一个领域的标杆"老大"，大家跟着你。当前，高等教育领域比较权威的是《华盛顿协议》《悉尼协议》《都柏林协议》的国际专业或课程认证标准，就是明确了学习成果的评鉴标准，也是大家开展教学的参照。我们国家的学历资格框架还在探索建设之中，尚在探索建立国家层面的专业或课程认证标准，但是从成果导向教育实施方面来讲，我们需要找到可以参考或认证的权威标准，或有能力建立一个某一领域具有较高层面共识性的认证标准。不论是参照权威标准还是自己建立一个具有权威性的标准，开展成果导向的教育改革与创新都说明了一个问题，即开展OBE理念的教学改革，一个学校不好"玩"，要大家一起"玩"才精彩。

随着社会经济和科学技术的发展，以及教育国际化程度的不断提高，中国高职教育要走以学生为中心、以结果为导向（以成果为导向）、以专业建设为抓手的内涵式发展之路，或是"后示范""后骨干""一流高职""创新强校工程"时期的必由之路。从这个意义上来说，《悉尼协议》具有极大的参考意义。《悉尼协议》对学生的培养目标、学生学习要求及毕业生应掌握的知识、技能要求都做了明确规定，《悉尼协议》提倡"以学生为中心""以结果为导向"，同时倡导专业与课程根据社会经济发展持续改进，以满足社会对人才的需求。这对改善我国当前相对封闭、静态的教学和质量保证体系而言显然值得学习与借鉴。

第二节　成果导向教育模式的特点与实施架构

一、成果导向教育的特点

斯派蒂、斯洛克、布兰迪等美国教育家自20世纪80年代以来，对以成果为基础的教育进行了长期的研究。90年代以后，他们出版了不少有关成果导向教育的专著。在他们看来，成果导向教育理论是以人人都能学会为前提，以学生为中心、以成果为导向而设计的。在成果导向教育的过程中，既

要完成现在教育的要求，又要满足适应未来的需要，是一种强调能力培养、能力训练的教育系统。这些能力是针对某人给定专业、职责或任务而言的综合能力。换言之，就是适应就业和社会的能力，需要并期望所有团体合作以产生成果的过程。

成果导向教育能够衡量学生能做什么，而不是学生知道什么。前者是传统教育无法做到的。例如，传统教育衡量学生的常用方法是，从几个给定答案中选出一个正确答案。这种方法往往只能测试出学生的记忆力，而不能让学生展示出他们学会了什么。也就是说，重要的是理解而不是记忆。对内容的理解所体现的认知能力比对内容的记忆所体现的记忆能力重要得多。OBE要求学生将掌握内容的方式从解决有固定答案问题的能力拓展到解决开放问题的能力。

OBE要求学生通过具有挑战性的任务，来展示他们的能力。例如提出项目建议、完成项目策划、开展案例研究和进行口头报告等。这样的任务，能让学生展示思考、质疑、研究、决定和呈现的能力。因此，OBE将学生置于从发展他们的设计能力到完成一个完整过程的环境之中。OBE同时也关注高阶能力，例如创造性思维的能力、分析和综合信息的能力、策划和组织能力等。这种能力可以通过以团队的形式完成某些比较复杂的任务来获得。

OBE认为，人类潜能是可测量的或可论证的。成果导向教育的设想是所有的学生都能学好，且在学校中的表现是多样化的，学校应给予学生足够的时间、指导与机会来掌握并表现他们的能力。其中，社会、教育者、学习者和父母都必须对学生的学习负责。社会应为学习者提供良好、宽松的社会环境和各种优质服务，增强教育责任感；要发扬民主，鼓励学习者参与做出决定，最大限度地发挥个人潜能。学校要创造学习成功的条件，以未来为导向，以学生为中心，重新检查修改教学大纲要求，强调学生按个人兴趣、需要和水平学习。应要求学生学习的是，能最大限度地运用以经验为基础、对目前与未来都必要的活的知识和技能。每个学生的需要是通过多种指导性的策略与评估手段来满足的。教师所做的教学策略是指导性的，策略是为分析学生的需求并反映学生的需求而制定的。教师指导学生、促进学生学习的过程，必须以最适用的理论、最深入的观察和分析来进行。在教学中，要注意观察、分析教学实际情况，发现问题、改变策略、解决问题，这也是一个经验积累的过程。它可以为未来的学习提供数据，使学生能更好地选择自己的学习、评估学习，使学习成为一个不断提高的过程，最终使每个学习者获得成功，并以这一步的成功引向下一步的成功。每个学生都要给予足够的时间和支持来使其意识到自己的潜在能力。OBE认为，学习是持续不断的，而学习时间是不定的，是由学生与学校明智地安排的。由此，我们要利用一切可能的资源，满足所有学生的需要，保证最大限度地让学生获得成功。每个学生要发挥能动性，对自己的学习负责，做出适当的学习抉择，独立学习与思考，达到能自我评估并获得成功。评估一个学生是否进步，不是根据学生看过了多少本书，而在于考查学生是否完全掌握了为未来独立获取成功的重要技能。所以，评估要以成果标准为参考，即要根据所处学习阶段的内容、水平和成绩而恰如其分地进行评估。父母要加强与教师的联系，理解、支持孩子的学习，对孩子的学习做必要的补充，与孩子建立良好的情感关系。①

二、成果导向教育的实施原则

（1）清楚聚焦。课程设计与教学要清楚地聚焦在学生完成学习过程后能达成的最终学习成果上，并让学生将他们的学习目标聚焦在这些学习成果上。教师必须清楚地阐述并致力于帮助学生发展知识、能力和境界，使他们能够达成预期成果。清楚聚焦是 OBE 实施原则中最重要和最基本的原则，这是因为：第一，可协助教师制定一个能清楚预期学生学习成果的学习蓝图；第二，以该学习蓝图作为课程、教学、评价的设计与执行的起点，与所有的学习紧密结合；第三，无论是教学设计还是教学评价，都以让学生能充分展示其学习成果为前提；第四，从第一次课堂教学开始直到最后，师生如同伙伴一样为达成学习成果而努力分享每一时刻。

（2）扩大机会。课程设计与教学要充分考虑每个学生的个体差异，要在时间和资源上保障每个学生都有达成学习成果的机会。学校和教师不应以同样的方式在同一时间给所有学生提供相同的学习机会，而应以更加弹性的方式来配合学生的个性化要求，让学生有机会证明自己所学，展示自己的学习成果。如果学生获得了合适的学习机会，相信他们就会达成预期的学习成果。

（3）提高期待。教师应该提高对学生学习的期待，制定具有挑战性的执行标准，以鼓励学生深度学习，促进其更成功地学习。提升期待主要有三个方面：一是提高执行标准，促使学生完成学习进程后达到更高水平；二是排除迈向成功的附加条件，鼓励学生勇于向具有挑战性的目标迈进；三是增设高水平课程，引导学生向高标准努力。

（4）反向设计。以最终目标（最终学习成果或顶峰成果）为起点，反向进行课程设计，开展教学活动。课程与教学设计从最终学习成果（顶峰成

---

① 李光梅：《成果导向教育理论及其应用》，《教育评论》2007 年第 1 期，第 51—54 页。

果）反向设计，以确定所有迈向顶峰成果的教学的适切性。教学的出发点不是教师想要教什么，而是要达成顶峰成果需要什么。反向设计要掌握两个原则：一是要从学生期望达成的顶峰成果来反推，不断增加课程难度来引导学生达成顶峰成果；二是应聚焦重要、基础、核心和顶峰的成果，排除不必要的课程或以更重要的课程取代，才能有效协助学生成功学习。

教育教学改革首先要变革教学理念，建立全新的人才观和师生观。各地区、各学校在限定具体的学习范围和程序，明确教学计划、目的、对象后，要制定全新的成果目标课程体系，变革课程结构。学校教学计划可分四个层次：正式计划，即计划学校要教学生的一切科目；非正式计划，即对学校要组织的活动、兴趣小组、各种球类运动和准备成立的俱乐部等制订出计划；隐性计划，包括一切通过教师与员工的态度和言行对学生产生间接影响的教育；零计划，指一切不包括在正式教学计划中的潜在学科和主题。

在制订计划并落实任务之后，就应该授以教师教学策略，使其明确学习是受成果驱策的。教师只有以人为本，以成果为本，才能全面贯彻落实素质教育，完成社会赋予的历史使命。教师在教学生学会求知、学会做事、学会与他人共同生活、学会生存的同时，自己也应增强上岗就业和转岗所必需的综合知识与技能，逐步成为"双师型"教师。在教学中，教师要变革教学方法，变革教学途径，建立全新的综合成果训练体系。要向学生提供真实的情景，来练习解决有意思的问题。可使用科学技术，比如利用电脑与网络，让学生把课堂学习与课外学习有机地结合起来，扩大知识来源。围绕日常生活引导学生发现问题，利用发散思维探索解决问题的方法，来促进可行的研究与真实的学习。比如可利用小组活动让所有的学生进行相关的、试验性和描述性的调研，收集相关数据，学会分析和说明数据。运用定量分析方法，提高智力，加深情感，促进学生健康成长，让学生终身受益。在提高学生理解能力与解决问题的能力、获得成就方面，成果导向教育比传统教学效果要好得多。通过实施成果导向教学计划而获取技巧和经历的学习过程，对学习者来说是成功学习其他任何科目的重要因素。[①]

三、成果导向教育的实施要点

OBE 的实施要点，或者说关键性步骤如下：

（1）确定学习成果。最终学习成果（顶峰成果）既是 OBE 的终点，也

---

① 李志义、朱泓、刘志军等：《用成果导向教育理念引导高等工程教育教学改革》，《高等工程教育研究》2014 年第 2 期，第 29—34 页。

是起点。所以，在确定学习成果时要充分考虑教育利益相关者的要求与期望，这些利益相关者既包括政府、学校和用人单位，也包括学生、教师和学生家长等。因此，学习成果应该可清楚表述并可直接或间接测评，同时还要将其转换成绩效指标。

（2）构建课程体系。学习成果代表了一种能力结构，这种能力主要通过课程教学来实现。因此，课程体系构建对达成学习成果尤为重要。能力结构与课程体系结构应有一种清晰的映射关系，能力结构中的每一种能力要有明确的课程来支撑。换句话说，课程体系的每门课程要对实现能力结构有确定的贡献。课程体系与能力结构的这种映射关系，要求学生完成课程体系的学习后就能具备预期的能力结构（学习成果）。

（3）确定教学策略。OBE 特别强调学生学到了什么而不是教师教了什么，特别强调教学过程的输出而不是输入，特别强调研究型教学模式而不是灌输型教学模式，特别强调个性化教学而不是"车厢式"教学。个性化教学要求教师准确把握每个学生的学习轨迹，及时把握每个学生的目标、基础和进程。按照不同的要求，制订不同的教学方案，提供不同的学习机会。

（4）自我参照评价。OBE 的教学评价聚焦在学习成果上，而不是在教学内容以及学习时间、学习方式上。采用多元和梯次的评价标准，评价强调达成学习成果的内涵和个人的学习进步，不强调学生之间的比较。根据每个学生能达到教育要求的程度，赋予从不熟练到优秀的不同的评定等级，进行针对性评价，通过对学生学习状态的明确掌握，为学校和教师改进教学提供参考。

（5）逐级达到顶峰。将学生的学习进程划分成不同的阶段，并确定每个阶段的学习目标，这些学习目标是从初级到高级，最终达成顶峰成果。这将意味着，具有不同学习能力的学生将用不同时间，通过不同途径和方式，达到同一目标。

四、成果导向教育三角形框架

综上所述，可将 OBE 的实施框架归纳为：1 个核心目标、2 个重要条件、3 个关键前提、4 个实施原则、5 个实施要点。由此构成了 OBE 的三角形实施框架（见图 1-1）。

其中，1 个核心目标是：所有学生都要达成顶峰成果。2 个重要条件是：一是描绘成果蓝图，建立一个清晰的学习成果蓝图，并勾勒出哪些是必备的能力与内容，即确定学生在毕业时应该达到的能力结构；二是创设成功环境，为学生达成预期成果提供适宜的条件和机会。3 个关键前提是：一是所有学生均能通过学习达成预期成果，但不一定同时或通过相同途径或采用同

图1-1 成果导向教育三角形实施框架

样方式达成；二是成功是成功之母，学习的成功会促进更成功的学习；三是学校要对学生成功学习负责，学校掌握着成功的条件与机会，直接影响学生能否成功学习。4个实施原则是：清楚聚焦、扩大机会、提高期待和反向设计。5个实施要点是：确定学习成果、构建课程体系、确定教学策略、自我参照评价和逐级达到顶峰。

第三节 成果导向教育模式的表现形式与评价理念

一、成果导向教育模式的表现形式

与传统的教育模式一样，成果导向教育模式自有其一套完整的体系支持。目的在于帮助个性迥异的学生在风云变幻的社会中，在突飞猛进的经济热潮中，在日新月异的生存环境和异彩纷呈的文化中获取成功。

课程设定强调目标来源的广泛性，并带有极强的针对性，但由于辅以人性化的指导，冲淡了设定中的功利性色彩。提倡根据个体学习的情况展开个体与他人、文本以及个体自身展开相互作用。它要求学习者进行自我分析，以了解自己在学习情景中的不同反应。

教学手段授予教师以教学策略，以人为本，以成果为本，全面贯彻落实素质教育，完成社会赋予的使命。

保障体系则涵盖社会各个层面，从学习者在入学前的社区培养到学习中专业课程的技术保障，再到工作中继续学习的环境建设，都需要整个社会的关注。

评估体系则根据各院校的专业特点及社会对毕业生的要求，扶正院系发展方向与学生学习方向。

凭借着这一套完善的理论构成与先进的操作程序，以成果为导向的教育理念已经深入全美各大高校。也许教学过程中这一理念存在校际的差异，但在学生培养的评估上，主流教育机构的观点却是一致的。对于工程学科而言，由于其与成果导向教育模式具有天生的契合性，美国工程与技术教育认证委员会（ABET）从2000年开始实施成果导向式认证。他们对高校学系、毕业生学位的认证之工程规范从早期的教育投入，即教育动机和努力、机构和服务、资源和费用等，转移到教育产出，即能力和成果、成绩和效果上，并提出了认可某一学位时的11条导向性准则：第一条是有应用数学、科学与工程等知识的能力；第二条是有进行设计、实验分析与处理数据的能力；第三条是有能够设计系统、组建工序以满足特定需要的能力；第四条是有在不同界别组成的专业队伍里运作的能力；第五条是有确定、规划及解决工程问题的能力；第六条是了解社会责任及职业道德；第七条是具有沟通能力；第八条是拥有广阔的教育基础去理解工程项目对社会及全球的影响；第九条是认识到终身学习的重要性并拥有切实执行的能力；第十条是对当代社会关注的议题有一定的认识；第十一条是认识现代应用工程、工艺、技术及工具。这11条基本上就是把美国国家工程院（NAE，National Academy of Engineering）的一个理想转换成一条条准则。

二、成果导向教育评估理念

现代社会千变万化，竞争日益激烈，现代人所肩负的责任越来越大，改善和提高项目评估迫在眉睫。成果导向教育评估理论为我们展开了全新的教学成果评估方式。有效的评估，在成果导向教育中，是完整的学习过程不可缺少的一部分，包含过程与成果、认知与情感范围的持续评估，能激发学生对学习的责任感。成果导向评估考虑结果、质量、有价值的以人为本的成果。评估人员包括评估发起人、教育共同经营者、评估者。成果导向教育评估要求评估者了解教育政策和评估策略，明确成果目标，检查所使用的评估方式是否比其他评估更有效，评估结果如何应用，明确评估的类型、重点和标准。即弄清楚教育应使受教育者获得什么样的成就，应使受教育者获取其人生中有价值的成果。成果导向教育评估要求教学大纲能反映教育机构所要获得的成果的功效和影响。接着，是落实评估方式方法，即选择是进行成绩评估、功能评估，还是进行个人评定。在进行成果评估后，可就结果进行解释，最后把成功的成果应用于实践，以改善成果导向教育效果。

　　教育评价（评估），就是根据一定的目的和标准，系统地对教学思想、课程、教材、教学过程、教学方法，以及能否产生教学效果等做出价值判断。教学评估理论大约经历了4个阶段：20世纪60年代着重评估计划是否能有效地解决社会问题；70年代的焦点在于如何运用信息来设计与改进社会方案；80年代主要重点是把前两个阶段的评估理论融合在一起；80年代末至90年代初是教育评估的后现代主义阶段，轻视以理科为基础的注重定量研究的教学法，崇尚社会建构主义的、定性的、多元的教育方法。

　　成果导向教育评估作为一种新兴的教学评价包括描述、解释和价值判断。需要指出的是，历史的评估方法是以经验和控制为条件的，知识本位观影响下的教学评价内容狭窄，仅仅着眼于学生对知识掌握的多少及精确程度。往往对掌握知识成果多者大加赞扬，将掌握知识缓慢者视为没有发展前途的"后进生"，对他们进行挖苦、打击甚至放弃。

　　成果导向教育评估理论重实效，强调现实问题的解决；具有以社区为基础，既综合又富个性化的特点。通过对以成果为本位的创新教学的探索和深入研究，进行鉴定、判断、反馈、管理、调控、引导、激励和研究，从而建立全新的综合成果评价体系。其与知识本位观影响下的教学评价的最大差别，在于成果导向观认为即使是再差的学生也存在着一定的发展空间和潜力，每一个人的发展速度并非等速，当其在连续的多阶段的多次发展中顺利推进时，其发展速度会呈加速度提升。因而，成果导向观影响下的教学特别注重运用激励导向这把金钥匙，去开启学生尚未开发的潜能大门，把学生引向其"最近发展区"，从而不断提高其学习成果。

　　成果导向评估理论向后现代主义、实用方法转移，对测量和分析方法产生影响。成果导向教育评估采用多维度模式进行。建立和发展真实评估体系有3种方式：多维证实、建立文件夹和评估可完成的任务。多维证实，包括从活动检查表、合约书、充分的展示和陈述、动手操作并证明、口头访问调查、反思日志、教师对学生的观察、奇闻轶事记录、学生自我评价、写作测试等方面进行评估。文件夹的内容可以是记录学生一年或更长时间内所做的努力，包括所有学生的计划、观察文件夹、成长文档，以及已获取的成果。文件夹由学生选择并根据学生的意图来完善，必要时得向导师请教。学生和导师对文件夹要进行阶段性的评估。评估的任务包括评估学生笔头测试、评估学生所进行的模拟活动和解决问题的活动，以及学生的计划或活动执行情况。根据以上3种评估体系确定学生的成绩，看其是否达到中期目标，是否达到学年水平并可升学，是否达到毕业水平。一般采用4分制的打分方法：1分表明任务完成欠佳（相当于达D成绩）；2分表明基本掌握目标要求

（相当于达 C 成绩）；3 分表明已达到目标要求（相当于达 B 成绩）；4 分表明超越目标要求（相当于达 A 成绩）。在每次评估中，学生必须获得 2 分或以上成绩。

成果导向教育改革对评估所产生的影响主要在于对个人行为评估；在整个体系分同年龄组进行评估。评估结果作为策略计划的基础，用于比较、提高成果质量，提高个人竞争的优势。以行为为基础的评估方法的共同特征，是在策略上采用不定额的任务，采取更严密的顺序来获得更复杂的技能。要求运用对前后联系密切的策略，用不同的方式解决复杂问题。行为评估涉及与教育有关的预期成果展示，要求体现理解并展示阶段的、应用的或在不同环境下都能运用的技能。

高等教育改革要实现的是教育思想和观念的转变。长期以来，我国专业教育体系，不论是专业设置、教育模式、课程体系与教学内容等，都是按照计划经济来考虑的。改革开放以后，我国经济结构再次面临重大调整，与国际间的交流日益频繁，迎接市场经济的挑战是新时期高等教育面临的历史责任。我们要有紧迫感、危机感，为经济和社会发展提供人才和智力上的支持。

2019 年新春伊始，国务院颁布《国家职业教育改革实施方案》（国发〔2019〕4 号）①，俗称"职教 20 条"，这无疑为我国职业教育未来一段时间的发展指明了方向。值得欣喜的是，该方案明确了要"健全国家职业教育制度框架"，要"完善教育教学相关标准"，要"实现学习成果的认定、积累和转换"，要"制定符合国情的国家资历框架"。这些改革的导向，无疑是回应和明确了本节所提及的成果导向的价值和应用。

随着社会经济和科学技术的发展，以及教育国际化程度的不断提高，中国高职教育要走以学生为中心，以结果为导向（以成果为导向）、以专业建设为抓手的内涵式发展之路。这或许是"后示范""后骨干""一流高职""创新强校工程"时期的必由之路。从这个意义上来说，《悉尼协议》具有极强的参考意义。《悉尼协议》对学生的培养目标、学生学习要求及毕业生应掌握的知识、技能要求都做了明确规定，它提倡"以学生为中心""以结果为导向"，同时倡导专业与课程根据社会经济发展持续改进，以满足社会对人才的需求。这对改善我国当前相对封闭、静态的教学和质量保证体系而言显然是值得学习与借鉴的。

---

① 国务院关于印发国家职业教育改革实施方案的通知［EB/OL］，索引号：000014349/2019 - 00005 http://www.gov.cn/zhengce/content/2019 - 02/13/content_5365341.htm. 2019 年 2 月 13 日。

第二章 阐述课程与学习成果

第一节 课程的概念与分类[①]

一、课程的概念

课程（Curriculum）是现代教育学中的一个基本概念，几乎所有谈论教育理论的书都要涉及这个词。然而，给课程下一个确切的定义，却绝非易事。鲁尔（Rule,1973）识别出了 119 个关于课程的定义。自此以后，又有许多定义列入其中。课程不像教育机构、教育者、受教育者等概念，有公认的内涵和外延。不管教育学家们对于教育机构、教育者、受教育者有多少不同的学术见解，他们至少都很明确讨论的对象是什么。可是，课程却是这样一个概念，如果不同的学者有不同的课程观，那么，很有可能，他们同时也有不同的课程的概念。康纳利等（F. M. Connelly et al.）认为："课程的定义因研究者或实践者在其课程思考和工作中对概念的使用而有所不同，因此，没有超出特定的研究、论文、看法或值得讨论的政策文件等背景特殊地给课程下定义的方式。"

欧洲职业培训发展中心（CEDEFOP）的有关研究也提出：关于课程，目前并没有一个业界认可的统一定义，术语"课程"难以捉摸，认识论上界限不清。毫不奇怪，课程的许多定义高度依赖于历史环境、教学方法和国家背景。

在西方，斯宾塞（H. Spencer）最早使用"Curriculum"一词表达课程这个概念，意思是"教学内容的系统组织"。"Curriculum"源于拉丁文"Currers"，意为"跑"，作动词用。"Curriculum"是"Currers"的名词形式，意为"跑道"。"跑道"的英文表达为"Race-course"，所以，课程在英语中又可以

[①] 严中华：《国外职业教育核心理念解读——学习成果导向职业教育课程开发理论与实践》，清华大学出版社 2017 年版，第 3—4 页。

用"Course of Study"来表示,翻译成中文就是"学习的历程或经历"。

CEDEFOP(2010)通过对课程理论有关文献进行综述发现:课程发展的总体趋势是课程变得更加广义,越来越多地从一个静态、单一的文件(包括学生完成一个学年学习所必须掌握的学科知识)朝一个动态、综合和全面的文件包(包括职业标准、学习成果的定义、评估步骤和教学与培训的方法等)方向变化。这种演变解释了为什么今天人们在"课程在什么地方结束,教育、学习与培训从什么地方开始"这一问题上,很难达成一致的意见。

对于课程,人们常常做如下理解:①一系列知识和技能的描述。②教学与学习的计划——教育意图及其相关计划是大多数课程定义的中心要点。因此,课程被理解为计划工具。③不同培训和教育利益相关者之间的契约或共同构建的标准——这意味着该课程具有规范性质(即它可以采取法律、法令、官方指引等形式),其对教学和学习具有调控作用。④课程是一个文件(或文件的集合)。⑤学习者随着时间推移的体验。

基于以上认识,为了对欧盟各成员国成果导向课程开发状况进行比较研究,CEDEFOP(2010)确定了以下工作定义:课程是针对学习经历(经验)计划的一个或一整套框架性规范文件。任何学习经历(经验)计划框架内的文件都可以称为一个课程,包括与资格、评估和指导相关的文本。课程通常会明确学习的成果、目标、内容、地点和时长,以及教学和评估方法,可能会因国家、教育类型等的不同而有所差异。

二、课程的分类

CEDEFOP(2010)提出一个理想的职业教育课程及其开发框架,并将课程分类为"书面课程"(Written Curriculum)和"教学课程"(Teaching Curriculum),如图2-1所示。

"书面课程"是指所有为学习经历(经验)计划提供框架的文件,包括资格与评估标准、教育与课程标准以及培训与学习方案等规范性文件。"教学课程"主要是指书面课程在具体环境下的应用实践,包括一系列具体的教学和学习活动。"教学课程"的主要内容是行为、关系、经历,无法像研究文本有关证据那样对其进行研究。尽管本书关注的焦点是"书面课程"对"教学课程"的引领作用,但是后者并不仅仅只是前者的一个简单反映。很明显,其他因素如体制文化也会影响"教学课程"。另外,CEDEFOP(2010)对学习计划与方案做如下定义:学习计划与方案是在具体的学习环境下计划学习经历的一份书面文件。它是根据教育标准并考虑学习者的需求而制订的。

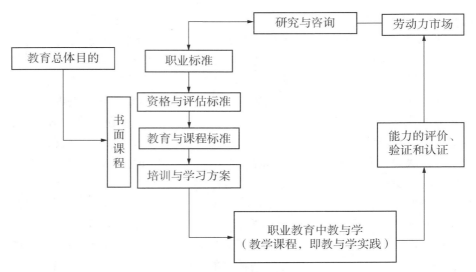

图 2-1 职业教育课程及其开发框架

我国许多学者（许洁英，徐玉珍，2005）将课程分为国家课程、地方课程和校本课程。学者们认为，从广义上来说，国家课程是指国家有关部门制定和颁布的各种课程政策，如教育部制定、颁布的课程管理与开发政策、课程方案，各类课程的比例和范围，教材编写、审查和选用制度等；从狭义上来说，国家课程是指国家委托有关部门或机构制定的各类教育的必修课程或称核心课程的课程标准或大纲。无论是广义的国家课程还是狭义的国家课程，都集中体现了国家的意志，是决定一个国家教育质量的主要因素。因此，国家课程具有统一规定性和强制性。广义的地方课程是指在某一地方实施和管理的课程，既包括地方对本地国家课程的管理和实施，也包括地方自主开发的只在本地实施的课程；而狭义的地方课程专指地方自主开发、实施的课程。在一般情况下，人们所谈的地方课程都是狭义的地方课程。广义的校本课程是指学校所实施的全部课程，既包括学校所实施的国家课程、地方课程，也包括学校自己开发的课程；而狭义的校本课程专指本校课程，即学校在实施好国家课程和地方课程的前提下，自己开发的适合本校实际的、具有学校自身特点的课程。目前，人们习惯将学校自己开发的课程称为校本课程，以区别广义的学校课程。

职业教育研究专家姜大源（2008，2015）将课程分为学科课程和职业教育课程。他认为，一个专业之所以能够成为一个专业，是因为它具有特殊的知识系统，即在知识的范畴、结构、内容、方法、组织以及理论的历史发展方面有它自身的独到之处。一个职业之所以能够成为一个职业，是因为它具有特殊性，即在工作的对象、方式、内容、方法、组织以及工具的历史发展方面有它自身的独到之处。因此，传统意义下的本科院校专业课程体现的是学科知识系统化的课程，即学科课程。而现代意义上的高职院校专业课程体现的是工作过程系统化的课程，即职业教育课程。另外，他又根据国外和中国职业教育课程发展的历程，将国外职业教育课程分为 MES 课程、能力本位课程、学习领域课程等，将中国职业教育课程分为模块课程、宽基础活模块课程、项目课程和工作过程系统化课程，具体如图 2-2 所示。

图 2-2　中外职业教育课程类型及发展趋势

三、本书课程的工作定义

学习成果导向方法已成为世界许多国家教育系统及其子系统课程开发的新范式，尤其受到欧盟众多成员国职业教育课程开发者的青睐。为了总结有关经验、及时推广新成果，2010 年，欧洲职业培训发展中心（CEDEFOP）特别对德国、爱尔兰、西班牙、法国、荷兰、波兰、罗马尼亚、斯洛文尼亚和英国的苏格兰这 9 个国家和地区职业教育课程开发采用学习成果导向方法的情况进行了比较研究。为了提高该比较研究的信度和效度，CEDEFOP 还专门确定了课程的工作定义以及比较框架。本书基本上采用同样的课程定义和比较框架，但考虑到我国职业教育课程深化改革的需要，特做如下几方面修订：着重从国家课程和校本课程两个层面考察国外成果导向的职业教育课程的开发路径。其中，国家课程采用广义的定义，包括职业标准、资格与评估标准、教育标准；校本课程主要从狭义的角度来界定，是指学校以国家课程为基础，开发出结合本校实际的、具有区域和学校自身特点的课程。具体如图 2-3 所示。

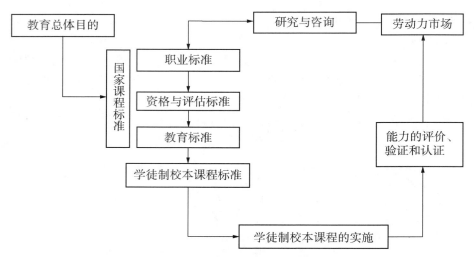

图2-3 本书采用的职业教育国家课程标准与学徒制校本课程开发模式与途径

第二节 学习成果的界定与运用[①]

一、学习成果导向教育新范式

2004年，第一次正式的博洛尼亚研讨会在爱丁堡赫瑞·瓦特大学召开，那次会议的议题是"学习成果应用"。从此以后，人们对这一话题的兴趣有增无减，许多有关这一话题的国际、国内研讨会相继举行。学习成果这一概念在博洛尼亚进程实施初时并没有得到足够重视。如今，学习结果（成果）已被确定为欧盟教育改革的基本构件和核心。

学习成果是指学习者在完成一段时间的学习后，被期望知道、理解和能够做什么的陈述。其明确主张学习的结果由学习成果界定。学习成果重在描述学习者的成就，而不是老师在一个模块或课程中用目标表达的意图。学习成果可以采取多种形式，在性质上可以是广义的，也可以是狭义的。它们通常是按照知识、技能、能力、态度和理解的混合形式来定义，是一个人成功经历某一类型教育而取得的结果。在现实中，学习成果还是表达和描述课程（模块、单元和资格）以及博洛尼亚资格框架中资格分类与等级的一个特定的方式、方法。

---

① 严中华：《国外职业教育核心理念解读——学习成果导向职业教育课程开发理论与实践》，清华大学出版社2017年版，第9—16页。

在 1999 年年初的《博洛尼亚公报》和 2001 年《布拉格公报》中，并没有提到学习成果，但从此以后，学习成果出现在每一个新的部长级公报中。在最近的《伦敦公报》中，涉及学习成果的独立段落超过 4 个，人们普遍认为学习成果在欧盟教育突破性创新与改革的实践中将逐步发挥重要的作用。更好地理解学习成果在博洛尼亚进程的目前阶段的作用，以及探索各部长级公报提及的学习成果是极其有价值的。

"部长们鼓励成员国为高等教育体系制定具有可比性、可兼容性的资格框架，这应该努力按照工作负载、等级、学习成果、能力来描述资格，他们也将承担制定欧洲高等教育区域（the European Higher Education Area，EHEA）总体资格框架的责任。"（《柏林公报》，2003）

"我们在欧洲高等教育区域（EHEA）中采用总体资格框架，包括 3 个阶段周期、基于学习成果和能力的每个阶段周期的一般描述以及周期中第一和第二阶段的学分范围。"（《卑尔根公报》，2005）

"我们强调课程改革的重要性，以使资格更好地适应劳动力市场和社会公民进一步学习的需要，未来应努力去除学习周期之间进入和进步的壁垒，并基于学习成果和学生工作负载，有效实施欧洲学分转移和累积系统（the European Credit Transfer and Accumulation System，ECTS）。"

"资格框架是实现 EHEA 可比较、透明以及促进学习者在高等教育系统之内或之间流动的重要工具，它们也有助于高校开发基于学习成果和学分的模块与学习方案，提高资格以及先前各种形式的学习的认可。"

"我们敦促在基于学习成果的课程创新过程中，进一步加强与雇主的合作伙伴关系。"

"为了促进以学生为中心、学习成果导向学习的更好发展，下一步应采取措施着力解决国家资格框架、学习成果与学分、终身学习和以往学习认可等一体化整合的问题。"

上述论述给我们呈现了以下学习成果不断得到重视的清晰轨迹：起初在 2003 年，部长们期望学习成果能用于描述资格；2005 年，学习成果被用作欧洲高等教育区域（EHEA）3 个阶段周期（其构成 EHEA 总体的资格框架）中一般"都柏林描述符"（Dublin Descriptor）的基础构件；2007 年 5 月，学习成果的使用得到进一步强调并扩大到以下多个领域的应用——定义欧洲学分转移和累积系统（ECTS）学分、支撑课程改革与创新、描述模块和学习方案以及促进以学生为中心的学习成果导向学习。至此，学习成果已经从教育改革的外围工具成为实现欧洲高等教育突破性创新与改革的红线组带和中心要件。

博洛尼亚改革以许多不同的方式拥抱学习成果。人们认为整个博洛尼亚

进程就是学习成果不断应用、不断更新的过程,并且其过程是系统、复杂和烦琐的。联合质量计划的专家们制定的"都柏林描述符"已被教育部部长们采纳并作为欧洲高等教育区域资格框架的重要构成。依据"都柏林描述符",博洛尼亚进程参与国积极创建具有新范式的国家资格框架,并使用学习成果描述各类资格和各级学位,建立各领域的标杆。总体而言,这些外部参考点又恰好与新产生的国家质量保证框架(根据欧盟质量保证协会制定的"欧洲高等教育区域质量保证标准与准则"而制定)相一致,因为国家质量保证框架明确要求国家资格框架使用学习成果。同样,学习成果的应用也为文凭补充(Diploma Supplement)、ECTS 等认可工具注入了新的活力。最后,博洛尼亚改革的最终产品以更完美的资格,期望从基于学习成果的突破性课程的创新与改革中产生。可以说,通过应用学习成果方法,一个新的、统一的欧洲资格框架正在构建。其旨在使欧洲教育系统更高效、更具竞争力、更具兼容和比较性,同时尊重学术自主,满足不同国家及其各类教育组织机构多样性的需求。

学习成果是教育范式转变的核心,已影响到欧盟所有教育部门,包括职业教育子系统。由于能力是学习成果的重要构成,因此,早先实施能力本位教育的国家,例如荷兰、英国、法国和德国,开展学习成果导向职业教育改革就有着良好的基础。可以说,不但在众多欧盟成员国,甚至在全球来说,在基于成果导向的教育改革方面,职业教育子系统一直扮演着先锋的角色。其改革的强大驱动力,除本性使然外,还来源于实现以下目标的强烈愿望:使职业教育成为学生更具吸引力的选择;创造通向更高一级教育(包括高等教育)的更好路径和途径;提高劳动市场的相关性和职业教育供给的质量保证;提高资格的透明度,以支持全球跨国间相互认同。在欧盟众多成员国,职业教育的资格已纳入整个国家资格框架内。因此,学习成果对于职业教育子系统的重要性不言而喻。

另外,学习成果在一定程度上影响着除欧盟以外的其他国家的教育,例如美国、澳大利亚等国家。我们分别以"学习成果"和"撰写学习成果"为关键词,通过谷歌进行有关搜索,发现前者有 462 万条结果,后者有 367 万条结果。尽管这一发现也许不能准确反映学习成果对世界范畴内教育的深刻影响,但 CEDEFOP 对学习成果这一概念所进行的大量系统性、开创性的研究及其成果,以及经济合作与发展组织(OECD)正在积极开展学习成果评价的国际比较研究及其成果等,都有力地支持了这些发现。

欧盟众多成员国正越来越多地应用学习成果来制定本国教育和培训系统的总体目标以及定义与资格描述,并且有一种从注重教育输入(包括获取资

格规定的学期、学习场所、教学内容等）到注重教育输出，即向学习成果转变的强烈趋势。

整体而言，欧盟教育应用学习成果有许多动机，包括使资格及其框架更精确和更具透明性，为学习者提供明确信息，定制教育以满足学习者个性化需求，提高劳动力市场与就业的衔接、推进认可，提供职业教育和高等教育的无缝对接、改革课程等。尽管应用学习成果带来颇多利益，但过于理想化和追求短期效果以及对应用学习成果采取简单化操作，都是极其危险的，难以实现预期目标。学习成果仅仅是一种工具和方式方法，假如要将学习成果的潜力充分发挥出来，必须结合其他改革配套运用。学习成果应用确实代表教育机构的巨大的文化变革。

学习成果的潜力和广泛的意义才刚刚开始被释放，它们的导入旨在彻底改变现有的资格框架，以适应 21 世纪社会经济发展和人的全面发展的需要。可以说，博洛尼亚改革的最终产品是基于学习成果更好的设计资格，而不仅仅是新的教育结构。对于这种自下而上的改革，人们普遍认识到，需要对负责资格创新和维护的各院校进行根本性的变革。实践证明，教育从注重传统的输入方法转换成基于学习成果构思、验证、监测和描述资格，其过程是缓慢而艰难的。应用学习成果的利益是可以预见的，但要真正做出使用学习成果的决策的确不容易。

1962 年，托马斯·库恩（Thomas S. Kuhn）出版专著《科学革命的结构》，提出科学发展中的范式转换（Paradigm Shift）理论：范式与范式之间具有不可通约性，因此新范式替代旧范式必然伴随着一场科学革命。换言之，科学发展不是累积、堆栈的，而是范式转换的结果。科学发展中的进化时期要被急剧的、革命的转折所代替。转折造成"渐进过程的中断"，并为自身开创新的、更高级的发展阶段。范式转换是从一种思维方式到另一种思维方式的转换，是在一系列推动力量的作用下发生的思维变化。学习成果的提出，就是在应对全球化的迫切需求的推动下发生的博洛尼亚教育范式转换的一个基本内容。它处于一场教育革命的核心位置，这场革命虽然正在慢慢孕育，但却已开始产生深远的影响。

二、学习成果界定

近年来许多探讨学习成果的文献都指出，在理解学习成果的概念上面临许多挑战。学习成果的概念广泛根植于行为主义和建构主义两种截然不同的思想流派和学习理论中。本部分旨在阐明这个概念以支持学习成果在教育政策和实践方面更为一致性的运用。

关于学习成果的定义，众说纷纭，如表 2 - 1 所示。Winterton（2006）和 CEDEFOP（2000）等对"学习成果"术语的多样性理解和使用进行了证实。

表 2 - 1　关于学习成果的定义

序号	定义	来源
1	指个人成功完成一个教育项目后，预期掌握的信息、知识、理解、态度、价值观、技能、能力和行为的总和	UNESCO UIS 2011，Global
2	指个人完成并能够展示一个学习过程后，获取的一系列知识、技能和能力	UNEVOC/NCVER 2009，Global
3	指个人完成并能够展示一个学习过程后（可以是正规的、非正规的或非正式的），获取的一系列知识、技能和能力	TESDA 2010，Philippines
4	具体学习过程语境下，用实例阐述的终端产品，其中包括知识、技能和价值	SAQA 2013，South Africa
5	指个体完成一个学习过程后（可以是正规的，也可以是非正规的或非正式的），获取的一系列知识、技能和能力，并能够证明或者定义为：描述学习者完成一个学习过程后所知道、理解并能做什么的陈述，主要从知识、技能和能力来定义	CEDEFOP 2008，Europe
6	指学习者完成一个学习过程后，知道、理解并能够做什么（点评：用行为主义和建构主义方法描述学习成果）	UNESCO 2015，Global
7	描述学生成功完成一个课程或学习计划后将知道、能够做什么的陈述	University of Adelaide，2014

对上述定义如果进行简单分析，并没有多大差异，但认真研究可以发现，以上定义可以归属以下两个相互关联的定义范畴。

（1）学习成果被定义为"学生在完成一个学习过程后，预期知道、理解和能做什么的陈述，并按知识、技能和能力进行定义"。

（2）学习成果被定义为"个体在完成一个学习过程（无论是正规的，

非正规的或非正式的）后，所获取和能够证明的一系列知识、技能和能力"。

这两个定义之间的关系可以理解为预期和实际学习成果之间的关系或反馈回路，具体如图2-4所示。

在资格框架、资格标准和校本课程中，学习成果的定义和描述是意图或目标的陈述和表达。它们不是实际的学习成果，而是预期目标。实际学习成果只能在一个学习过程完成后，通过观察学习者在现实生活中，例如在工作中的表现以及对其评估而得到识别。要实现学习成果概念的一致性

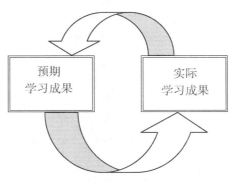

图2-4 两种学习成果之间的关系

应用，需要对预期学习成果和实际学习成果进行反复比较，使两者保持"持续对话"，旨在基于实际取得的学习成果改善既定和预期学习成果的定义。教育世界和工作世界激烈对话是成功实施学习成果办法的关键。注重实际达到的学习成果引发我们必须对能力的概念进行探讨。CEDEFOP对能力的定义如下：在一个具体的背景环境（教育、工作、个人或专业发展）下，适当运用学习成果的本领（Ability）。能力可以理解为实际达到的学习成果，可以通过学习者在社会和工作中自主综合运用知识和技能的实际表现得到验证。而学习成果通过其与能力的关系进行验证。

学习成果的方法和基于能力的方法一直受到建构主义和行为主义学习理论的影响。Hoskins 和 Deakin Crick（2010）提出的能力定义明显体现了建构主义的理念，即"能力是知识、技能、理解、价值观、态度和欲望等要素的复杂结合，其促使人们在社会一个特定领域产生一种有效的具体行动。一个人在工作、人际关系或公民社会中所取得的成就不是基于简单数据存储的知识积累，而是这些知识与技能、价值观、态度、欲望、动机的一种结合以及其在人的生涯中一个特定背景和特定时间点上的运用。能力意味着力量、行动和价值"。

建构主义理论认为，学习作为极其情境化的活动，与学习者的社会身份、价值观念有着密切的关系。建构主义学习理论认为，学生是学习的中心，是积极的知识建构者，而不只是一个被动的接收器。基于以往的经验、心理结构和信念，学生不仅"同化"而且"容纳"知识、技能和能力。一个学习者可以了解认知过程并能调节或引导学习（自我意识或元认知技能是建构主义的重要组成部分）。Lave 和 Wenger（1991）的情境学习理论进一步

发展了这一理论。这一思想学派认为，知识、技能和能力不能作为孤立或非情境化的存在来处理，应该置于情境之中才有意义。基于以上观点，预期学习成果的陈述应该是立足于个人本领（Ability）的描述性（不是规定性）和整体性的陈述。学习成果应该以过程和情境为导向，避免成果过于严格的定义。这种开放的方式尊重个人的多样性和学习过程固有的丰富性，但该做法的风险是降低了学习成果的可测量性。

与建构主义方法形成鲜明对比的是传统的行为主义方法，其重点强调反应刺激、可观察的外在行为。行为主义假设学习者是被动地应对环境刺激，并且关注个人的"条件"和"强化"，注意行为的外在变化。传统行为主义对定义、撰写和应用学习成果的意义是深远的，它要求学习成果描述明确（尽可能不含糊）、定量、界线分明和可测量。建构主义和行为主义导向之间的区别可通过图2-5得到解释。由图2-5可知，从纵向来考察，学习成果可以按照目的导向进行概念化，一方面作为教育机构的教育与教学计划和课程开发的工具（内部关注重点），另一方面作为有效性测量和问责的工具（外部关注重点）；从横向来考察，学习成果可以按照其性质与特征来进行概念化，一方面具有过程导向、开放性和有限可测性特点，另一方面具有成果导向、全封闭和可测性的特征。

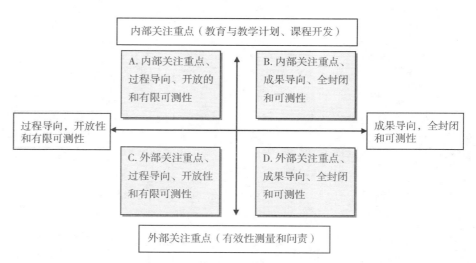

图2-5　建构主义与行为主义的区别

对于政府有关决策者而言，为了加强管理和责任落实，他们更加倾向定义和评估学习成果为成果导向、全封闭和可测性，这包含着行为主义的学习理念。英国和澳大利亚国家职业教育资格课程的开发和实施就是这一情形的

第一编 基础理论

典例。对于学者和教育履行机构而言，为了学生的全面发展，更加倾向过程导向、开放性和有限可测性，这包含着建构主义的学习理念。德国双元制职业学校学习领域课程的开发和实施就是这一情形的典例。

由于对行为主义存在偏见，目前也存在反对转变为学习成果的声音。他们认为学习成果方法通过强化学习简单的刺激—反应模式（仅仅可观察到的、可衡量的成果计数）具有减少学习丰富性的风险。他们认为行为主义的学习过程呈线性、过于简单化，在撰写学习成果时行为主义的行为特征是避免复杂活动的动词（例如，"理解领会"），并且尽量用界线分明、简单、测量性强的动词术语。Allais（2012，2014）也对转变为学习成果持否定意见，他认为知识被分割、细分到可被任意选择和组合的最小单元，这"忽略了传授知识可以按照学科知识本身的固有逻辑进行组织的可能性，基于学科构成的知识体系完全不必考虑知识获取的条件"。

但是，一些人（Dobbins，2014）反对这样的假设，在默认的情况下，转移到学习成果意味着"还原"。"还原"意味着一个人要立足于社会，成为一个合格的公民、优秀工作者、家庭责任的承担者，必须拥有的基本素养和综合职业行动能力。学习成果可以着眼于广泛的知识、技能和能力，例如，德国学习领域课程的学习目标即学习成果强调培养学生的综合职业行动能力（被理解为"个体在职业、社会和个人生活情境中能正确地思考并能在行动中承担个体责任和社会责任。在专业能力、人格能力和社会能力三个维度上发展职业行动能力"），就是一个典型的案例，并且其中存在一些行为主义特征（例如，使用特定的工具用于特定目的）。比格斯（Biggs，1999，2014）也同意这一观点，指出在学习成果的设计和评估任务中，教师可以自由使用开放式的动词，如"设计""创建""假设""反映"等，这是避免教学和评估过于刚性的一个方法选择。

但关键问题是，如何定义和应用学习成果，以避免将"还原"等同于行为主义学习理论的逻辑。一些关于如何撰写学习成果的指南提醒人们谨慎使用像"理解"和"欣赏"等类似的广义动词，并建议用"描述""制定""确定"等相对明确一些的术语替换它们。比格斯反对这一建议，指出在高级资格中，描述学习成果的适当动词应包括"假设""反映"等，以适用于难以预见和难以测量的领域或问题。这些高阶学习成果需要开放式的任务，允许紧急和意外成果的产生。根据这一原理，可以认为像"理解"（Understanding）这一复杂的动词将是描述活动及其学习成果（包括知识、技能和能力）的关键用词。学习成果可以帮助学习者清晰地说出他们需要理解什么，并涉及理解程度和水平。

当定义、编写和运用学习成果时，我们必须意识到这些困境和难题。两个突出的关键问题是：第一，所撰写的学习成果是否体现了全面性和主动性学习的建构主义目的；第二，我们努力明确界定可观察到的学习成果，是否存在这样一种风险——不能真实反映决策者期望的学习要多样性、丰富性的要求。

学习成果的操作性定义和撰写以及我们如何回应以上所述的问题，严重受到目前学习成果（目标）分类技术和方法的影响。对现有的学习成果分类理论和方法进行评述，有利于学习成果在教育域改革的成功采用。布鲁姆（Bloom）的分类法已被列为影响学习成果定义和应用的最重要的理论之一。1956 年，由美国著名心理学家、教育家布鲁姆等编写的影响深远的作品《教育目标分类学（第一分册·认知领域）》问世。在这部作品中，布鲁姆等人将认知领域划分为知识（Knowledge）、领会（Comprehension）、应用（Application）、分析（Analysis）、综合（Synthesis）、评价（Evaluation）6 个层次，并从相关方面对每一种层次作了比较详细的解释。2001 年，梅耶等著名的教育心理学家，安德森等课程与教学专家，克拉斯沃尔等测量评价专家完成了对布鲁姆教育目标分类理论的修订，最终成果为《学习、教学和评估的分类学——布鲁姆教育目标分类学（修订版）》。该书要求对教学目标、教学活动和教学评价按 24 个目标单元进行分类。在认知领域，该书采用动词的形式代替原有的名词形式。例如，把"知识"改为"记忆"；把"综合"改为"创造"，并置于"评价"之上。第二个版本（布鲁姆等，1964）构建了学习情感领域的层次结构，从基本的接收（Receiving）、响应（Responding）开始到更复杂的水平［价值（Valuing）、组织（Organisation）、内化价值（Internalises Values）］。进一步发展引入了描述动作技能领域（技能）的层次，从模仿（Imitation）开始到操纵（Manipulation）、精确（Precision）、接合（Articulation）和归化（Naturalisation）。分类的三个层次结构如图 2-6 所示。

此外，安德森和克拉斯沃尔（2001）创建了包括认知过程维度和知识维度组合的一个矩阵，具体如表 2-2 所示。

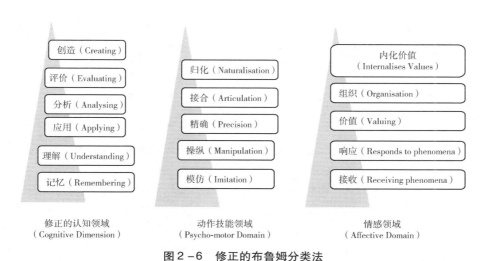

图 2-6 修正的布鲁姆分类法

表 2-2 布鲁姆修正目标分类法——认知过程维度和知识维度矩阵

认知过程维度 知识维度	记忆	理解	应用	分析	评估	创造
事实性知识						
概念性知识						
程序性知识						
元认知知识						

布鲁姆分类法一直受到各种批评。Beretier 和 Scardamalia（2005）认为，"我们需要这样一种思考知识的方式，它允许我们合理、清晰且明确地知道我们正在努力获取的是什么，而不需要在头脑中把知识还原成详细列明的目标。在专项知识的发展中，知识的深度、连贯性和给予智能行动意义与支持的人的内在认知图式密切相关"。这也反映了对行为主义的批评，并警告不要将还原方法缩小到预期（和评估）学习的范围。布鲁姆分类法不断修正的三个层级以及更为广义和复杂动词的运用，包括容纳意外成果的更为开放的学习成果的描述，为上述各种批评提供了有力反驳。

布鲁姆分类学已经直接或间接影响了许多国家有关政策的制定。根据马耳他和斯洛文尼亚（CEDEFOP，2009）提供的例证，分类法的修订版已直接影响许多国家的资格标准以及课程标准的设计方法。例如，澳大利亚和英国的资格和课程改革、学习成果的分类和等级更倾向于采用这一分类方法。

最近几年出现了更深根植于建构主义的另外两个备选分类法：第一个是

德雷福斯（Dreyfus）分类法，它描述了从"新手"到"专家"学习进步的五个阶段，具体如表 2-3 所示。

表 2-3　Dreyfus 分类法

阶段	特　　征
新手	对工作任务有不完整的理解，并且执行任务的方法机械，需要监督
高级初学者	对工作有一个概念性的理解，但他们只看到行动的具体步骤，没有看到行动整体，可以完成没有监督的简单任务
有能力者	能够理解背景要素的相关性，可以独立完成工作并且达到可接受的标准
熟练者	对工作和任务有更深入的了解，并能看到行动整体；他们始终能够达到高标准
专家	建立了权威，并对工作和任务有深入和全面的理解。他们能够凭"直觉"处理日常事务，能透过现象看到本质；他们始终做到精益求精

在此分类的基础上，由劳耐尔（Felix Raunner）带领德国不来梅大学技术与教育研究所（ITB）和大众汽车公司进行有关合作实证研究，发现和确定了这五个阶段分别应具有的能力和对应的知识形态及其难度范围。具体如图 2-7 所示。德国双元制职业教育就是运用这一分类法进行学习领域课程开发的典范。

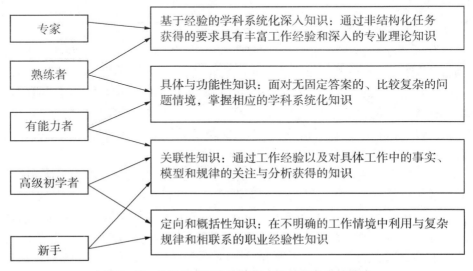

图 2-7　从初学者到专家的五个阶段职业成长模式

第二个是 SOLO 分类法，SOLO 的英文全称为 Structure of the Observed Learning Outcome，即"可观察的学习成果的结构"。SOLO 分类法是在皮亚杰发展阶段理论学说的基础上产生的，该理论是由澳大利亚教育、心理学家比格斯教授及其同事科利斯（K. F. Collis）等经过长期的研讨和探索，提出的一种以 W 等级描述为特征的"质性"评价方法。SOLO 就是可观察或者可测量的认知结构，体现出思维从低级到高级渐进发展的过程。相对于皮亚杰的认知发展理论，它实现了从关注"人的发展阶段"到关注"学习质量的层次"的转变。SOLO 分类法关于认知发展的阶段和回答问题的层次可以从表 2-4 中得到体现。

表 2-4 认知发展的基本阶段和层次描述

SOLO 层次 标准 要素	前运算 （4～6 岁）	初级 具体思维 （7～9 岁）	中级 具体思维 （10～12 岁）	概括 具体思维 （13～15 岁）	形式 运算 （16 岁以上）
	前结构	单点结构	多点结构	关联结构	抽象扩展结构
1. 能力	最低：问题线索和解答混淆	低：问题线索+单个相关素材	中：问题线索+多个孤立的相关素材	高：问题线索+相关素材+相互关系	最高：问题线索+相关素材+相互关系+假设
2. 思维	拒绝回答、同义反复	根据单一事件进行概括	只根据几个孤立的、有限的事件进行概括	归纳：能在设定的情境或已有的经历内利用相关知识进行概括	演绎与归纳：能对未经历的情境进行概括
3. 一致性	没有弄清问题就回答	没有一致的感觉，迅速回答	回答太快，使用同样的素材得出不同的结论	在设定的情境内没有不一致，但在系统外可能不一致	不一致性消失，得出开放性、兼容性答案

SOLO 分类法的明显优势就是学习者进步的证据不是基于分离的呈非情境化行为的证明，而是从学习者一系列的反应中得到。但是，Chan（2002）和他的同事认为，SOLO 结构是不明确的，并且对于评估而言难以取得可靠的结果。

他们建议通过添加更精确的子层级水平来解决这一问题。

学习成果最好被理解为有用的过程和工具的集合，能以不同的方式运用在不同的策略、教学与学习环境中。因此，不存在单一正确或恰当的方式运用学习成果。术语可具有一系列的内涵和外延，这是因为它们在不同的情况下使用。然而，学习成果定义的概念基础可以直接影响到个体学习者经历的学习过程的性质和质量。上面讨论的方法对以下问题的解决提供不同程度的贡献：如何对学习成果进行情境化；如何表达学习的进步；如何区分学习方面或领域；什么算是观察的学习成果；个别学习者的认知过程如何与社会意义之下的互动学习相平衡。

三、学习成果运用

对学习成果的概念我们不仅可以从性质的类型去理解，如上所述，还可以从其应用对象与目的类型去把握。例如，2007 欧洲大学协会（European Universities Association，EUA），在其发布的《博洛尼亚手册》中按照学习成果在大学中的运用进行分类，如表 2-5 所示。

表 2-5 学习成果的分类及其在大学中的多重运用

应用范围	特性
模块（Modules） 对学习者在单元或模块学习结束后应知道、理解和能完成事项的描述，是学习成果在单元或模块层面的体现	与学习者的学习成就相关； 与教师所设定的"教学目标"有所区别； 与有效实现学习成果的教学策略直接相关； 与评估策略和恰当的评价标准直接相关； 是在广泛参考内外部参考点和影响因素的背景下确立的
评估和分级标准（Assessment and Grading Criteria） 在模块层面，可使用学习成果作为标准来衡量学习者的学习成就和个体的相对表现	评估标准描述的是学习者为证明自身已取得学习成果而应完成的事项，通常包括通过和不通过两个门槛值； 分级标准描述的是学习者学习成果的准确质量，高于或低于通过水平的程度，用于区分学习者个体在学习成果上的相对差异
单个资格描述符（Individual Qualification Descriptors） 用于描述和表达高等教育机构批准或认证的单个资格（学科相关资格）的学习结果	由学者独立或集体为机构或专门的资格制定； 包含对学科特定的技能、能力与理解的陈述； 包含用人单位所要求的一般可迁移的或横向的技能； 是各个独立模块的学习成果的综合； 遵照相应的国家资格框架或国际"外部参考点"和资格框架

(续表 2-5)

应用范围	特性
国家资格描述符（National Qualification Descriptors）用于各类资格的一般描述	表述了国家认可的各种类型资格的学习成果（一般的非学科领域的）； 由国家权威机构征求利益相关者意见制定； 包含对典型的资格持有者广泛能力的陈述； 对应于国家资格每一级的描述符。一般资格描述包含几种国家学级描述符，表明级间进展或者只是一个学级的典型描述； 通常描述学生获得资格后达到的水平； 作为高等教育机构制定资格的外部参考点
国家学科基本要求（National Subject Sectoral/Benchmark Statements）用于说明学科标准的学习成果	学科标准是对一系列学科领域的学位标准的期望； 被英国质量保证局（QAA）广泛地应用与发展； 作为课程设计的外部参考点，具有内部和外部的质量保证功能； Tuning 项目致力于探索博洛尼亚进程第一、二级学位的学科与一般能力指标
国家水平描述符（National Level Descriptors）用于说明学习难度的学习成果	建立对各水平、各级别的共同理解，便于对各水平的资格、学习进行比较。一个资格通常都会包括若干级别，以方便学习者逐步提升。国家水平描述符的数量和复杂程度需要在国家层面决定。通常会从知识与理解、认知技能、实际应用技能、学习自主性等方面来界定； 国家水平描述符代表了一个发展的连续体，可作为课程体系设计者和学习者的指引； 每个级别可以分别从最高水平（最好学生可能达到的水平）、中间水平、最低水平进行说明； 可以作为单元或模块开发以及个体资格开发的外部参考点，在资格框架中起中心作用
阶段（Cycle）描述符（都柏林描述符）运用学习成果描述了博洛尼亚总体资格框架中的三个阶段	已被 46 个博洛尼亚进程参与国采纳，用来表述欧洲高等教育区的总体资格框架； 是对完成每一博洛尼亚学习阶段后的预期能力与成果的经典描述； 是元层次的国际描述符（指导工具），作为制定新风格的国家资格框架、国家级描述符的外部参考点，类似于欧洲终身学习资格框架

CEDEFOP 在其发表的报告《欧洲资格框架系列 Note 4：使用学习成果》中也按学习成果的目的进行了分类，如表 2-6 所示。

表 2-6 学习成果目的概述

涉及领域	使用学习成果的目的
职业标准	定义某一职业的工作任务和期望。既可作为界定工作实践、开展持续培训、人员招聘、绩效考核体系的基础，也可作为开展社会对话的基础（根据国际劳工组织的定义，社会对话是指就有关经济和社会政策中相关利益的话题。发生在政府、雇主和工人代表之间所有类型的谈判、磋商或仅仅是信息交流）。职业标准也可以用于确定《欧洲职业教育与培训》（VET）资格
（校本）课程	定义对每个学习活动的期望。作为教学过程、选择方法的教师指导。告知学习者在某一学习活动结束后应知道和能完成的事项
评估标准/规范	确定评估内容，确保（某一资格、学习活动或模块）学习成果得以实现。确保评价学习者表现所用标准的一致性
资格	定义对资格持有人的总体期望。雇主在招聘时可通过基于学习成果的资格描述决定学习路径，相应地也可作为员工发展指南、管理资格体系（如根据学习结果识别资格尚未覆盖的领域）
资格框架	定义在一个国家中学习的等级水平，并在该框架内按照这些等级水平对不同资格类型和形式进行分类

CEDEFOP 在其研究报告《职业教育课程中的学习成果方法》中认为，学习成果能按以下三个层次进行区别：第一，系统层面，例如在资格框架层面或《欧洲职业教育与培训》（VET）总体目标层面；第二，资格层面，例如在单一职业资格方面；第三，课程和学习计划层面。

为了促进广义职业教育课程的开发，借鉴上述相关研究成果，本书主要从职业标准、国家资格框架、资格标准和教育标准、关键能力、质量保证等方面对学习成果的应用进行分析。

1. 学习成果与职业标准

学习成果导向的职业教育校本课程开发，通常是从国家职业标准开发开始的，因而理解学习成果与职业标准的关系就至关重要。职业标准是对从事各类职业的人员所承担的工作任务和岗位职责所进行的分类和定义。职业标准主要回答这个问题：在工作中学生必须能做什么？职业标准一般从能力的角度进行定义，因而探讨学习成果与职业标准的关系的关键是理解学习成果与能力之间的关系。在英国国家职业标准（NOS）中，能力指的是职业胜任力，即胜任一个岗位所需要的能力，或者说人们运用知识和技能完成某一功能的能力。在澳大利亚培训包中，能力单元所指的能力是指运用知识和技能达到工作场所的绩效标准，且能一直保持这种状态。由此可见，职业标准中的能力是人们通过学习或实践实际达到的能力，是在工作场所或社会中得以使用和发挥的才干与本领。

如果从欧盟和许多国家资格框架中对学习成果的界定来考察，能力就只不过是学习成果的一个要素而已。在欧洲资格框架（EQF）中，从知识、技能和能力三个方面，将学习成果定义为学习者完成一个学习过程后应该知道、理解和能做什么的陈述。在这个定义中，能力被理解为一个特殊的才干与本领，是知识或技能所无法包含的。在这个定义之下，能力被理解为自主性、责任、价值和态度。在澳大利亚和英国的资格框架中，学习成果也从知识、技能和能力三个维度来定义，但能力被定义为知识、技能和态度的综合运用。尽管如此，能力也替代不了学习成果。由此可见，学习成果比能力更为综合和全面，因此术语"学习成果"可以用作能力上一层的术语，而反向情况并非如此。但是在此语境下的"能力"并非完全等同于职业标准中的"能力"。前者可以说是预期的学习成果，后者可以说是实际达到的学习成果，可以通过学习者在实践、社会和工作中的表现得到验证，有学者称之为情境化的学习成果（Contextualised Learning Outcomes）。CEDEFOP 把能力定义为"在一个具体的情境（教育、工作、个人或专业发展）中，充分运用学习成果的本领（Ability）"。总之，职业标准中的能力是学习成果设计的重要源泉，但不是任何能力都能成为学习成果中的要素。另外，学习成果不直接涉及工作实践，学习成果是通过其与能力的关系而被验证的。明确区分职业标准中能力与学习成果的关系，对借助国家职业标准开发资格以及教育标准具有重要的实践指导意义。

2. 学习成果与国家资格框架

在全球化进程中，国家资格框架（NQF）的重要性越来越被世人所认识。因为它有助于人们在不同种类和不同阶段教育之间进行转换，有助于促进劳动者在社会中的流动。到 2014 年年底，欧盟有 42 个国家正在开发国家资格框架，爱尔兰、法国和英国在 2005 年以前就已经实施了国家资格框架制度，在全球则有 150 个国家正在开发国家资格框架。

欧盟认为，共同的资格框架有助于国家之间、教育机构之间、雇主和个人之间进行资格的比较，对于形成统一的欧洲就业市场，促进人们终身学习非常必要。为此,欧洲议会及欧盟理事会在 2008 年的建议中提出,为终身学习而确认欧洲资格框架(EQF),欧盟委员会还倡议各成员国于 2010 年前将本国的 NQF 与 EQF 相关联,为此引发了各国开发本国资格框架的热潮。在资格框架的构建过程中,学习成果扮演了重要角色。

在欧洲教育和培训政策中,CEDEFOP 对资格及其框架做如下定义:资格是指有关部门按照某些既定标准对个人取得学习成果进行评价和确认过程的正式结果;而资格框架是指按照适用于指定等级的学习成果标准(如使用描述符),对资格在国家或部门层面进行开发和分类的工具。资格框架旨在整合和统筹资格子系统及改善与劳动力市场以及公民社会相关资格的透明度、获取通道、质量。资格框架可用于:建立知识、技能和能力的国家标准;提高教育质量;为资格相互间的可比较性提供一个平台;促进学习资格获得和学习进步。

由上述定义可知,从资格框架的横向维度而言,资格就是学习成果,一定水平的学习成果代表一定等级的资格。从纵向而言,资格的等级水平是按照学习成果的等级水平标准进行分类的。以欧洲资格框架(EQF)为例,EQF 的核心要素是基于学习成果的八个等级的共同参照标准(Common Reference Levels),用于作为各国不同教育与培训系统中资格证书进行比较的转换器。共同参照标准等级是以学习成果为描述符,即学习者知道、理解和能做什么的陈述。也就是说,学习成果被视为描述资格证书等级的重要参照标准。国家资格框架(NQF)将学习成果作为决定资格等级的主要依据,而不是依据学习时间的长短。具体来说,基于学习成果的 EQF 确立了学校教育与职业培训八个级别。适用于从义务教育结束后(级别 1)到接受最高层次的专业教育和培训(级别 8)全过程所能获得的所有资格。EQF 将每个级别的学习成果都分为三个维度:知识、技能和能力。从第 6 级到第 8 级与欧洲高等教育区域的三级学位体制相对应,即第 6 级相当于本科毕业(学士),第 7 级相当于硕士研究生毕业,第 8 级相当于博士研究生毕业,具体如表 2-7 所示。

表 2-7 欧洲资格框架（EQF）等级划分描述

等级	与每一级资格对应的学习成果		
	知识	技能	能力
	在 EQF 中，知识是指理论与事实，是与学习和工作相关的事实、原理、理论和实践的集合体	在 EQF 中，技能是指认知（对逻辑、知觉和创作思维的运用）和实践（包括劳动的灵敏度和方法、材料、工具、仪器的使用）	在 EQF 中，能力是指经证实的应用知识、技能的能力，以及个人、社会和方法的能力。能力以责任性和自治性来衡量
1	基本的、一般性知识	完成简单任务的基本技能	在直接监督下和在结构化环境中工作或学习
2	特定工作或学习领域的基本事实性知识	需要运用相关信息以完成任务，并运用简单规则和工具解决常规问题的基本认知和实践技巧	在监督下有一定的自主性的工作或学习
3	特定工作或学习领域中的事实知识、原则、过程和一般概念	通过选择和运用基本方法、工具、材料和信息完成任务或解决问题的系列认知和实践技能	对工作或学习中任务的完成负责；在解决问题过程中改变自己的行为以适应环境
4	特定工作或学习领域内、广泛背景下的事实和理论知识	针对特定工作或学习领域的特定问题产生解决方案所需要的系列认知和实践技能	在尽管有变化但通常可以预知的工作或学习环境中运用指导原则，进行自我管理；监督他人常规工作，对工作或学习活动的评价和提高部分负责
5	特定学习或工作领域内综合的、专业性的、事实性的和理论性的知识以及对于该种知识边界的认知	解决抽象问题所需的完整的认知和实践方面的系列技能	在有不能预知变化的工作或学习活动中进行管理和监督；检查并提高自己和他人的业绩

(续表 2-7)

6	特定工作或学习领域的高级知识，包括对理论和原则的严格理解	在特定工作或学习的专业领域解决复杂性和不可预测问题所需要的高级技能、示范能力和创新力	管理复杂的技术、专业性活动或项目；在不可预知的工作或学习环境中对决策负责；对个人和团体的职业发展管理负责
7	高度专业性的特定工作或学习领域内的知识，其中部分为前沿性知识，作为首创思维的基础；清楚地知道某一领域内的知识问题和交叉领域的知识问题	在研究和创新工作中，为了发展新知识、工作程序和整合不同领域的知识而需要的、解决专业性问题的技能	对复杂的、不可预见的和需要新的策略性方法的工作或学习环境进行管理和改变；对专业性的知识和实践负责，并且对团队的策略性业绩的检查负责
8	特定工作或学习领域最前沿的知识和交叉领域知识	在研究和创新工作中解决关键问题所需要的、扩展和重新定义现存知识和专业实践所需要的、最高级的和专业的技能、技术（包括综合和评价）	真正权威、创新、自主、博学和专业的统一；对包括研究在内的工作或学习环境前沿的新思维或者新工序开发的持久性负责

在学习成果中，知识（Knowledge）是指通过学习，对信息进行消化之后所产生的成果。知识是与学习和工作相关的事实、原理、理论和实践的集合体。在 EQF 中，知识被描述为理论或事实。技能（Skill）是指应用知识和技巧完成任务并解决问题的才能与本领。在 EQF 中，技能被描述为认知技能（运用逻辑思维、直觉和创造性思维的才能与本领）和实践技能（包括劳动的灵活性和运用方法、材料、工具、仪器的才能与本领）。能力（Competence）是指在工作、学习情境中以及职业或个人发展中，经证实的应用知识、技能的才能与本领，包括个人、社会或方法能力。在 EQF 中，用责任性和自治性来描述能力。

另外，2005 年发布的卑尔根部长报告提出了验证国家资格框架与欧洲高等教育区域（EHEA）相兼容的标准，即"国家资格框架及其资格确实是基于学习成果并且资格必与欧洲学分转移和累积系统（ECTS）或 ECTS 的兼容学分相联系"。此外，2007 年第二次博洛尼亚进程追踪小组（BFLG）报告也指出"包含在国家资格框架中的学习成果是处理国家资格框架与EHEA框架相兼容必不可少的要素"。由此可见，国家资格框架构建成功与否，取决于其对学习成果应用是否到位。

3. 学习成果与资格标准和教育标准

资格标准规定了人们需要学习的内容以及对学习内容和质量的评价方法，评价标准主要回答这个问题：我们如何知道学生已经学到了什么以及在工作中能做什么？从上述可知，国家资格框架为取得各种资格建立了评估标准，而这个标准是基于学习成果制定的。例如，要获得欧盟5级资格，在学习成果的知识维度中，必须知道和理解"特定学习或工作领域内综合的、专业性的、事实性的和理论性的知识以及对于该种知识边界的认知"；在学习成果的技能维度中，必须知道和理解"需要解决的抽象问题"，并能解决实现，即"为解决抽象问题开发创造性的解决方案"；在学习成果的能力维度中，必须能实现"对在工作或学习活动中出现的不可预测的变化实施管理和监督并审查和发展自我及他人的绩效"。通常基于成果导向开发的资格包含了系列学习成果的评估单元，学习成果说明了学习者需了解和能做的内容。如果出现学习要求（学习成果）的描述不同于评估要求（评估标准）的情况，则应将"学习成果标准"与"评估标准"或"评价标准"区分开来。其中，评估标准规定了评估的目的、绩效标准、评估方法和授予资格的评审委员会。资格标准开发的路径包括三种：一是独立基于职业标准；二是独立基于教育标准；三是基于职业标准和教育标准。最后一种开发方式，使得就业要求和学习之间的关系更为紧密。

教育标准意味着通过学习达到预期的成果并获取一个资格证书，教育标准回答的问题是：为了胜任工作，学生需要学习什么？广义而言，教育标准重点强调"学什么、如何学习以及学习内容和质量如何评估"。相对基于工作过程逻辑开发的职业标准，教育标准是按照教育学和教学法的逻辑而开发的。如上所述，职业标准包括一系列能力，并且按照一个职业的主要任务和功能而聚集；而教育标准包括一系列学习成果（能力），它是按照学习领域或教学单元而组织在一起的，并遵循知识和技能不断累积的逻辑。职业标准和教育标准之间的内容存在差异，一方面是因为在工作中所要求的有些能力超出了教育和评估过程的范围；另一方面，教育标准开发的依据不仅仅包括职业标准，还包括教育总体使命和目标要求。因此，目前在欧盟职业教育领域，大部分国家的教育标准是基于国家资格标准而开发的。不言而喻，如同资格标准开发一样，学习成果也是教育标准开发的核心要件。

4. 学习成果与关键能力

当前，很多国际组织和发达国家都十分重视以"关键能力"或"综合

能力"为中心的学习成果的课程改革,将"关键能力"或"综合能力"作为课程设计的依据、出发点和愿景,并落实到课程标准中,培养具有"关键能力"或"综合能力"的未来公民。在这种情形下,学习成果代表着教育预期实现的总体目标,它是跨越职业或学科的目标。例如,联合国教科文组织于 1996 年提出的"21 世纪的教育应该教导学生学会求知、学会做事、学会相处、学会做人"的目标;欧盟委员会于 2005 年发布的《终身学习关键能力:欧洲参考框架》从终身学习的角度,为教育构建一套"关键能力",作为欧盟各成员国的共同教育目标。其包括八大关键能力:母语沟通能力;外语沟通;科学和技术中的数学能力和基础能力;数字能力;学会学习;社会和公民能力;创新与创业意识;文化意识与表达。英国苏格兰地区对教育提出培养"四种基本素质要求"的人:成功的学习者、负责任的公民、有自信的个体和有效的贡献者。20 世纪 80 年代,德国职业教育提出综合职业能力:个体在职业、社会和个人生活情境中能正确地思考并能在行动中承担个体责任和社会责任,在专业能力、人格能力和社会能力三个维度上发展职业行动能力。

关于如何将这种类型的学习成果落实到学习计划和方案中,德国双元制教育和英国"卓越课程"采用的方法给出了比较有效的解决方案。在德国,综合职业能力的概念被转化成为教学的原则(Didactical Principles)。用该原则指导课程开发团队的工作,并且在职业学校课程(学习领域课程)的导言中对其进行了充分解释。在苏格兰,卓越课程设计的方方面面都是围绕关键能力展开的。首先,对每个关键能力都进行详细的界定和解释,都是以学习成果为导向,从"具有"怎样的特征和"能够"做什么来加以阐述,聚焦于学生"知道与理解什么"和"能做什么"的比例相当。所有描述中都包含了对知识、技能和态度的要求,而且是整合在一起加以阐述。其次,要求每个课程领域(苏格兰设计了八个课程领域:"表现艺术""健康和幸福""语言""数学和计算""宗教和道德""科学""社会研究""技术",每个课程领域在拥有本学科内容特点的同时还要与其他课程领域相联系)对发展学生四种关键能力具有的独特贡献做出明确和可评估的描述。最后,对每个课程领域的"经验和成果"都按照五级水平来加以描述。卓越课程通过设置广泛而精致的课程以及规定每个课程领域的特殊贡献,将关键能力整合进所有的课程之中,使课程成为关键能力的极佳载体,为关键能力的落实奠定了坚实的基础。

5. 学习成果与质量保证

质量保证(Quality Assurance,QA)是指为使人们确信某一产品、过程

或服务的质量所必需的全部有计划、有组织的活动。这种活动的标志或结果就是提供"证据",以确保用户和消费者对质量的信任。对于欧盟而言,质量保证在构建欧洲资格框架、创建欧洲高等教育区域和欧盟职业教育与培训系统以及欧盟学分系统中发挥了显著的作用。其中,学习成果作为通用的参考点和基点,在质量保证中扮演重要的角色。例如,《欧洲高等教育区域质量保证标准与准则》(the European Standards and Guidelines for Quality Assurance in the Higher Education Area,ESG)直接或间接地指出学习成果的重要性:"为了保证质量,在制订学习计划和资格证书要求时,要明确指出学生必须获取的学习成果及其等级水平""学习评估程序必须包括测量预期学习成果步骤""为履行公共角色,高等院校有责任为学生提供学习方案以及学生预期要获取的学习成果等"。

第三章 分析成果导向课程的开发动因与模式

近十年来，以学习成果为导向开发课程已成为全球众多国家教育创新的一个重要趋势和举措，尤其以欧盟众多成员国为主导的职业教育领域的创新活动更是如此。以学习成果为基础开发课程并不是什么新鲜事，追根溯源，20世纪80年代以来兴起的能力本位职业教育课程开发活动是其最初的形式，只不过随着劳动力市场和教育形势的变化，其内涵和外延都有了重大变化。以学习成果为导向成为职业教育课程开发的新态势，不仅受宏观和微观社会目标所驱动，更是由宏观和微观经济目标所催生；不仅是在知识经济和终身教育的背景下，学习与教育理论新的研究成果应用的迫切需要，更是全球职业教育创新实践的迫切要求。

事实上，自2009年以来，欧盟许多成员国的研究机构对成果导向职业教育课程的开发模式和过程进行了系统且有益的探讨，并且取得了一系列研究成果。其中，欧洲职业培训发展中心（CEDEFOP）提出的理想开发模式和希腊民间行业联合工会劳动研究院（Labour Institute of GSEE，INEGSEE）提出的理想开发过程值得借鉴和推广。

本章试图通过阐述成果导向课程开发动因与模式，使人们从认识成果导向教育理念到了解成果导向教育理念课程开发的主要动因和模式，提升人们对成果导向理念的认知高度和深度。

第一编 基础理论

第一节 成果导向课程的开发动因[①]

一、教育实践新目标驱动

1. 职业教育与劳动力市场

在全球尤其是欧洲众多国家，基于学习成果开发职业教育课程的最主要动因，是期望加强职业教育系统和劳动力市场之间的联系，并据此通过技能提升来增强国家竞争力和促进经济的进一步发展。做出如此判断是基于以下背景、形势和挑战：近几十年欧盟众多成员国发生多次经济危机，其带来的直接后果是就业的工作岗位大幅度减少、失业人数增加、经济下滑。据有关数据统计，从2008年3月到2009年8月，欧盟失业人数从540万上升至2180万，欧盟16个欧元区国家失业人数达1500万，是过去10年来的最高点；欧洲众多国家已转向以服务为导向的新经济、新产业，并由此涌现大量新的岗位，导致企业对符合新岗位资格人员的强烈需求；欧盟各国职业教育与培训提供方大部分是传统的学校，仍然以知识的传输和授予传统资格为使命，难以满足劳动力市场对人才的新需求。

基于以上形势，为了提高就业率、重振经济，欧盟各国都着力加强职业教育和劳动力市场之间的联系和匹配性。其具体举措包括基于能力构建国家职业标准，基于学习成果构建国家资格框架和教育标准以及学习方案等，如图3-1所示。如果从上述课程的广义定义而言，就是基于成果导向开发职业教育课程。

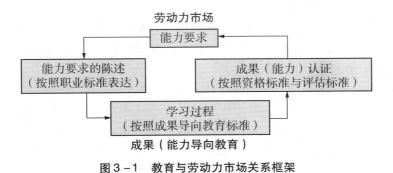

图3-1 教育与劳动力市场关系框架

[①] 严中华：《国外职业教育核心理念解读——学习成果导向职业教育课程开发理论与实践》，清华大学出版社2017年版，第23—25页。

该举措不仅仅有利于提高职业教育的学习者们的掌握能力,以更好地适应劳动力市场的需求;而且,在许多国家,它也可以推动教育相关系统的再造,从而更好地满足现代企业的需要。基于学习成果的职业教育课程开发系统不仅有可能快速地响应不断变化的需求,而且也有可能在就业难以预测、雇主要求更高(要求就业人员具有技术和关键能力的综合职业行动能力)的背景之下,促使学习者掌握更广泛的能力。学习成果为职业教育课程解构和重构提供了良好的手段,而且也为企业选人、用人提供了良好的标准,也为政府同时满足企业、社会和个人的需要提供了有效工具。另外,学习成果是不同的利益群体沟通的手段。有研究表明,协调利益冲突是社会对话的一个重要功能,从这种意义上说,它在平衡企业主的需求和员工的需求(员工寻求更广泛的技能以增强就业和工作竞争力)以及在平衡工作本位的学习和学校本位的学习之间的关系中发挥着重要的作用。

2. 调节职业教育系统

课程是调节职业教育系统的一项基本手段和工具。在这种意义之下,课程使用的学习成果,只要它们履行规范功能,就可以被视为标准(即规范和规格)。因此,有必要在公共管理和职业教育治理新趋势的背景下,考察学习成果在职业教育与培训课程中的应用。

传统的教育过程是通过"输入"来调节的,这意味着通过社会行动的背景和情境来调控。基于学科知识开发的课程是典型的输入调控工具,在这种情况下,教育的提供方(包括教师)是责任者,但对学习者的成就并不负责任。并不是每个计划都要实现,但每个计划都必须严格执行。因此,作为输入调控工具的课程为教学组织、执行和控制留有相对较宽的回旋空间,但同时,学习的好坏更多责任在学生个体。

在课程中,预期的学习成果也可以被认为是影响职业教育行动者的"行动调整因素"。学习成果标准通过确定学习效果而发挥特定的调控功能。教育过程的结果通过学习成果来定义。

从"治理"角度来考察,职业教育系统存在不同类型的调控模式,例如,基于市场的调控模式和基于国家的调控模式或者混合的调控模式。从公共管理学的角度来看,混合调控模式是输入调控和输出调控的结合。输入调控主要通过规范调控与资源的配置来实现,而输出调控主要通过结果、成果或者绩效考核来实现。

相对于学习目标,学习成果界定为广义的且以一个更为开放的方式被表达,为培训提供方和老师们满足学习者的需要提供更大空间。在教育和培训体系中,发挥学习成果调控功能的趋势在欧盟众多成员国变得越来越明显,

具体表现在基于学习成果开发资格与评估标准、教育标准、校本课程，以及实施绩效导向的筹资机制。

最后，在课程中运用学习成果也被许多国家认为是保证职业教育质量的有效方法。人们达成的共识是：仅仅通过输出调控工具不足以保证更好的教育质量，更重要的是必须重视教育系统的输出，特别是学习过程的"成果"。这种观点可以追溯到基于经济学的质量管理概念，包括输入、过程和输出成果方面的质量。输入涉及课程、人力资源和物质空间条件等资源配置；过程涉及教育设计、学校组织等教学组织活动；输出成果涉及学习效果、资格获取率、学校事业成功等绩效。

3. 欧洲策略和工具应用

欧洲采用了众多工具来实现不同国家、不同级别之间的能力或资格的透明性、兼容性、可迁移性，以及对能力或资格本身的认证。这些工具的核心机制即学习成果。如同一个共同货币，学习成果不仅有助于实现同一国家内跨部门、跨级别的流动，也有助于实现在不同国家职教体系间的流动。欧洲采用了众多工具来减少教育、培训、学习方面的地理、机构及行业障碍，这对于方便终身学习、促进顺畅的学习深造、实现学习认证都很重要。为实施欧洲资格框架、欧洲职教学分体系、欧洲质量保证参考体系等工具，欧洲鼓励各国在学习成果的基础上建立本国的国家资格框架和资格标准。

资格框架和资格标准为评估和认证提供了基础，因此会对教学和学习产生影响。根据该研究对课程的宽泛定义，资格标准也是课程的一部分，因为它们会左右学习的过程，与课程的其他因素也有关联。之前的研究发现，很多欧洲国家都是在学习成果的基础上建立国家资格框架和资格标准的。

同时，里斯本峰会提出使欧洲成为世界上最有竞争力、最有活力的经济体的目标。这促使欧盟委员会提出了以下五大具体目标，它们对职业教育课程都有深远意义：改进欧洲的教育标准；使终身教育更易实现；将知识型社会对于基本技能的定义具体化；将普通教育、职业教育在当地及欧洲乃至全世界开放；实现资源的最佳利用。

2009年5月12日，欧盟理事会提出《2020欧洲教育与培训合作战略框架》。在该框架协议的结论中，再次将这些目标具体化。协议指出，职教改革应致力于使终身教育和流动成为现实，提升教育和培训的质量及效率，促进平等，加强社会凝聚力和积极公民权，鼓励创新，包括各级教育与培训的创新。协议明确指出，在课程中使用学习成果是确保这些目标实现的主要因素；同时，还强调了课程对于提升学习者成就，强化教育系统与其所处的社会、经济和文化环境之间关联的重要性。这些都可以理解为，在机构层面和教学层面,呼唤建立一个更加以学习者为中心的职教体系。如上所述,学习成果和能力本位的课程是有助于实现这些目标的。

因此,欧洲的这些策略和工具构成了将学习成果引入职教课程改革的重要背景和驱动因素。在那些最近才开始探索本国的能力本位教育方法及学习成果思想的国家中,尤为如此。波兰、罗马尼亚、斯洛文尼亚等国就是很好的例子,它们在欧盟资金的支持下,对整个职教体系进行了大刀阔斧的改革,改革借鉴了欧盟的用词和工具。德国和法国等采用能力本位课程的老牌国家,也在进行改革,以应对欧盟发展及新要求,同时保留它们自己对学习成果和能力的理解。

爱尔兰的例子也可以说明欧盟将学习成果引入职教课程的影响。20世纪90年代,爱尔兰在欧洲社会基金的支持下,推出了毕业证书应用课程。这一课程具有成果导向课程的所有特点,它鼓励主动学习,对学习者的需求和能力极为关注。

欧洲职业教育与培训的发展,是将学习成果引入课程的一个重要背景。欧盟要求各国在认证过程中引入学习成果,从而提高其透明度和流动性。这反过来又意味着必须在学习成果的基础上制定资格标准。另外,欧盟还会为一些试点及改革项目提供资金,直接支持这些课程改革项目,以使一些良好的做法得到推广。除了这种自上而下的过程,各国都影响了欧盟对学习成果的态度,至少二者是同步发展的。例如,Bouder 和 Kirsch 在 2007 年的研究发现,法国与欧盟是部分同步的,在某些情况下,法国还是先行者。

二、学习理论新成果驱动

要理解学习成果在课程中使用的动因,必须将学习成果的概念置于近十年来一直影响课程改革的关于学习和教学的理论背景下。起始于学习的定义和人脑如何运行的理论,不同的思想学派已经发展出了不同的教育和教学方法,其对课程的设计和学习成果在课程中的运用具有影响。

在过去的 25 年中,伴随着科学家能够检查大脑内部的组织这一过程,认知研究提供了关于大脑的重要研究结果。该研究发现:大脑通过对围绕它的信息建构意义才使得世界有意义。将其掌握的信息与试图理解的新概念连接起来,大脑被比喻为连接网络的电脑,以此来描述大脑细胞和传输程序的功能。但最近的研究表明,大脑更像一个"调节丛林"。理解了大脑是通过获取、分类和保存信息来进行学习这一点,教育者就可以设计出各种适当的教学环境,以激活大脑的自然能力,促进学生的学习。根据这些实践研究结果,不同概念之间的连接必须明确并且通过参与讨论和活动,学习者必须有机会做出他们自身的连接，促进综合概念的形成。因此，学校需要提供各种丰富的经历以激活学生的大脑。也就是说，应兼顾大脑的遗传倾向和大脑发育的复杂性，使用多感官并行处理的方法来理解复杂情境。因此，激活神经网络最有利的学习活动是那些复杂的、开动各种感官的并且被认为新奇的、具有情感吸引力的、相关的和有用的活动。早在1991年，许多学者阐述了基于大脑学习的特征，因此，教学方法将是复杂、逼真和集成的，使用不同的媒体和材料。基于大脑的学习将是激发大脑整合信息的潜能，并在一个具有挑战性的学习过程中涉及整个学习，同时开动智力、创造力、情感和生理。

以上简要的综述表明，对学习的不同定义和理解是基于不同的学习理论的，与学习的基础理论密切相关。这些理论可以划分为三个主流：行为主义、认知主义和建构主义，它们为学习成果引入职业教育课程提供了不同程度的理论依据。

1. 行为主义理论

行为主义认为，人们外在的、可观察的行为是对刺激的反应，不用考虑内在的心理活动和意识即可解释所有的行为。人类大脑就像一个黑箱，只有输入（即刺激）和输出（即可观测的行为）是可以捕捉到的，内部的心理活动无法成功描述。虽然大多数行为主义者不否认心理活动的存在，但他们研究的重点都放在了可观察的行为上。行为主义者认为，学习者本质上是被动的，只会对环境刺激做出反应。行为主义最早可追溯至巴甫洛夫的研究，他进行了一系列的实验，以求从条件反射的心理过程这一角度来了解学习的发生。1910—1930年，行为主义的主要代表人物是华生和桑代克。后来在1930—1955年又出现了新行为主义，主要代表人物包括心理学家托尔曼、赫尔和斯金纳。

从行为目标的意义上说，学习成果应当可以用具体的、可量化的、可测的任务来描述。为确定这些行为目标，就必须将复杂的学习任务分解为具体的、可测量的任务。要衡量学习是否成功，就应测试每个任务的完成情况。行为主义对课程设计的影响在巴比特、泰勒和斯金纳的著作中体现得尤为明显。斯金纳提出的程序化教学思想，如简短的教学序列、学生参与、不断强化以及由学生来决定学习的节奏等，使美国出现了大量改进教学、学习和培训过程的研究。行为主义者认为应对学习进行清晰的测量，学习有必要产生可观察的、可测量的结果。在20世纪初期，巴比特首次提出了行为目标的概念，但是这一概念是有误导性的，因为目标或任务的实现也包含认知元素的参与。1956年，布鲁姆和他的团队提出了一整套术语来区分认知领域、情感领域和精神领域，明确知识、理解、应用、分析、综合、评价之间的差别。这一术语体系至今仍是在描述学习成果和评价标准时应用最广泛的一个体系。随着越来越多的国家建立国家资格框架，并在课程设计中采用成果导向的思想，这套术语在斯洛文尼亚等欧盟成员国中应用得已经较为普遍。

2. 认知主义理论

随着人们对学习机制的研究，20世纪60年代认知主义开始取代行为主义，成为主流学说。认知主义不同于行为主义，它更关注学习者的内在心理活动，试图打开大脑的黑箱来研究人们的学习过程。认知主义认为内在的心理活动会影响行为。行为的可见变化是学习者头脑活动的反映。人们经常将大脑比作一台电脑，首先接收信息，然后进行信息加工，最后产生某些结果。认知主义者致力于探索这些内部心理活动，经常提及思考、记忆、知识、解决问题等概念。他们认为学习的过程是认知结构新建或重构的过程。学习意味着学习者内在知识结构的变化。学习者将新信息与现有的认知结构进行比对，然后再通过扩展或修正现有结构来适应新的信息。从行为主义到认知主义的这种转变，对课程设计也产生了影响。但是这种转变并不像表面看起来那么具有挑战性，因为二者均认为知识是独立于学习者的大脑和建构而存在的。甚至连教学的目标都一样：以最有效的方式将知识转移给学习者。因此，认知主义只是对行为主义的一种微调。认知主义并不关注功能分析，而是分派任务后，将其分解为更小的信息单位，借此来实现在已有知识的基础上从简单到复杂单元的教学。

3. 建构主义理论

建构主义理论深植于认知科学，是随着心理学、哲学、物理学等领域的发展而出现的。建构主义教学法的主要创立者是杜威、维果茨基、皮亚杰等。构建主义是在认知主义的基础上发展起来的，二者有诸多相似之处，例如二者都认同"图式"的概念。它们最大的不同在于：认知主义是建立在客观主义基础上的，建构主义的基础则是主观主义。建构主义者认为现实是社会性的，是在个体的头脑中建构起来的，学习者是在之前经历、心智结构及信仰等基础上建构自己眼中的现实。因此，建构主义并不是规定性的，而是描述性的，在设计学习环境时建构主义并不提前规定死板的结果、规则或程序。

建构主义并不代表某一个单一的思想派别，而是有多个版本和种类，例如社会建构主义、心理建构主义、激进建构主义等。霍伊和米斯格提出了理性建构主义、激进建构主义和辩证建构主义。欧内斯特则提出了简单建构主义、激进建构主义、生成主义以及社会建构主义的思想。这些思想的共同点在于它们都认为学习者不再是知识的被动接受者，而是知识的主动建构者。学习是一个建构知识的过程，是在已有知识的基础上建构新知识的过程。学习者意识到这一认知过程的存在，所以才能对其进行控制和调整。这种对认知过程的觉察对学习过程有极大的影响，焦点开始从教学转变为学习，学习者及其能力、兴趣、需求被置于中心。基于这种新的范式，有人建议用主动学习的方式替代传统的学习过程。这里的"主动"，指的是应在学习活动中给学生大量的自主权和对学习活动方向的控制权。另外一个观点是应将学习置于真实的环境中，评估也应与真实环境结合。

因为行为主义和认知主义都持客观主义立场，都是采用任务分析的方式来制定可测量的评估目标的，因此从前者到后者的转变并不是很具挑战性。与之相比，向建构主义的转变则充满了挑战。客观主义理论在课程中会规定学习成果，老师在学生学习过程中会进行干预，以求实现规定的成果。建构主义则主张更为开放的学习，教学方法和学习成果难以测量，甚至对每个学习者而言都有差异。建构主义要求在设计课程时注重课程对学生的促进和帮助，学习成果并不总是可以测量的，教学应当辅助而不是控制学习过程。这一主张对学习者的评估也产生了影响，人们认为评估应因人而异，应关注学习者的学习过程和自我评价。建构主义环境下进行的评价舍弃了传统的评价手段，更加注重绩效，并将项目考核也纳入其中。

建构主义强调的是学习过程，而非学习成果。在设计学习活动和学习环境时，应使学习者可以创造和控制自身学习的发展。从这一视角来看，教师和培训师的功能更接近于指导和教练，而非单一的教授。教师成为学生学习过程的促进者，学习者应主动管理自身学习。建构主义的教学方法包括支架式教学、抛错式教学和随机进入教学等多种教学方法，这些教学方法展现形式各有不同，但它们的教学环节都包含有情境创设、协作学习等共性特征。对于职业教育与培训而言，情境学习是一个重要的转折点，它将工作场所作为学习的地点，大大提升了工作场所的重要性。情境学习的理论认为个体是通过积极参与团体活动来实现学习的。在工作场所，他们可以在专家的指导下完成"练习环境"下的真实任务，进而在此过程中完成学习。其他基于工作的方法还有批判式学习、转化式学习、拓展学习等。这些方法的共同之处在于它们都主张学习应使学习者更加具有批判性思维，更加了解自身的观点和期望，并在反思和评价中更加了解他人的观点和期望，从而最终产生新的理解。

向学习成果的转变，也就是从教学向学习的转变。建构主义的学习理论必然要求采用以学习者为中心的方法，将学习者及其独特性作为整个教学和

学习过程的焦点。但是使用学习成果本身并不一定会带来向以学习者为中心的转变。学习成果与以学习者为中心的方法之间能否产生关联，取决于对"成果"或"能力"这一概念的界定。如果所定义的学习成果只限于狭义的职业能力，也就是构成某一资格的专业技能、知识、方法、态度等，那么这就无法反映建构主义所倡导的自主学习者形象，反而与客观主义的学习理论更为契合。如果要契合建构主义的学习理论，则应对能力进行整体层面的、概括性的定义。

然而，为了确保职业证书的质量和价值，仍然有必要对客观的学习成果进行规定，这与建构主义的观点是明显不符的。建构主义认为学习过程的成果是无法被规定的，因为成果是在学习者的头脑中构建的。因此，建构主义的学习理论在学习过程的规划方面，适用性比较有限。

第二节 成果导向课程的开发模式[①]

一、理想开发模式

拉尔夫·泰勒（Ralph W. Tyler，1902—1994）是美国著名的教育学家、课程理论专家及课程评论专家。1934 年，他出版了《成绩测验的编制》（Constructing Achievement Tests）一书，建立了关于学习成绩的"评价原理"。1949 年，又出版了《课程与教学的基本原理》（Basic Principles of Curriculum and Instruction），由此确立起了"课程的基本原理"。这两者统称为"泰勒原理"（the Tyler Rationale）。泰勒认为如果要从事课程编制活动，就必须回答四个问题：学校应该达到哪些教育目标？提供哪些教育经验才能实现这些目标？怎样才能有效地组织这些教育经验？我们怎样才能确保这些目标得以实现？泰勒并没有为各层次各类型的教育提供一个专门的课程开发模式，他是以科学的实证主义为前提，旨在提供一个课程开发的普遍框架，极具普适性。

CEDEFOP（2010，2012）为了对欧盟不同成员国成果导向的课程开发进行比较，探讨学习成果导向对职业教育课程开发的影响，提出了一个职业教育课程开发的理想模式，具体如图 3-2 和表 3-1 所示。所谓理想模式，是由一个或更多观点中极力主张的某一方面的观点形成的。换言之，就是将大量分散的、或多或少存在的以及偶尔缺席的个别现象中某一方面特别强调

[①] 严中华：《国外职业教育核心理念解读——学习成果导向职业教育课程开发理论与实践》，清华大学出版社 2017 年版，第 30—32 页。

的观点整合进一个统一的分析结构之中。

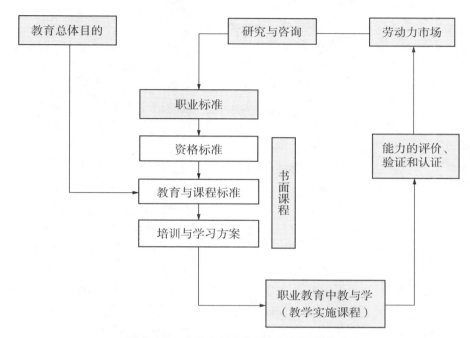

图3-2 成果导向职业教育课程开发模式

由图3-1可知，职业教育课程开发经历了从劳动力市场开始至职业标准、书面课程、教学课程、能力认证，最终回归到劳动力市场的一个完整循环。其中，以下四方面标准的开发至关重要。

（1）职业标准（Occupational Standard）。职业标准是对从事各类职业的人员所承担的工作任务和岗位职责所进行的分类和定义。职业标准主要回答"在工作中，学生必须能做什么"。职业标准一般从能力的角度进行定义。它在加强教育与劳动力市场的联系中发挥重要的桥梁作用。在成果导向和能力本位方法中，职业标准以直接或间接、独立或非独立的形式成为开发职业资格、教育标准、培训与学习方案等的基础。在关于劳动力开发和工作设计的研究方面，职业标准也提供了诸多信息。在职业标准中，"能力"一词不等同于"学习成果"，而是主要通过要素来定义。英国的国家职业标准就是一个典型的案例。

（2）资格标准（Qualification Standard）。资格标准规定了人们需要学习的内容以及对学习内容和质量的评价方法。评估标准主要回答"我们如何知道学生已经学到了什么，在工作中能做什么"的问题。基于成果导向或能力本位思想开发的资格，通常由包含系列学习成果的评估单元所构成。学习成果列明了学习者需了解和能做的内容。如果出现学习要求（学习成果）的描述不同于评估要求（评估标准）的情况，则应将"学习成果标准"与"评估标准"或"评价标准"区分开来。其中，评估标准规定了评估的目的、绩效标准、评估方法和授予资格的评审委员会。开发资格标准或者以职业标准为基础，或者以教育标准为基础，或者二者兼顾。

（3）教育标准（Education Standard）。教育标准意味着通过学习达到预期的成果并获取一个资格证书。教育标准回答的问题是"为了胜任工作，学生需要学习什么"。广义而言，教育标准重点强调"学什么、如何学以及学习内容和质量如何评估"的问题。相对基于职业工作过程逻辑开发的职业标准，教育标准所遵从的是教育学和教学法的逻辑。

如上所述，职业标准包括一系列能力，这些能力按照一个职业的主要任务和功能聚集在一起；而教育标准包括一系列学习成果（能力），这些成果按照学习领域或教学单元组织在一起，并遵循知识和技能不断累积的逻辑。职业标准和教育标准的内容存在差异，一方面是因为在工作中所要求的有些能力超出了教育和评估过程的范围；另一方面，教育标准开发的依据不仅仅包括职业标准，还包括教育总体使命和目标要求。

就教育标准与资格标准之间的关系而言，教育标准是资格标准在特定教育背景下一定程度的体现。它对一般性学习、学科特定能力和关键能力（例如，全国统一课程设置）或其他相关资格规定了资格的要求，可能会针对资格标准中隐含的对知识、技能和教学法的要求进行更为清晰的表述，也可能会就评估活动的设计补充一些细节，以便充分反映学习要求的性质和组织。如果设置了全国统一课程，要求将特定年龄的学生所接受的职业教育、通用教育综合起来，那么教育标准会努力对某一职业资格在全国统一课程中的定位进行说明。

（4）培训或学习标准（Training or Learning Standard）。也叫培训与学习方案。培训标准是在考虑环境与资源要求、持续时间和学习人员需求的前提下，所制订的教学、学习活动的计划，可能在地区或地方层面制订，特殊情况下，也会在全国层面制订。该标准通常包括一系列以学期、课程或学年为单位的教学及学习活动。对我国而言，培训标准就是专业的人才培养方案。

广义而言，职业标准也包含在书面课程之内。这四个标准相互联系，共同构成了职业教育成果导向的课程开发过程和方法，具体如表3–1所示。

表3-1 成果导向职业教育课程开发模式B

文本名称 (书面课程 的标准)	书面课程			
	职业标准	资格标准	教育标准	培训或学习标准
文本的编制过程	对工作活动进行分类描述,并划分等级	将对工作活动(能力要求)的描述转换成对学习者学习成果的说明,并对这些说明进行归类和分组,形成系列学习单元,以便评估。同时还描述了正确评价学习成果应提供的证据形式和内容	将学习成果定位在教育意义之下。例如,学科知识、内容、评价过程和活动、机构职责、时段(小时、学期和年份)	关于教学、学习和评估活动的计划,详细说明了如何获取规定的学习成果;详细描述了对教师、资源和材料、工具等的要求。该标准可由各个学校单独制定,也可由相关机构统一制定
文本的构成要素	能力	各单元学习成果(知识、技能或其他);对应的评估标准	以模块形式组合的学习成果	以模块形式组织学习成果(各模块的学时、教室、师资等可能已明确安排)

二、质量保证与理想过程

希腊民间行业联合工会劳动研究院2013年通过对课题"从职业标准至教育标准和学习方案:基于实践经验的路线图"的研究,探讨了职业教育质量保证框架运用于职业教育课程开发的可行性以及成果导向职业教育课程开发的理想的过程和步骤;欧洲培训基金会(the European Training Foundation, ETF)2014年通过课题研究——"开发更好的职业资格"提出职业教育课程的理想步骤。以下将对这两个课题的研究成果进行具体描述。

(一)开发的质量保证框架

基于学习成果导向的职业教育开发是一个非常复杂的过程,涉及的过程和步骤多、人员广,更为重要的是对学习成果的概念性定义和操作性定义都难以把握。如果没有一个良好的质量保证体系,失败的可能性极大。为此,希腊民间行业联合工会劳动研究院借鉴《欧洲职业教育与培训质量保证参考框架》(European Quality Assurance Reference Framework for Vocational Education and Training,EQAVET),对基于学习成果职业教育课程开发的质量保证体系的构建做了有益的探讨。研究结果认为:EQAVET 不仅可以应用在职业者教育与培训的整个系统层面上,也可以在更微观的层面应用,即在职业教育课程开发的整个过程或所有的环节(职业标准开发、资格标准开发、教育标准开发和学习标准开发)中应用。

《欧洲职业教育与培训质量保证参考框架》(EQAVET)是欧盟支持欧洲职业教育与培训(VET)质量保证国家体系开发的工具。包括质量保证和改进周期(计划、实施、评价或评估、审查或修订),在整个职业教育课程开发过程的具体情境下,其质量保证周期的具体步骤描述如图 3-3 所示。

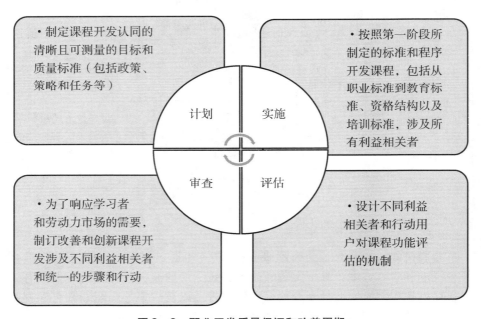

图 3-3　职业开发质量保证和改善周期

开发一个质量保证体系很复杂,并且需要时间。质量保证循环的四个阶段是相互关联的,需要整体思考和通盘解决。

1. 计划

所谓计划,就是按照政策、步骤、任务和人力资源制订职业教育课程开发的明确、适当且可衡量的目的和目标。在计划阶段,必须考虑:使用计划工作绩效评价指标(具体如表 3-2 所示),以帮助决定现行做法的有效性,并确定哪些可以实现。

表 3-2　计划工作绩效评价指标

1	是否按照国家有关战略目标制订短、中期的职业教育课程开发目的和目标
2	在目标的构建过程中，各利益相关者是否按其职责大小都有不同程度的参与
3	是否通过特定的指标（成功标准）设计了监控点
4	是否构建了课程开发需求、维护和更新的识别机制与程序
5	是否制定了信息政策，以确保质量结果和成果的适当公布，同时满足国家和地区数据保护要求
6	能力和学习成果的界定在课程的整个开发过程中是否保持本质的一致性、有效性和可验证性

另外，在计划过程开始必须考虑课程开发的预期成果指标，即质量指标，具体如表 3-3 所示。

表 3-3　课程开发的质量指标

1	所有行动者和利益相关者的数量和参与率
2	完成培训后学习者的就业率与失业率
3	弱势群体就读率
4	获取的技能和能力在工作岗位中的应用效果
5	培训完成后学习者的目的
6	在基于成果的培训和评估中，对培训师培训的投入
7	社会（包括学习者、家庭和雇主）对职业教育的满意度
8	预测劳动力市场需求的持续机制的运行
9	其他

这些定性和定量的质量指标可用于职业教育课程开发的整个周期，它们能帮助界定课程开发系统发挥功能的程度和成功率。再则，参考其他国家成功的经验和做法，在成果导向的职业教育课程开发方面，英国、德国和澳大利亚等国家都有其自身独特的经验，值得借鉴。

2. 实施

所谓实施，一般而言，就是建立步骤，以确保目标和目的（例如，发展伙伴关系、利益相关者参与、资源分配、组织与操作程序）的实现。具体而言，就是按照第一阶段所制定的标准和程序开发课程，包括从职业标准到教育标准、资格结构以及培训标准，该阶段涉及所有利益相关者。在实施阶段，需要考虑：相关国家的成功经验；在该过程的早期，有必要设计一个有效的沟通策略；必须考虑在国家层面构建职业教育课程开发的质量保证体系需要投入的成本；确定实施过程中的正式组织与管理工作负担是适当的、可接受的。

3. 评估

所谓评估，一般而言，就是通过收集和处理数据，设计成就和成果评估的机制。具体而言，就是设计不同利益相关者和用户对课程功能评估的机制。在评估阶段，必须考虑：相关国家的成功经验；在一个系统建立和监控期间必须考虑评估的需要；以系统和可预测的方式采集数据，有利于节省成本，也会增强利益相关者对评估结果的信任；使用工作绩效评价指标将帮助确定目前做法的有效性，并确定哪些可以实现。

4. 审查

所谓审查，一般而言，就是为了达到预期结果并开启新的目标而开发程序。处理反馈之后，关键利益相关者进行讨论和分析，以设计变更手续。具体而言，就是为了适应学习者和劳动力市场的需要，制定改善和创新课程开发系统的步骤和行动。在审查阶段，必须考虑：相关国家的成功经验；在一个系统建立和监控期间必须考虑评估的需要；使用工作绩效评价指标确定目前做法的有效性，并确定哪些可以实现；公布工作进度的信息很可能会获得更多的公众信任。

（二）开发理想步骤与过程

希腊民间行业联合工会劳动研究院 2013 年通过对课题"从职业标准至教育标准和学习方案：基于实践经验的路线图"的研究，总结出成果导向职业教育课程开发的四个理想过程和五个步骤，如图 3－4 所示。

1. 课程开发前的准备

在课程开发工作正式开始之前，必须对开发的整个过程进行设计并达成一致意见。这个阶段是整个课程开发的先决条件和起点。在这一阶段，应确保所有利益相关者的参与，这一点至关重要。进行开发前准备的意义在于：在开发工作开始前，与开发过程中涉及的利益相关者共同商定整个过程的时间框架和行动框架，以及各方的职责；回顾现有成果，找出可借鉴的成功做法或经验。总的来说，准备阶段的目的就是建立一个职责清晰、高效协同的开发平台。

本阶段的参与者包括开发过程中所有的参与者：负责开发和维护资格框架的机构、社会合作伙伴（雇主、雇员代表）、认证机构、相关政府部门

（教育、就业和生产等其他部门）、质量保证机构、职业标准和资格专家。所有相关人员必须认真履行自身在整个课程开发过程中的职责。最好设计一张矩阵图描述每个参与人员在整个课程开发过程中的角色和职责。

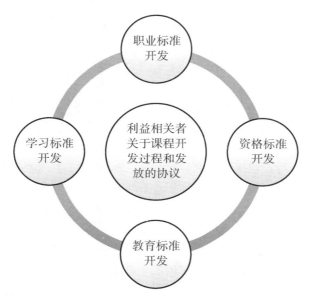

图3-4 成果导向职业教育课程开发流程

本阶段的讨论与开发的要素包括：各标准的架构和格式、所有参与人员的角色定位、整个过程的时间安排和步骤、成果导向职业教育课程开发所涉及主要术语的定义、EQF水平级别和描述符的运用、资格的更新和维护过程、成果导向职业教育课程开发的质量保证框架和指标等。

本阶段的质量评价指标包括：各相关方是否均已参与，角色定位是否清晰；是否为关键参与人员提供了有效的工作平台；是否对整个开发过程及时间框架（包括根据劳动力市场的需求和发展所确定的更新和维护的方法）达成共识；是否对不同阶段中采用的格式和架构达成一致；是否对配套工具的使用（如EQF、EQAVET框架、指标体系等）达成一致。

2. 职业标准的开发

职业标准开发是成果导向课程开发的重要环节之一，职业标准的开发必须建立在职业的基础之上，主要采用自下而上的开发路径。此阶段经常使用的工作方法包括：工作小组（成员包括雇佣双方、职业标准与资格标准开发专家等）访谈雇佣双方或对其进行问卷调查；企业现场参观考察；等等。此阶段不仅应深入了解特定职业从业人员的主要活动和工作任务，还应对该行业或职业未来可能的发展进行预测、监控和创新性研究。

职业标准通常会详细说明从事某一职业所需完成的工作任务、活动或职能，以及相应的知识、技能和能力，因此来自工作一线的信息是职业标准开发的基础。除此以外，还应收集以下信息：最小的分析单位——工作过程的相关信息；规范、立法、方法等绩效评价标准；应用范围（手段、设备、工作环境、技术创新等）；行业发展和需求信息；劳动力市场的入门要求；职业发展机会；所需知识、技能和能力；等等。

职业标准一方面向学习者提供了特定资格对应岗位的工作概况，另一方面也可确保资格与劳动力市场需求的对接。职业标准描述的是特定资格对应的职业，可以与教育标准同步开发，也可以分开进行。职业标准的开发过程应在相应开发机构的领导和管理下进行。

本阶段的参与者包括：社会合作伙伴，雇佣双方的代表（他们是此阶段信息的主要提供者，如此才能确保职业标准反映劳动力市场的需求。同时也可能扮演咨询、决策或验证等角色），由行业协会、职业团体、公共机构和教育部门联合成立的委员会。

本阶段讨论与开发的要素包括：职业、关系、层级的数量和结构，了解现有的职业标准状况，确定新开发内容；职业标准的开发和验证中可运用的方法。可供选择的方法包括：工作分析法，DACUM 法，功能分析法以及融合案头研究、访谈和引导讨论的会议法等；职业标准中层级的数量；以什么作为知识、技能、能力结合的最小单位，并将其作为职业标准整体分析的基础；职业标准的详尽程度；相关职业的核心任务；与 EQF（就欧盟国家而言）中各层级的关系；全面了解某一行业从业人员取得 EQF 1—5 级（就欧盟国家而言）的所有路径，以此确定该行业的资格框架；行业的发展、需求与创新及其对职业的影响；劳动力市场的入门要求；与工作过程相关的绩效评价标准；与工作过程相关的职业的应用范围；学习成果单元的设计；现有从业人员的绩效与成就。

本阶段的质量评价指标包括：职业标准的开发和验证过程是否得到大多数利益相关者的普遍认同；职业标准的开发是否基于工作过程；是否使用了 EQF（就欧盟成员国而言）的表述来描述各职业层级所需的知识、技能、能力和复杂度；是否使用了基于学习成果的方式来描述职业标准。

本阶段可用的方法论包括工作分析法、DACUM 法、功能分析法、融合案头研究、访谈和引导讨论的会议法等混合方法。具体方法有访谈、实地考察、文献分析、引导讨论等。

另外，职业标准开发自我评价表如表 3-4 所示。

表3-4 职业标准开发的自我评价表

过程评价（审视开发的原因、参与者与如何使用）
1. 如何做出制定职业标准的决定？决定所选职业的可用证据是什么？标准对职业专业人士设置的最低要求或平均水平或理想水平是什么？ 2. 谁一直参与标准制定？ 3. 标准如何得到其他潜在用户的验证？ 4. 谁批准的标准？ 5. 标准的正式地位是什么？
方法评价（审视识别一个要求的技术过程、开发者的专业水平、与其他标准的一致性和协调性）
6. 我们如何确保标准是基于实际需求？在何种程度上这些需求通过了专家代表团体的确认？ 7. 标准开发者胜任吗？他们是否接受过培训？他们是否也参与其他标准开发？他们的强项和缺点是什么？ 8. 确定开发方法的基础是什么？如何测试？考虑到所有职业标准都是一种社会结构的反映，不同标准的可比性如何？ 9. 如何确保不同标准之间的一致性？面向同一部门的标准是同时开发还是独立开发？谁负责部门内协调？谁负责跨部门协调？现有的标准如何用于开发新标准？ 10. 是否参照其他国家的标准？
格式评价（着眼于标准的结构、标准的可读性）
11. 职业的命名是否有明确协定？标准名称是否能反映对应的等级？是否有一个全国分类系统的链接，如职业列表，一个NQF或专业的分类？是否有职业分类ISCO或NACE的链接？ 12. 单元如何成组？它们是否遵循工作过程顺序？是否遵循相关的活动和能力逻辑？ 13. 标准是否容易阅读？主要能力、功能、活动和胜任力之间是否有明确区分？标准能规定绩效或评估标准吗？ 14. 在职业标准中，我们可以找出关键能力吗？我们可以找出共同的技术能力吗？如何可以轻松地识别这些？
功能评价（主要考察标准是否容易使用）
15. 职业标准将如何使用？ 16. 专业人员能理解它们的术语吗？职业教育标准的开发者能理解它们的术语吗？对知识、理解和技能的描述清晰吗？在多大程度上体现了态度、行为和个性等因素？ 17. 如何获取这些标准？它们可以通过互联网免费获取吗？它们有不同的语言版本吗？ 18. 开发职业标准要求多长时间和多少资源？

3. 资格标准的开发

资格标准也是职业教育课程的重要环节。所谓资格，是指"主管机构经过评估和验证，认为某人已达到了某一标准的学习成果而发布的正式结果"。资格通常以证书、学位、学历等正式书面文件的形式来表现。制定资格标准时，既要考虑就业的要求（即职业标准），也要考虑培养的规格（即教育标准）。

本阶段的参与者包括：资格开发专家、教育界代表与社会合作伙伴组成的联合委员会。

本阶段讨论和开发的议题包括：教育界与社会合作伙伴就学习成果评估的各种可能性达成一致意见；教育界对教育与培训方案制订的各种可能性达成一致意见；资格内各单元的相对权重；就资格或资格部分内容在不同工作情境间转移或认证的程序达成一致。

本阶段有一个问题值得探讨，即为什么职业标准不能直接转变成资格标准？可能的理由包括以下几方面：①在经济领域有成千上万的不同的工作。教育与培训机构不可能为每项工作都提供培训。因此，各种职业工作要求和标准必须被进行合理整合，以形成有效的资格标准。②在各职业标准中有许多重复的内容，例如每个职业标准都有关键能力这项内容。因此，资格标准对每个职业标准一对一进行开发意味着重复工作并降低资格的可比性。③资格不仅仅为人从事某些工作任务做准备，还服务于更广泛的目的。例如，资格还必须为人们成为合格公民做准备，还必须为人们实现终身学习做准备。因此，职业标准不宜直接转化为资格标准。

资格的构成部分包括：针对行业内所有资格及其相互关系的综述；任务单元以及对应工作过程的描述和绩效标准；评估标准，包括评估目的、绩效标准、评估方法、资格授予评委团；该资格对应的学历、学位、证书；资格内的认证单元。

本阶段的质量评价指标包括：是否以职业标准为基础；是否采用了基于成果的结构；是否采用了单元构成；是否有考虑任务执行之外的其他因素（如任务执行人的品行）；是否反映了劳动力市场的需求、趋势和创新；是否有确保资格系统与其他系统的对接性以及那些为参与职业教育与培训的人员。

4. 教育标准的开发

教育标准的开发是成果导向职业教育课程开发的主要任务之一。教育标准的开发以职业标准和资格标准为基础，以确保学习内容与就业要求保持较高的一致性。但教育标准与资格标准，尤其是职业标准并不完全相同，因为

教育标准需要反映学习者个人在社会生活和工作中的需要。它以职业标准为起点，但同时也包含学习者未来在劳动力市场和社会生活中的基本技能培训，既关注学习者的职业发展，也关注其个人发展。

教育标准要回答的问题是：为了有效就业，学生需要学习什么？学习的质量和内容如何评估？与按照工作逻辑撰写的职业标准不同，教育标准更多遵循的是教育学的逻辑。教育标准可能会对预期学习成果进行说明，这往往会与某一资格证书的获得相关联。

在某些情况下，如果培训内容由国家集中调节，那么教育标准也可能包括学习方案、学习目标、时间表、教学方法、教学环境等。例如，是在校学习还是在工作场所学习、学习时长、教师和培训师的资格要求等。如果培训内容不是由国家集中调节，而是由培训提供者负责，那么教育标准可能就不提供如上所述的课程信息。

在学习成果导向思想的指导下，教育标准将着重满足学习者和劳动力市场发展的需要，焦点也从"教什么、怎么教"转移到"学生需要学什么、学生将来能做什么"上。这意味着教育标准和职业标准之间有了更多的重叠，越来越多的培训都反映劳动力市场的需求。为了确保教育与劳动力市场的对接，学习目标应尽可能地贴近职业标准。有时为了遵从教学逻辑，可能会将职业标准内的学习成果进行创造性的重组，以更加符合学习者的需求。

不过，也可能会出现职业标准与教育标准内容不一致的情况，因为某些工作场所要求的能力超出了教育和评估的范围。为尽可能克服这些差别，应在工作环境中进行相应的教学和评估。

教育标准开发中最重要的问题是单元以及学习成果（从知识、技能、能力的角度）的组织方式。教育标准的逻辑不同于职业标准，因此职业标准中的单元在教育标准中可能会有所变化。例如，希腊会按照教学逻辑、根据学习者的需求，对职业标准中的各项任务进行重新组合。换句话说，从职业标准到教育标准的转化过程是基于同一基础，但遵从不同逻辑的结构重组。

学习成果必然要转化为学习目标，因此这些成果应是可教授、可达到的。例如，荷兰的职教体系为了对所有用户透明，对所有的行业领域使用了统一的格式和程序。2012—2013 年，荷兰所有的职业资格都采用了一种新形式，使用与 EQF 对接的 NLQF 来描述知识、技能、能力。

事实上，并非所有的职业标准都会有相应的教育标准。这取决于劳动力市场的需求。岗位与劳动力市场的相关度，是判断职业教育与劳动力市场相关度的重要标准。如果分析到位，就可以降低未来大学毕业生失业率，为职业教育的学生创造更好的前景。

不可否认，劳动力市场的期望与教育机构可教授的范围总会存在某种差别。职业标准是基于熟练工人的活动制定的，教育标准却是从培训新人开始的。职业教育与培训机构应当为学生提供各类学习情境，为其就业做最充分的准备。基于工作场所的学习和实操培训对缩小二者之间的差距有重要作用。

本阶段的参与者包括：资格开发专家、教育界代表（政策制定者、职业院校的教师等一线人员）和社会合作伙伴（联合委员会）、行业企业的代表（企业家、领域内专家）。

本阶段讨论和开发的议题包括：将哪些职业标准转换成教育标准（通常为政治决策）；学习成果单元的数量和大小；定义单元的起点（可以是对应职业标准的功能层面）。

最小学习单元的构成包括：通用部分（工作环境、职业态度、复杂性）、学习成果单元设计（从知识、技能和能力的角度描述核心任务、工作过程、绩效标准、应用范围）、评估方式和方法的信息、培训方案的信息、获取教育和资格的途径、学分分配和单元相对权重。

本阶段的质量评价指标包括：是否立足于职业标准；是否从知识、技能、能力的角度进行单元设计；是否基于成果（而非输入）进行单元设计；单元在不同资格间是否可以转移；是否对教练和导师的培训有所考虑。

5. 教育与培训方案的开发

如果教育标准和教育方案是集中开发的话，那么教育方案的开发就可能整合在教育标准的开发之中。否则，该工作就是培训提供方的责任。教育标准是教育方案开发的基础。

教育标准规定了学习者应掌握的学习成果内容、实现方式及评估方式，教育方案则具体说明了学习内容、学习目标、时间表、教学方法、学习环境（在校学习还是在工作场所学习）、学习时长、工作方法、评估程序和方法等。

由于资格结果倡导的是成果导向的培训，培训和评估活动的设计也应秉承这一思路。这意味着应当把"学习结束后学习者应知道的、能做的"作为学习的起点，而不是学习时间和学习方法。基于工作场所的学习和评估在很大程度上确保了成果导向的实现，为学生做好充分的就业准备，教育与培训机构应全面考虑学习成果发生的不同情境。

本阶段的参与者包括：职业教育与培训的提供方（非统一开发情况下）、资格结果开发者（统一开发情况下）。

本阶段讨论和开发的要素包括：学习目标的定义（以学习成果为出发

点）、培训环境（在校学习还是在工作场所学习）、实施条件（培训时间、学习方法、教学方面、评估方法等）、对师资的要求（包括师资培训）、认证方法、质量保证体系、资格的授予制度。

  本阶段的质量评价指标包括：学习目标是否基于教育标准和职业标准；是否基于成果导向的培训和评估方法；是否以学习者为中心；当教育标准中的学习成果、学习目标、评估设计三者的重合部分为最大时，培训最为成功，因此应关注培训和评估方法是否与此思路吻合；对培训师和导师的培训投入是否到位；是否有公司参与培训和评估。

第四章 建构能力与能力指标

成果导向的人才培养方案与课程设计要求以学生为主体,以生活经验为重心,培养现代公民和职业人员所需的基本能力。为了有效培养学生的能力,我们就必须将平时的课程学习内容转化为各学习领域的能力指标。所以,能力指标是评估学校办学绩效、课程设计及学生学习成效的依据。教师再将能力指标转化为教学目标,引导学生学习,并依据教学目标实施学业评价。总而言之,教师实施学业评价前应先厘清教育教学目标及能力指标,方能适切开展教学评价。本章我们主要介绍教育教学目标和能力以及能力指标的构建与应用。

第一节 教育目标与能力指标

一、认识教育目标与教学目标

(一)教育目标[①]

米勒等(Miller et al., 2009)强调教育目标分成认知、情意、技能三个主要领域。认知领域乃知识认知、心智能力与技能;情意领域乃态度、兴趣、鉴赏和适应的形式;技能领域乃知觉和运动技能。

布鲁姆等(Blom et al., 1956)将教育目标领域分成认知领域、情意领域、动作技能领域。其中,认知领域教育目标由最简单到最复杂的6个层次,依序为知识(Knowledge)、领会(Comprehension)、应用(Application)、分析(Analysis)、综合(Synthesis)和评价(Evaluation)。

[①] 李坤崇:《学业评价——多种评价工具的设计及应用》,华东师范大学出版社2016年版,第20页。

后来，安德森等（Anderson et al., 2001）主编的《学习、教学和评估的分类学——布鲁姆教育目标分类学修订版》一书，修订了布鲁姆的认知教育目标分类架构。宾特里奇等（Pintrich et al., 2001）将知识向度分成事实知识、概念知识、程序知识、后设认知知识4项，并将4项分成11个细项。[1]

不论是米勒还是布鲁姆、安德森等教育专家，对教育目标的分类都体现出逐步清晰的科学性，与传统的模糊阐述有着巨大的区别。由于教育评价是以教学目标为依据的，因此应制定科学的评估标准，应用科学的技术和手段，对教学活动过程及其结果进行测定、衡量、分析、比较，并给予价值判断。而同时教学评价的好坏，又直接影响着教学质量的高低，因此，教学评价引起了教育家的极大关注。米勒、布鲁姆、安德森等教育专家提出的教育目标分类直接为教育评价提供了有效的依据。利用教育目标分类法可以把一门学科（专业）的教与学的过程分成教学活动开始、教学过程、教学目标3个阶段，并根据3个不同阶段提出诊断性评价、形成性评价和结果性评价的评定方法。该分类法得到了广泛的认可与应用。因此，当前的教育教学改革首先要清楚专业和课程的教学目标怎么确定，才能为接下来的教学实施提供依据。

（二）教学目标[2]

教学目标乃教学的方针。研讨教学目标时，应先了解学校愿景、学生经验背景、学时或课时数、教学设备和资源等实况，再依据认知、技能、情意目标结构的层次，选择适合学生程度和需要的教学目标。教学目标分为单元目标和具体目标（又称行为目标），应尽量包括认知、技能与情意。教师在设计主题学习活动、撰写主题教学目标时，较常用单元目标的撰写方式；撰写主题内单元教学目标时，则较常用行为目标的撰写方式。

（三）单元目标的功能与确立步骤

单元目标具有下列七项功能：①作为教师筛选教学方法，设计学习活动的依据；②让教师更适切地安排学习历程与资源；③让教师更精确地掌握学

---

[1] 由于内容比较细且涉及的方面比较多，关于布鲁姆、米勒、安德森对教育目标的相关阐述分类表在此略，建议大家可以购买相关专业书籍细读。

[2] 李坤崇：《学业评价——多种评价工具的设计及应用》，华东师范大学出版社2016年版，第33—35页。

习内容；④让教学评价更客观；⑤补救教学时更具目标导向；⑥教师更易于自我诊断及改进教学缺点，以及了解学生学习的困难；⑦教师能更适切地布置学习情境。

确立单元目标的三个步骤为：①依据能力指标来剖析新设计的学习活动内涵。②分析学生在学习前会做什么、知道什么，了解所设计的能力指标与其他能力指标的关系。③根据前两项的预期能力指标或教学目标，结合学生学习前的实际情况，从知识与技能、过程与方法，以及情感态度价值观的维度去表述要实现的单元目标词条，在表述时要适切具体并体现以学生为主体。

二、了解能力指标

能力指标是成果导向型课程设计的核心理念之一，用以彰显学生学习成果和强调培养学生"带得走"的能力。但能力指标与学生学习评价、基本学力测验、基本能力测验的关系如何，这一问题给基层教师带来了相当大的困惑。现试着将整个基本能力的演化与学习评价、基本学力测验、基本能力测验的关系，梳理成图4-1。

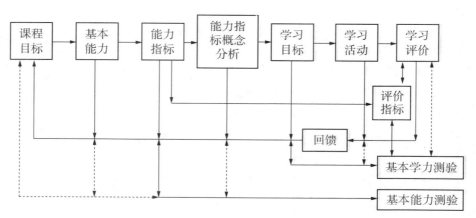

图4-1 能力指标与学习评价、基本学力测验、基本能力测验的关系

（一）能力指标的功能、特质

高等职业教育的课程目标有明确的基本能力导向和要求。这种被转化的"能力指标"虽把学生应具备的能力转化为可以观察到的具体数据，以此实际了解学生的学习表现，但为求精确掌握各学习领域的学习目标，教师宜将能力指标概念分析为细项能力指标，再依据细项能力指标来拟定学习目标、

设计学习活动及实施学习评价,并依据学习评价结果来反馈学生习得的基本能力与能力指标状况。这样可以检验学习目标与学习活动的适应性。

(二) 能力指标的功能

各学习领域的课程纲要中的分阶段能力指标是开发教材、设计教学、拟定评价及实施测验的参照,具有下列6项功能:①出版社或学校开发教材的依据;②教师确立学习目标与运用教学方法的前提;③教师实施学习评价的准则;④相关评估机构发展评价指标的根据;⑤相关评估机构发展基本学力测验的基准;⑥学校实施基本能力测验的准绳。

(三) 学习指标的特质

各学习领域的课程纲要中的分阶段能力指标是由基本能力配合各学习领域的理念与目标衍生而来。能力指标的特质有以下5点:①低标,能力指标乃课程目标要求中的最低要求,亦即要求学生都可达成的基本能力。②活化,能力指标的本质是活的,学校可予以增加、补充或分化,但学校应依据本校愿景与特色,基于专业自主来活化。③阶段化,能力指标依学生在各学习领域身心发展的状况,被划分为二或三个学习阶段。具有区别身心发展阶段、进行纵贯联系与阶段区隔的功能。④连续化,能力指标虽然分成二或三个阶段,但各阶段能力指标具有"循序渐进、连续不断、统整合一"的特质。⑤适性化,学校可依学校、区域特点与学生需要来研究制定科学合理的学习目标。落实能力指标时可能会出现目标相同但各校做法与要求各异的现象。

第二节　目标与能力的建构原则[①]

一、培养目标与核心能力建置原则[②]

(一) 学生中心

培养目标与核心能力的叙述需要以学生为本位、以学生为中心,准确描述出学生毕业后可形成的、中心的、主要的且具有竞争力的能力。叙述时应跳出

---

① 王晓典等:《成果导向高职课程开发》,高等教育出版社2016年版,第23—36页。
② 李志义、朱泓、刘志军等:《用成果导向教育理念引导高等工程教育教学改革》,《高等工程教育研究》2014年第2期,第29—33页。

以教师为中心的传统思维，注意以教师为中心与以学生为中心叙述的区别。

（二）清楚聚焦

培养目标与核心能力应建立一个能够预期学生表现成果的清楚的学习蓝图，并以此蓝图作为课程、教学、评量设计与实行的起点。

（三）高度期许

建置培养目标与核心能力时应期待学生达到高层次的表现，并营造成功情境与机会，让所有学生都能成功。高度期许与高标准内涵不同，若仅提高标准而未增加对学生的期望或未促使更多学生成功学习，则提高标准只会增加学生成功的障碍并降低学生通过率。

（四）赋予时代意义与展现特色

根据五向度的变化，在"校训不动"的原则下，赋予培养目标与核心能力以时代性的教育自成培养为方向。展现三级培养目标的各自特色。学校学院及专业应各具特色、各不相同。

（五）三级纵向连贯

校、院、专业三个层级的培养目标与核心能力应纵向连贯，环环相扣。学校层面应对培养目标与核心能力做明确说明，以引导学院、专业层面建置培养目标与核心能力。

（六）横向整合相关单位

校级培养目标与核心能力的达成与实现是由正式课程、非正式课程、隐性课程及悬缺课程等共同完成的。各类课程有些是跨学院、跨部门、跨领域的，必须与教务处、学工部（团委）、通识教育中心等部门，分工合作、协调统整，才能达成既定的校级核心能力。

（七）发展能力指标

学院及专业应依据培养目标与核心能力发展出具体可测的能力指标（绩效标准）。若仅仅发展核心能力，没有更明确的能力指标，那么在规划或调整与实施教学评量时，不仅评度会降低，而且出现重叠的概率会提升。

（八）民主与审议程序

建置培养目标与核心能力应当经过民主程序审议。校级、院级培养目标与核心能力应经校学术委员会审议通过，通过决议的培养目标与核心能力应关注通过会议名称、学年期及日期。另外，核心能力应严谨研究订立，不宜频繁修订。

（九）沟通凝聚共识

培养目标与核心能力的研究拟订是沟通凝聚共识、化解不同意见的民主过程，这一过程往往比结果重要。沟通与搜集意见可用问卷、网络、访谈、座谈等方式，而沟通与征求意见的对象应该包括校友、家长、教师、行业企业界人士、教育专家等。

二、培养目标与核心能力撰写原则

（一）培养目标与核心能力相呼应

核心能力要能够支撑培养目标的达成，二者之间应有明确的对应关系。这种对应关系应该是可逆的，即一条培养目标可以由多条核心能力支撑，同时一条核心能力可以支撑多条培养目标。

（二）掌握目标层次

撰写培养目标与核心能力必须清楚掌握知识、技能、素养教育目标的层次，才能依据目标层次恰当引导学生达向高层次目标，而非停留于低层次学习。

（三）数量适中且区隔恰当

阐述校级培养目标多采用整体说明方式，叙述校级核心能力则多采用条例方式。校级核心能力以能清楚聚焦为原则，避免因简单而叙述不充分或者因烦琐而难以聚焦，数量一般以6～12项为宜；院级核心能力数量一般不少于校级核心能力数量，但不宜超过15项。各级核心能力的每条项目应自成一体、区隔恰当，避免各项目之间混淆不清、重叠重复。

（四）纵向连贯

各学院要以校级培养目标与核心能力为依据发展其核心能力，并体现出纵向的对应关系。学院发展其核心能力时，可掌握下列原则：①不宜直接复制。各院应依据特色、需求及学生未来职业生涯发展来制订自己学院的核心能力，不宜直接复制校级核心能力。②阐述内涵与绩效标准。学院的每项核

心能力应当说明内涵,并明确能力指标(绩效指标)。③确认对应关系并经审议历程。各学院核心能力与校级核心能力联结对应,但不一定一一对应,学院的多项核心能力可以对应学校的某一项核心能力,但学院的单一核心能力不可对应多项学校核心能力。④说明无对应关系原因。各学院规划核心能力,若出现与校级核心能力无法对应的能力时,未对应者应由相应课程补充,并说明不对应的原因。

第三节 目标与能力的建构路径[①]

一、形塑成果导向教育理念

整个教育体系犹如一座"金字塔",其底层是教育理念、精神及原则,然后逐级向上是教育规范、方法等。课程理念蕴含于课程发展之中,是课程的灵魂和支点,课程理念的落实与否也成为课程改革是否成功的关键。因此,转变教职员工教育理念是课程改革的先导,在成果导向课程开发与实施的过程中起着至关重要的作用。形塑成果导向教育理念可通过理论学习、系统培训及参观考察等途径,其中开展多种方式培训的效果显著。学校可根据本校具体情况组织开展专题培训、参与式培训、实践培训及阶段性国内外培训等多种形式相结合的成果导向理论系列培训。

二、定义内部和外部需求

设置培养目标与核心能力需要从内部需求与外部需求的多个向度进行调研和考量。内部需求来源于教育教学规律、学校的办学思想和办学定位(包括人才培养定位)以及教学主体(学生与老师)的需要等;外部需求主体包括国家、社会、行业、用人单位等层面。外部需求又可分为宏观和微观两个层面,国家与社会的需求为宏观需求,是制定学校层面人才培养定位与目标的主要依据;行业与用人单位的需求为微观需求,是制定专业人才培养定位与目标的主要依据。培养目标主要由外部需求决定,核心能力则主要由内部需求决定。

三、开展多向度调研

开展内外部需求多向度调研可采用文献与政策研究、个人访谈、问卷调

---

① 王晓典等:《成果导向高职课程开发》,高等教育出版社 2016 年版,第 32—35 页。

查、学者与专家专题座谈调研等方法，按照"理论转化＋多向度调研＋经验提炼＋比较分析"的路径，由专门人员负责论证过程的组织、协调、问卷制作、调研与统计分析等全部工作。

（一）采用文献与政策研究方法，领会把握国家职业教育相关政策、文件精神

查阅职业教育专著、论文、报刊等，并通过网络搜集教师、学生、家长和社会各界的相关讨论，从中寻找获取当前教育实践的有益启示和指导信息，探讨学校培养目标与学生应具备的核心能力。通过查阅相关资料、解读相关政策，初步拟定出校级培养目标，并筛选出核心能力相关热词，制作调研问卷。

（二）采用问卷调研方法，了解行业、企业需求以及学生发展要求

可通过毕业生问卷调查、应届生就业问卷调查、在校生问卷调查、企业用人满意度问卷调查等广泛开展调研。企业问卷调研的对象主要是有丰富经验的人力资源管理人员、技术管理人员以及生产线上的高级技术人员。对收回的有效问卷运用"统计产品与服务解决方案"软件（SPSS）进行统计分析，筛选出高频次的能力作为建置学校核心能力的参考。

（三）采用个人访谈与座谈相结合的方法，调研校友期望与学校定位

通过个人访谈方法能够获得更准确的意见和信息，与问卷调查相比更有弹性、更生动、更真实。个人访谈的问题可以设置为：请问您认为毕业生应当具备哪些能力和素质？并可根据被访谈者的回答追加提问。而座谈调研的方式可以节约人力和时间，且比个别访谈获得的信息更广泛、更深入，获得的资料也更完整和准确。座谈会可邀请校友代表、师生代表、学校领导、二级学院与各部门负责人等人员参加，主题为"我校学生应当具备哪些核心能力"。要做好现场记录，会后对谈话记录进行总结分析。

四、进行多方民主研议

组织多方参与的研讨会对多向度调研结果进行民主研议。由于培养目标主要由外部需求决定，因此关于校级培养目标的民主研讨会要以政府代表、行业企业代表及校友代表为主组成；而校级核心能力的民主研讨会则以作为

利害关系人的教职员工代表及学生代表为主组成。在民主研议阶段，可以参照政策分析进程模型，大致按照问题界定、备选方案搜寻、未来预测、方案比较、结果评估5个环节进行，具体研议过程有以下5个方面。

（一）问卷调研

设定研议的主题为"我校培养目标（核心能力）"，并以此为题制作问卷，由多方代表填写问卷。

（二）分组研议

与会各方代表根据问卷汇总整理结果，分组开展研议。整个研议过程中运用头脑风暴法使与会代表充分发表个人意见，各小组运用分类分析法澄清概念以界定问题情境，运用综摄法、假设分析法等方法讨论提出培养目标与核心能力；再运用综合归并法及抽象分析法对各小组汇总上来的研议结果筛选出高频度的关键词，并按相似属性进行归类。

（三）分院研拟

各学院根据多方代表分组研议的结果进行研讨，初步拟出校级培养目标与核心能力，并对各院初稿进行汇总分析。

（四）会议研讨

再次召开多方代表会议，运用比较法和综合归并法对各学院研拟所提交的结果进行研讨、筛选，确定校级培养目标与核心能力初稿。

（五）专家审定

由校内专家、校外行业与企业专家及教育专家共同组成专家组，对多方代表会议研订的校级培养目标与核心能力初稿进行研讨并予以审定。

五、审议通过校级培养目标与核心能力

学校学术委员会参照外部需求调研结果和多方民主研议结论进行研讨审议，最终确定校级培养目标与核心能力。为了更好地说明和展示，现以黑龙江职业学院、广东农工商职业技术学院的部分能力指标构建为例予以说明。

黑龙江职业学院依照上述建置原则与建置路径研拟确定了学校培养目标（见表4-1）：致力于培养德智体美等方面全面发展的，具有较高敬业精神和独立思考能力，具有必备专业知识和较强实践动手能力，从事生产、建

设、服务、管理一线工作的技术技能人才和负责任的公民。同时确定了学校学生核心能力（见表4-2）：沟通整合（协作力）、学习创新（学习力）、责任关怀（责任力）、专业技能（专业力）、问题解决（执行力）、职业素养（发展力）。2017年，广东农工商职业技术学院在黑龙江职业学院项目团队的指导下，也按照这个构建原则构建了符合学校自身发展的校级能力指标，此处仅以黑龙江职业学院为例。

表4-1 黑龙江职业学院培养目标

培养目标
致力于培养德智体美等方面全面发展的，具有较高敬业精神和独立思考能力，具有必备专业知识和较强实践动手能力，从事生产、建设、服务、管理一线工作的技术技能人才和负责任的公民

表4-2 黑龙江职业学院核心能力及内涵

核心能力	切入点	内涵
A. 沟通整合（协作力）	倾听	具备有效沟通、团队合作、跨界整合的能力
B. 学习创新（学习力）	作业	具备学会学习、信息处理、创新创作的能力
C. 责任关怀（责任力）	爱心	具备责任承担、社会关怀、人文涵养的能力
D. 专业技能（专业力）	应用	具备熟用知识、掌握技术、运用技能的能力
E. 问题解决（执行力）	思考	具备发现问题、分析问题、解决问题的能力
F. 职业素养（发展力）	敬业	具备遵守伦理、忠诚职业、适应变迁的能力

六、发展院级培养目标与核心能力

各学院以学校培养目标与核心能力为依据，结合本院办学特色与专业设置情况建置本院核心能力（见表4-3）。可遵循以下4个步骤。

（1）各学院开展问卷调研，运用SPSS统计软件对问卷进行统计分析，分析结果交由学院教职员工进行分组研议。

（2）各专业教学团队参酌校级培养目标与核心能力，根据分组研议结果，研拟本院培养目标与核心能力。

（3）学院课程发展委员会对各专业教学团队研拟结果进行审议，审议结果提交学校学术委员会审定。

（4）学校学术委员会研究确定各二级学院的培养目标与核心能力。

表4-3 信息工程学院院级核心能力（例）

学校核心能力	切入点	信息工程学院核心能力
A. 沟通整合（协作力）	倾听	AX1 具备有效沟通、团结协作的能力 AX2 具备信息技术跨界整合的能力
B. 学习创新（学习力）	作业	BX1 具备终身学习的能力 BX2 具备信息处理、项目创作的能力
C. 责任关怀（责任力）	爱心	CX1 具备承担责任、社会关怀、人文涵养、信息素养的能力
D. 专业技能（专业力）	应用	DX1 具备项目管理、开发实施、网络管理的能力
E. 问题解决（执行力）	思考	EX1 具备发掘与分析信息技术职业领域实际问题的能力 EX2 具备应用信息技术解决实际问题的能力
F. 职业素养（发展力）	敬业	FX1 具备遵守规范、忠诚职业、国际视野、适应变迁的能力

注：A、B、C、D、E、F 为能力分类编码，AX1、AX2、BX1、BX2、CX1、DX1、EX1、EX2、FX1 为能力表述词条代码，代码格式仅为参考。

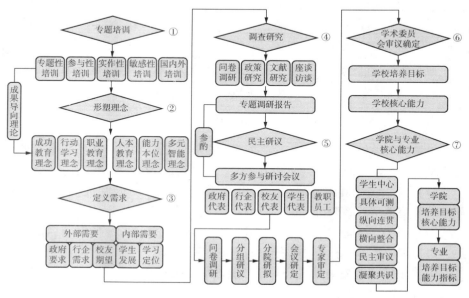

图4-2 三级培养目标与核心能力建置路径

（来源：黑龙江职业学院的培养目标与核心能力的建置路径史料）

从图4-2黑龙江职业学院的培养目标与核心能力的建置路径，我们可看到三级培养目标与核心能力建置①～②形成共识后，再通过③目标与能力的定义后，再通过④开展调查研究确定具体内容后，通过⑤～⑥的民主研议和学术委员会审议确定校级培养目标与能力，确保过程的严肃严谨和科学性，再通过⑦来确定学院与专业核心能力，这种分类分层的建置路径体现了校、院、专业三级培养目标与核心能力建置路径、方式、程序的合理性和科学性。

第四节 核心能力与能力指标权重分配[①]

一、搭建学校核心能力课程主体框架

学校核心能力课程由正式课程和非正式课程组成。正式课程指人才培养方案中开设的除了通识拓展课程之外的课程，包括通识基础课程、专业基础课程、专业核心课程、岗位综合课程、专业限选课程。非正式课程指通识拓展课程，包括道德类、艺术类、科学类和特色类等。其中，特色类指学生处和团委结合校本特色，整合学生活动改造成的素质通识课程，并按照课程教学进行管理，实现学生活动课程化。将学生处、团委和各系（院）、专业负责的学生各类活动整合为"非正式课程"，形成"非正式课程"体系，这既提升了学生活动的针对性和有效性，又实现了学校核心能力培养的统一性，如图4-3所示。

---

① 王晓典等：《成果导向高职课程开发》，高等教育出版社2016年版，第23—39页。

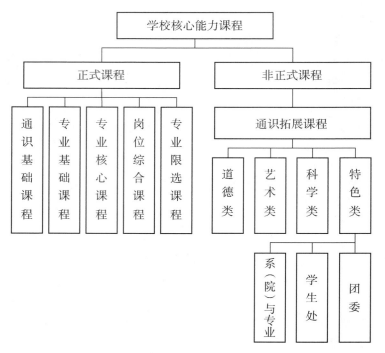

图4-3 学校核心能力课程主体框架

二、学校核心能力课程主体之间的关系

正确处理通识课程与专业课程的关系、通识正式课程与非正式课程的关系，学生处、团委以及系（院）、专业的非正式课程是保证素质通识课程育人功能的有效发挥和育人靶向精准度的前提和基础。学校开发并设置出学生6项核心能力（学习成果），利用层次分析法和广泛讨论，确定了学校6项核心能力的权重。首先，将学生核心能力按照正式课程占70%和非正式课程占30%的比例划分权重；其次，正式课程按照通识课程占1/4、专业课程占3/4的比例关系划分出正式课程权重；再次，将非正式课程中按照道德类、艺术类和科学类占1/4，特色类占3/4，其中学生处、团委非正式课程占1/4，系（院）与专业非正式课程占3/4的比例划分出两级非正式课程能力权重。这可以有效解决正式课程与非正式课程以及非正式课程内部的能力权重关系，明确各自扮演的角色和承担的任务，为准确定位通识课程的培养目标，有效开展通识课教学，精准评量通识课学习成效，奠定基础和条件。如表4-4所示。

第一编 基础理论

表4-4 学校核心能力课程主体权重分配（例）

核心能力	A. 沟通整合（协作力）	B. 学习创新（学习力）	C. 责任关怀（责任力）	D. 专业技能（专业力）	E. 问题解决（执行力）	F. 职业素养（发展力）
校级核心能力	10.00%	15.00%	10.00%	35.00%	20.00%	10.00%
正式课程 70%	10.00%	10.00%	10.00%	50.00%	10.00%	10.00%
通识能力 1/4	20.00%	15.00%	25.00%	10.00%	10.00%	20.00%
专业课程 3/4	6.67%	15.00%	5.00%	43.33%	23.33%	6.67%
通识能力指标	(10, 10) 10%/10%	(10, 5) 10%/5%	(15, 10) 15%/10%	(7, 3) 7%/3%	(5, 5) 5%/5%	(10, 10) 10%/10%
专业能力指标	(6, 4) 4.0%/2.67%	(5, 5) 7.5%/7.5%	(7, 3) 3.5%/1.5%	(4, 6) 17.33%/26%	(5, 5) 11.6%/11.7%	(6, 4) 4.%/2.67%
非正式课程 30%	10.00%	10.00%	10.00%	16.67%	26.67%	26.67%
道德类、艺术类和科学类 1/4 特色类 3/4						
系（院）与专业非正式课程 3/4	5.00%	10.00%	5.00%	45.00%	20.00%	15.00%
学生处和团委非正式课程 1/4	11.67%	10.00%	11.67%	7.22%	28.89%	30.56%
学生处非正式课程 1/2	10.00%	15.00%	5.00%	10.00%	25.00%	35.00%
团委非正式课程 1/2	13.33%	5.00%	18.33%	4.45%	32.79%	26.12%

三、校级核心能力内涵侧重点分析

校级核心能力内涵侧重点分析是核心能力及能力指标权重分配的前提。按照成果导向课程开发和实施的原则与要求,采用统计平均法分析校级核心能力内涵,进一步明确校级每一项核心能力在专业能力培养和通识教育中的重要程度,填写核心能力及能力指标内涵侧重分析表,同时标注每项核心能力是由专业课程或通识课程培养。为核心能力及能力指标权重分配提供原则性参照。如表4-5所示。

表4-5 学校核心能力内涵分配侧重分析(例)

核心能力	内涵	正式课程		非正式课程
		通识课程	专业课程	
A. 沟通整合（协作力）	具备有效沟通、团队合作、跨界整合的能力	◎	○	○
B. 学习创新（学习力）	具备学会学习、信息处理、创新创作的能力	○	◎	○
C. 责任关怀（责任力）	具备责任承担、社会关怀、人文涵养的能力	◎	○	○
D. 专业技能（专业力）	具备熟用知识、掌握技术、运用技能的能力	○	◎	◎
E. 问题解决（执行力）	具备发现问题、分析问题、解决问题的能力	○	◎	◎
F. 职业素养（发展力）	具备遵守伦理、忠诚职业、适应变迁的能力	◎	○	◎

说明：○表示对应的核心能力能够呈现相应的能力。
　　　◎表示对应的核心能力在呈现相应的能力基础上更侧重该项能力。

四、专业能力指标内涵侧重点分析

在校级核心能力内涵侧重点分析的引导下,按照系(院)核心能力及能力指标的要求,根据本专业的特点,采取统计平均法,明确专业单项能力指标在专业培养目标中职业素养和职业能力的重要程度,填写专业核心能力及能力指标内涵侧重分析表,同时标注每项能力指标侧重的专业职业能力或职业素养,为专业能力指标权重分配提供原则性参照。如表4-6所示。

表4-6 专业能力指标内涵侧重分析（以国际金融专业为例）

学校核心能力	内涵	国际金融专业核心能力指标	专业能力	职业素养（素质通识）
A. 沟通整合	具备有效沟通、团队合作、跨界整合的能力	A0311 具备有效沟通、团队协作的能力		◎
		A0312 具备获取、整合与维护目标企业客户、个人客户资讯能力，具备银行、证券、保险行业资讯与项目的整合能力	○	
B. 学习创新	具备学会学习、信息处理、创新创作的能力	B0311 具备信息处理、自主学习、终身学习的能力		◎
		B0312 具备金融服务模式、客户关系管理模式、金融产品研发的创新能力	○	
C. 责任担当	具备责任承担、社会关怀、人文涵养的能力	C0311 具备自我管理、职场适应、抗挫抗压、保持自我身心健康的能力		◎
		C0312 具备社会关怀、人文涵养、责任担当的能力	○	
D. 专业技能	具备熟用知识、掌握技术、运用技能的能力	D0311 掌握金融类业务知识技能，熟知金融工具的特征及应用范围		◎
		D0312 具备运用金融类业务知识、技能以及金融工具的能力	○	
E. 问题解决	具备发现问题、分析问题、解决问题的能力	E0311 具备在金融类业务经营管理过程中发现、分析实际问题的能力		◎
		E0332 具备解决金融类业务经营管理过程中实际问题的能力	○	
F. 职业素养	具备遵守伦理、忠诚职业、适应变迁的能力	F0311 具备遵守金融行业规范、忠诚职业的能力		◎
		F0312 具有国际视野，具备适应金融行业岗位变迁的能力	○	

说明：
1. ○表示对应的核心能力能够呈现相应的能力；
2. ◎表示对应的核心能力在呈现相应的能力基础上更侧重该项能力；
3. 以上内容和编码仅为参考示例。
4. 实际应用时可以省略能力类型说明，此处为更好说明仅做示例。

五、校级核心能力权重分配

经过会议研讨,利用头脑风暴法,对校级核心能力的内涵进行研议,对学校办学定位、办学特色和培养目标等进行分析,拟定校级单项能力权重分配。如表4-7所示。

表4-7 校级核心能力权重分配

校级核心能力	A. 沟通整合（协作力）	B. 学习创新（学习力）	C. 责任关怀（责任力）	D. 专业技能（专业力）	E. 问题解决（执行力）	F. 职业素养（发展力）
核心能力权重	10.00%	15.00%	10.00%	35.00%	20.00%	10.00%

六、正式课程权重分配

根据学校核心能力权重分配结果,依据正式课程能力侧重点分析,预设正式课程能力比例为70%,采取层次分析法确定正式课程的比重。如表4-8所示。

表4-8 正式课程能力权重分配

校级核心能力	A. 沟通整合（协作力）	B. 学习创新（学习力）	C. 责任关怀（责任力）	D. 专业技能（专业力）	E. 问题解决（执行力）	F. 职业素养（发展力）
核心能力权重	10.00%	15.00%	10.00%	35.00%	20.00%	10.00%
正式课程70%	10.00%	10.00%	10.00%	50.00%	10.00%	10.00%

（一）通识能力权重分配

通识教育目标的实现有赖于科学合理的课程和课程框架。可引入成果导向课程开发原则和课程结构调整步骤,以学生为中心,以能力为本位,以素质为基础,改造公共基础课,优化思想品德课,引入学生活动课,开发隐性育人课,搭建素质通识正式课程和非正式课程的主体框架。素质通识课程主体框架包括正式课程、非正式课程和隐性课程。培养学生的能力和素质,往往是由正式课程、非正式课程和隐性课程共同完成的。例如培养学生敬业能力时,就包括正式课程中的正面教育,非正式课程中的案例,教师本身的言传身教环境等,以及境教的隐性教育。

通识能力权重分配是专业能力权重分配的基础,在专业能力分配中占有重要的地位。根据校级核心能力权重的确定方法,参考核心能力及能力指标内涵侧重分析结果,采取层次分析法确定素质通识能力比重。如表 4-9 所示。

表 4-9 通识能力权重分配

校级核心能力	A. 沟通整合（协作力）	B. 学习创新（学习力）	C. 责任关怀（责任力）	D. 专业技能（专业力）	E. 问题解决（执行力）	F. 职业素养（发展力）
核心能力权重	10.00%	15.00%	10.00%	35.00%	20.00%	10.00%
正式课程 70%	10.00%	10.00%	10.00%	50.00%	10.00%	10.00%
通识能力 1/4	20.00%	15.00%	25.00%	10.00%	10.00%	20.00%

（二）专业能力权重分配

根据学校原有公共基础课程学生所占 25% 的实际,确定通识能力与专业能力权重分配比例 1∶3;根据专业能力权重计算方法（保留 1 位小数）,获得专业能力权重比例。

专业能力权重计算方法:

$$Z = \frac{X \times 4 - S}{3}$$

说明:Z 代表专业单项能力权重;X 代表校级单项核心能力权重;S 代表通识单项能力权重。

例如:A. 沟通整合（协作力）专业能力权重的计算过程,X 为 10%,S 为 20%,得出 Z 为 6.7%。以此类推,分别计算出:B. 学习创新（学习力）专业能力权重为 8.3%,C. 责任关怀（责任力）专业能力权重为 5.0%,D. 专业技能（专业力）专业能力权重为 50%,E. 问题解决（执行力）专业能力权重为 16.7%,F. 职业素养（发展力）专业能力权重为 13.3%。如表 4-10 所示。

表 4-10 专业能力权重分配

核心能力	A. 沟通整合（协作力）	B. 学习创新（学习力）	C. 责任关怀（责任力）	D. 专业技能（专业力）	E. 问题解决（执行力）	F. 职业素养（发展力）	合计
校级能力权重	10.00%	15.00%	10.00%	35.00%	20.00%	10.00%	100%
正式课程 70%	10.00%	10.00%	10.00%	50%	10.00%	10.00%	100%
通识能力 1/4	20.00%	15.00%	25.00%	10.00%	10.00%	20.00%	100%
专业课程 3/4	6.7%	8.3%	5.0%	50%	16.7%	13.3%	100%

（三）通识能力指标权重分配

通识能力指标权重分配是素质通识根据各单项能力指标对应的侧重，采取层次分析法确定通识单项能力权重。具体推算如下。

第一步：根据通识能力权重分配表，预设通识单项能力指标的权重的分配比例为5%，如表4-11所示。

表4-11　通识单项能力指标权重分配

核心能力	通识能力指标	预设值	增加值	最终值
A. 沟通整合（协作力）	AT1 具备有效沟通和团队协作能力	5%	+5%	10%
	AT2 具备跨界整理的基本能力	5%	+5%	10%
B. 学习创新（学习力）	BT1 具备持续学习及独立思考能力	5%	+5%	10%
	BT2 具备创意、创新或创作的基本能力	5%	+0%	5%
C. 责任关怀（责任力）	CT1 具备承担责任、关怀社会的能力	5%	+5%	10%
	CT2 具备人文、艺术、保持身心健康的基本素养	5%	+5%	10%
D. 专业技能（专业力）	DT1 具备专业所需的语言表达、数学运算或计算机办公等基础知识或掌握活动技术能力	5%	+2%	7%
	DT2 具备运行现代化信息手段或常用学习工具的基本能力或运用活动技能、岗位管理的能力	5%	-2%	3%
E. 问题解决（执行力）	ET1 具备运用社会科学、自然科学或经济管理的发现、分析问题能力	5%	+0%	5%
	ET2 具备应用所学解决问题的基本能力	5%	+0%	5%
F. 职业素养（发展力）	FT1 具备遵守规范、忠诚、敬业、乐业的能力	5%	+5%	10%
	FT2 具备适应变迁、调整角色及职业生涯规划与发展的能力	5%	+5%	10%

第二步：根据校级核心能力内涵分配侧重分析表，通识能力侧重A、C、F三个方面，每项能力指标对应再分配一个5%的权重。

第三步：根据通识课程特点，D指标1"DT1"相对于指标2"DT2"应更重要一些，运用统计平均法之后结果为指标1上调2%，指标2下调2%。

第四步：根据专业培养目标的要求，需要加强终身学习和社会责任力的培养，将另外 10% 分别加到对应的能力指标中，完成通识单项能力指标权重侧重表，如表 4-12 所示。

表 4-12　通识单项能力指标权重侧重

核心能力	通识能力指标	指标侧重
A. 沟通整合（协作力）	AT1 具备有效沟通和团队协作能力	10%
	AT2 具备跨界整理的基本能力	10%
B. 学习创新（学习力）	BT1 具备持续学习及独立思考能力	10%
	BT2 具备创意、创新或创作的基本能力	5%
C. 责任关怀（责任力）	CT1 具备承担责任、关怀社会的能力	15%
	CT2 具备人文、艺术、保持身心健康的基本素养	10%
D. 专业技能（专业力）	DT1 具备专业所需的语言表达、数学运算或计算机办公等基础知识或掌握活动技术能力	7%
	DT2 具备运行现代化信息手段或常用学习工具的基本能力或运用活动技能、岗位管理的能力	3%
E. 问题解决（执行力）	ET1 具备运用社会科学、自然科学或经济管理的发现、分析问题能力	5%
	ET2 具备应用所学解决问题的基本能力	5%
F. 职业素养（发展力）	FT1 具备遵守规范、忠诚、敬业、乐业的能力	10%
	FT2 具备适应变迁、调整角色及职业生涯规划与发展的能力	10%

（四）专业能力指标权重分配

根据系（院）核心能力及能力指标，依据专业人才培养目标，参照核心能力及能力指标内涵侧重分析结果，采用层次分析法，共同确定专业能力指标分配比例。各专业培养目标不一定相同，因此指标侧重也不一样。下面以软件技术专业为例，如表 4-13 所示。

表4-13 软件技术专业单项能力指标侧重

学校核心能力	计算机系核心能力	软件技术专业能力指标	指标侧重
A. 沟通整合（协作力）	AJ1 具备有效沟通、团队协作的能力	AJr1 具备有效沟通、团队协作的能力	6%
	AJ2 具备信息技术跨界整合的能力	AJr2 具备整合软件领域项目的能力	4%
B. 学习创新（学习力）	BJ1 具备自主学习、终身学习的能力	BJr1 具备信息处理、自主学习、终身学习的能力	5%
	BJ2 具备创新思维、项目创作的能力	BJr2 具备软件产品创新创作的能力	5%
C. 责任关怀（责任力）	CJ1 具备自我管理、责任承担的能力	CJr1 具备自我管理、责任承担、软件安全素养的能力	7%
	CJ2 具备社会关怀、人文涵养、身心适应能力	CJr2 具备社会关怀、人文涵养、身心适应的能力	3%
D. 专业技能（专业力）	DJ1 具备信息技术工程知识、工具运用的能力	DJr1 具备软件工程知识和软件开发工具运用的能力	4%
	DJ2 具备信息技术项目开发、项目管理的能力	DJr2 具备软件项目开发、测试、实施、维护、管理的能力	6%
E. 问题解决（执行力）	EJ1 具备发掘与分析信息职业领域实际问题的能力	EJr1 具备发现、分析软件开发过程中实际问题的能力	5%
	EJ2 具备应用信息技术解决实际问题的能力	EJr2 具备解决软件开发过程中实际问题的能力	5%
F. 职业素养（发展力）	FJ1 具备遵守规范、忠诚职业的能力	FJr1 具备遵守软件行业规范、忠诚职业的能力	6%
	FJ2 具备国际视野、适应职业岗位变迁的能力	FJr2 具备国际视野、适应软件行业岗位变迁的能力	4%

运用专业能力指标权重计算方法分别计算出专业单项能力指标权重，具体计算如下。

专业能力指标权重计算机方法：

$$F_m = Z \times Q_m$$

说明：F 为预设指标；m 为指标顺序号；Z 为对应专业能力权重；Q 为专业能力指标对应的指标侧重值；计算结果保留一位小数。

例如:计算机系软件技术专业沟通整合(协作力)两个能力指标的权重计算过程如下:

指标 1 (AJr1) 的权重: $F_1 = 6.7\% \times 0.6 = 4.02\%$ (保留 1 位为 4.0%)

指标 2 (AJr2) 的权重: $F_2 = 6.7\% \times 0.4 = 2.68\%$ (保留 1 位为 2.7%)

最终计算出软件技术专业沟通整合(协作力)两个能力指标的权重为 4.0%/2.7%。

以此类推,计算出其他能力的能力指标权重,如表 4 – 14 所示。

表 4 – 14　软件技术专业能力指标权重分配

核心能力	A. 沟通整合 (协作力)	B. 学习创新 (学习力)	C. 责任关怀 (责任力)	D. 专业技能 (专业力)	E. 问题解决 (执行力)	F. 职业素养 (发展力)
校级能力权重	10.00%	15.00%	10.00%	35.00%	20.00%	10.00%
正式课程 70%	10.00%	10.00%	10.00%	50.00%	10.00%	10.00%
通识能力 1/4	20.00%	15.00%	25.00%	10.00%	10.00%	20.00%
专业课程 3/4	6.67%	15.00%	5.00%	43.33%	23.33%	6.67%
通识能力指标	(10, 10) 10%/10%	(10, 5) 10%/5%	(15, 10) 15%/10%	(7, 3) 7%/3%	(5, 5) 5%/5%	(10, 10) 10%/10%
专业能力指标	(6, 4) 4.0%/ 2.7%	(5, 5) 7.5%/ 7.5%	(7, 3) 3.5%/ 1.5%	(4, 6) 17.3%/ 26.0%	(5, 5) 11.7%/ 11.7%	(6, 4) 4.0%/ 2.7%

七、非正式课程权重分配

根据学校核心能力权重分配结果,依据非正式课程能力侧重点分析,预设非正式课程能力比例为 30%,采取层次分析法确定了非正式课程的权重,如表 4 – 15 所示。

表 4 – 15　非正式课程权重分配

核心能力	A. 沟通整合 (协作力)	B. 学习创新 (学习力)	C. 责任关怀 (责任力)	D. 专业技能 (专业力)	E. 问题解决 (执行力)	F. 职业素养 (发展力)
校级能力权重	10.00%	15.00%	10.00%	35.00%	20.00%	10.00%
正式课程 70%	10.00%	10.00%	10.00%	50.00%	10.00%	10.00%
非正式课程 30%	10.00%	10.00%	10.00%	16.67%	26.67%	26.67%

(续表4-15)

核心能力	A. 沟通整合（协作力）	B. 学习创新（学习力）	C. 责任关怀（责任力）	D. 专业技能（专业力）	E. 问题解决（执行力）	F. 职业素养（发展力）
道德类、艺术类和科学类占1/4						
特色类3/4						
系（院）与专业非正式课程1/4						
学生处和团委非正式课程3/4						
学生处非正式课程1/2						
团委非正式课程1/2						

非正式课程分道德类、艺术类、科学类和特色类4部分。其中，道德类、艺术类、科学类3类是指公共选修课程，占1/4；特色类是指整合学生活动改造成素质通识课程，并按照课程教学进行管理，实现学生活动课程化，占3/4。特色类分成学生处、团委非正式课程、系（院）与专业非正式课程。其中，学生处、团委非正式课程占1/4，系（院）与专业非正式课程占3/4，且学生处、团委非正式课程平分，各占1/2。由此划分出两级非正式课程能力权重。

将学生处、学校团委、系（院）与专业负责的学生活动整合提炼为"非正式课程"，形成"非正式课程结构"（如表4-16所示），提升学生活动的针对性和有效性。

表4-16 素质通识非正式课程结构

素质通识 非正式课程	学生处	
	团委	
	系（院）与专业	

八、专业能力指标权重分析

（一）预设专业课程能力指标权重

根据课程教学目标与专业能力指标的呼应关系，运用课程权重计算方法计算出课程预设单项能力指标权重，课程负责人根据专业培养目标及课程性质对课程权重进行微调。针对课程单项能力指标权重大于10%的情况，课程目标中至少要列出一项对应的课程能力指标；课程单项能力指标权重超过10%未满30%的情况，课程目标中要列出一至两项对应的课程能力指标；课程单项能力指标权重大于30%的情况，课程目标中至少要列出两项对应的课程能力指标；教师根据课程目标和专业能力的要求可以微调权重比例，调整时以5%为基本单位，基本单位过小将无法评价和测量。

例如，计算机系软件技术专业"数据库应用技术"课程的权重预设结果如表4-17所示。

表4-17 软件技术专业"数据库应用技术"课程大纲

课程名称	数据库应用技术						课程代码		
课程类型	☐通识基础课程 ☐通识拓展课程 ☐专业基础课程 ☑专业核心课程 ☐岗位综合课程 ☐专业限选课程								
修读方式	☑必修课 ☐限选课 ☐选修课								
学时	64	理论学时	0	实践学时	64	学分	4	上课地点	☑校内 ☐校外
教学场所	☐教室 ☐实训室 ☑理实一体化教室 ☐生产性实训基地 ☐其他（ ）								
课程目标	本课程旨在引领学生掌握网络数据库的基本原理、体系结构及实现技术（目的），经由数据库的设计与创建、数据库对象的创建与管理、数据查询与操作、数据库管理与维护（历程），以实现网络数据库系统的设计与开发（预期成果）								
学习成果	LO1 分析数据需求、设计数据库								BJr2
	LO2 创建数据库与数据库对象								DJr1
	LO3 查询数据、操作数据								EJr2
	LO4 编写数据库程序								DJr2
	LO5 管理与维护数据库								EJr1
核心能力	A. 沟通整合（协作力）		B. 学习创新（学习力）		C. 责任关怀（责任力）		D. 专业技能（专业力）	E. 问题解决（执行力）	F. 职业素养（发展力）
课程权重	0.00%		15.00%		5.00%		40.00%	40.00%	0.00%
能力指标	AJr1	AJr2	BJr1	BJr2	CJr1	CJr2	DJr1	DJr2	EJr1	EJr2	FJr1	FJr2
课程权重	0.0%	0.0%	0.0%	15.0%	5.0%	0.0%	20.0%	20.0%	15.0%	25.0%	0.0%	0.0%

（二）统计课程能力指标权重

利用Excel软件建立如表4-18所示的课程目标——能力指标对应权重统计表，应包含课程类型、课程名称、学分、单项核心能力指标、权重等项目。将课程大纲中的对应能力指标的权重分别置入课程能力指标权重统计表中。针对专业所辖通识基础课程、通识拓展课程、专业基础课程、专业核心

表 4-18 课程目标——能力指标对应权重统计

专业课程名称		学分	A. 沟通整合			B. 学习创新			C. 责任关怀			D. 专业技能			E. 问题解决			F. 职业素养		
			权重	指标1	指标2	权重	指标1	指标2	权重	指标1	指标2	权重	指标1	指标2	权重	指标1	指标2	权重	指标1	指标2
通识基础课程	1																			
	2																			
	…																			
通识拓展课程																				
专业基础课程																				
专业核心课程																				
岗位综合课程																				
专业限选课程																				
合计		n门课,所占权重																		
××专业能力指标权重																				

课程、岗位综合课程、专业限选课程的课程能力指标权重进行统计。

利用专业能力指标权重计算方法，对专业课程能力指标频次与权重统计表中的数据进行统计，形成专业能力指标权重汇总表，获得各专业能力指标的权重与预设专业能力指标的对比关系。

专业能力指标权重计算方法：

$$QZ = \frac{\text{SUMPRODUCT}（array1，array2）}{XF}$$

说明：SUMPRODUCT（ ）为多条件求和函数；QZ 为某类型课程所有权重数值；array1 为学分列区域；array2 为对应指标列区域；XF 为总学分数。

（三）分析专业课程能力指标权重

依据专业人才培养目标、专业课程能力指标权重统计表及专业能力权重分配表所反映出来的数据，对专业课程能力指标权重进行分析。

分析专业单项能力指标的权重，获得预算单项能力指标与实际能力指标的差异，寻找卓越之处、落差之处、重叠之处、改进部分及发展的部分。单项能力指标与预设能力指标误差在预设能力指标权重的 2% 以内，则该能力指标对应的课程能力指标是卓越的；单项能力指标远高于预设能力指标，则该能力指标对应的课程能力指标是有重叠的，部分课程能力指标可以被删除，删除课程能力指标后的课程如果对应的权重总值低于 50%，则可考虑删除该门课程；单项能力低于预设能力指标，则该能力指标对应的课程目标是有落差的，可以补强对应课程目标以改进课程，如果低于预设能力指标 50% 以上，无法补强则需要发展新课程。

表 4-19 专业能力指标预设权重（以软件技术专业为例）

核心能力		A. 沟通整合（协作力）	B. 学习创新（学习力）	C. 责任关怀（责任力）	D. 专业技能（专业力）	E. 问题解决（执行力）	F. 职业素养（发展力）
专业能力权重		6.67%	15.00%	5.00%	43.33%	23.33%	6.67%
专业能力指标侧重	指标1	6	5	7	4	5	6
	指标2	4	5	3	6	5	4
专业能力指标权重	指标1	4.00%	7.50%	3.50%	17.33%	11.67%	4.00%
	指标2	2.67%	7.50%	1.50%	26.00%	11.67%	2.67%

表4-20 专业能力指标权重分析(以软件技术专业为例)

能力指标	学分	A. 沟通整合 权重		B. 学习创新 权重		C. 责任关怀 权重		D. 专业技能 权重		E. 问题解决 权重		F. 职业素养 权重	
		指标1	指标2	指标1	指标2	指标1	指标2	指标1	指标2	指标1	指标2	指标1	指标2
预设专业能力指标权重	88	4.00%	2.67%	7.50%	7.50%	3.50%	1.50%	17.33%	26.00%	11.67%	11.67%	4.00%	2.67%
课程调整前专业能力指标权重													
专业能力指标变化													

（四）分析通识课程能力指标权重

依据专业人才培养目标、通识课程能力指标权重统计表及专业能力指标权重分配表所反映出来的数据，对通识课程能力指标权重进行分析。

分析通识单项能力指标的权重，获得预算单项能力指标与实际能力指标的差异，寻找卓越之处、落差之处、重叠之处、改进部分及发展的部分。单项能力指标与预设能力指标误差在预设能力指标权重的2%以内，则该能力指标对应的课程能力指标是卓越的；单项能力指标远高于预设能力指标，则该能力指标对应的课程能力指标是有重叠的，部分课程能力指标可以被删除，删除课程能力指标后的课程如果对应的权重总值低于50%，则可考虑删除该门课程；单项能力低于预设能力指标，则该能力指标对应的课程目标是有落差的，可以补强对应课程目标以改进课程，如果低于预设能力指标50%以上，无法补强则需要发展新课程。

表4-21 通识能力指标预设权重(以软件技术专业为例)

核心能力		A. 沟通整合（协作力）	B. 学习创新（学习力）	C. 责任关怀（责任力）	D. 专业技能（专业力）	E. 问题解决（执行力）	F. 职业素养（发展力）
通识能力权重		20.00%	15.00%	25.00%	10.00%	10.00%	20.00%
通识能力指标侧重	指标1	5	10	15	7	5	5
	指标2	5	5	10	3	5	5
通识能力指标权重	指标1	10.00%	10.00%	15.00%	7.00%	5.00%	10.00%
	指标2	10.00%	5.00%	10.00%	3.00%	5.00%	10.00%

表4-22　通识能力指标权重分析（以软件技术专业为例）

能力指标	学分	A. 沟通整合 权重		B. 学习创新 权重		C. 责任关怀 权重		D. 专业技能 权重		E. 问题解决 权重		F. 职业素养 权重	
		指标1	指标2	指标1	指标2	指标1	指标2	指标1	指标2	指标1	指标2	指标1	指标2
预设通识能力指标权重	44	10%	10%	10%	5%	15%	10%	7%	3%	5%	5%	10%	10%
课程调整前通识能力指标权重													
通识能力指标变化													

（五）分析课程能力指标

（1）分析课程重叠之处。通识课程与专业课程分析完成后，建立专业能力指标权重与预设指标对比关系表，如针对计算机系软件技术专业课程能力指标权重对比表情况，分析此表的指标找出课程内容重叠之处。

例如：计算机系软件技术专业课程目标——能力指标对应权重统计表及分析过程。

（2）分析需要删除的课程。分析计算机系软件技术专业课程目标——能力指标对应出现权重统计表（课程调整前）获得课程目标对应能力指标的权重之和低于50%，说明这些课程在整体课程结构中可以删除。

例如：计算机系软件技术专业课程目标——能力指标对应权重统计表及分析过程。

（3）分析可以改进的部分。分析计算机系软件技术专业课程能力指标权重对比表，获得相关指标的权重未高于或低于预设指标权重的50%，则说明对应的课程的课程目标是可以改进的。

例如：计算机系软件技术专业课程能力指标权重对比表及分析过程。

（4）分析需要发展的新课程。相关指标低于预设专业能力指标权重的50%，现有课程无法满足课程结构的需要，需要发展新课程来补强对应的能力指标。

例如：计算机系软件技术专业分析过程。

（六）提出课程调整建议

根据分析结果制订修改方案，修改方案包括如下内容：

（1）补强能力指标。对专业课程能力指标权重表深入分析，分析未达能力指标的数量，建议在课程结构中补强相应缺失的能力指标，以呼应核心能力。

（2）通识课程及专业课程应根据呼应能力指标的情况适当调整。针对各门课程未100%达到能力指标的，逐一提出课程调整的建议。能力指标权重过大，宜减少此能力指标或再检核相关课程目标；能力指标权重过小，可结合非正式课程予以强化或再检核相关课程目标。整体课程的调整应考虑通识基础课程、通识拓展课程、专业基础课程、专业核心课程、岗位综合课程、专业限选课程的纵向连贯及横向整合，并且以呼应核心能力及能力指标为前提。

（3）建议调整课程要兼顾非正式课程。调整课程不应局限于正式课程，非正式课程亦应纳入考虑，方能全方位思考课程内涵，充分统整正式、非正式课程。

（4）建议课程调整的幅度为微调或重组。由所有课程授课教师、课程专家及学生共同研究，以寻求最恰当的策略。

例如：计算机系软件技术专业能力指标的调整建议见表4－23。

表4－23　计算机系软件技术专业课程能力指标的调整建议

能力指标	各能力指标偏高或偏低	处理建议

九、通识课程调整

依据通识课程权重分析结果，提出能力指标调整建议，通识课程需要进一步检视课程，进行课程目标、课程内容、增减课程、排课次序和课程结构的调整。

（一）调整通识课程目标

依据调整建议，要逐个对照本门课程能力指标，重新检视本门课程教学目标的能力指标的语义表达和呼应通识能力指标的位置，对偏高的和偏低的指标进行适当调整。

（二）调整通识课程内容

课程能力目标调整后，课程内容需要做出相应的调整，才能完成通识核心能力的教育任务。

（三）开发新的通识课程

通过分析通识课程能力指标权重，进行课程目标及内容调整之后，如果低于预设能力指标50%以上，可开发新的通识课程。

（四）调整通识课程的开课顺序

通识课程的开课顺序应着重考虑学生相应能力的培养，使之更科学，更符合人才培养规律。

（五）调整通识课程的结构

以权重调整为始进行前两项调整之后，则要按照通识课程结构的设想进行建构。

十、专业课程调整

（一）调整专业课程目标

(1) 调整课程教学目标以达到岗位职业或专业资格认证标准。
(2) 调整课程教学目标以呼应专业能力。
(3) 调整课程教学目标要以学生为中心。
(4) 调整课程教学目标要处理好几方面的关系。
(5) 课程教学目标的调整方法。

例如：计算机系软件技术专业"数据库应用技术"课程目标调整前后对照，如表4-24所示。

表4-24　计算机系软件技术专业"数据库应用技术"课程目标调整前后对照

原课程目标	调整后课程目标	目标调整原因

（二）调整专业课程内容

（1）确定课程内容调整的原则。
（2）课程内容调整。
（3）调整重叠之处。

（三）开发新的专业课程

根据课程调整建议，需要通过开发新课程来补强能力指标。

（四）调整专业课程的开课顺序

调整开课顺序要遵循学习内容由浅入深的原则，强调课程的纵向连贯。

（五）调整专业课程的结构

整合性原则要求将教育课程目标、未来学习结果、核心能力及其指标与课程结构联系起来，强调课程各个部分与片段之间纵横向度的整合和连贯。按此思路，根据课程能力指标权重分析，对课程结构进行重新构建。

按照就业导向原则，整合专业群相近课程，纵向贯通、横向统整，实现职群化规划设计；将分散的课程按照通识基础课程、通识拓展课程、专业基础课程、专业核心课程、岗位综合课程、专业限选课程进行结构性设计，实现结构学程化，为学生的学修提供清晰路径和合理结构；在学程内设置方向，专业限选学程设置 2～3 个、15～24 学分的方向模组；呼应学校核心能力，将公共基础教育转化为素质通识教育，将各种学术活动纳入通识特色课程，实现一体化素质通识学程设计，素质通识学程设置通识基础课程和通识拓展课程两个主要方面，学生可从中学修需求的课程。

1. 确定课程内容调整的原则

（1）课程目标和能力指标的纵向连贯调整。建立课程目标与"校—院—专业"三级核心能力及能力指标的对应关系，各门课程需呼应专业课程目标、能力指标；检视现行课程的课程目标、能力指标与课程大纲规定的课程目标、能力指标的不同之处，如果现行课程目标、能力指标不足，那么需要补强课程目标；如果优于课程大纲对应的指标，那么需要替换课程大纲的指标。

（2）学习历程的纵向连贯性调整。按照由浅入深、由易而难、由专业基础到专业限选的逻辑关系检视各年度、各学期课程，以呼应课程目标、能力指标的状况，也要兼顾教学内容与教学任务的衔接、教学方法的衔接、教学研究的衔接、教学质量的衔接等问题。

2. 课程横向整合调整

在课程调整过程中,要考虑同类型课程间能力指标和内容的相关性,课程目标与行业标准的一致性,相关专业间课程的相似性,跨专业类别课程间的相关性,经由横向检视现行各课程的课程目标与能力指标,以确定"卓越之处""不必要重叠之处""可改进的部分"及"可发展的部分",作为持续调整课程的依据。①

---

① 以上能力、目标内容、指标设计等,在项目专项培训中会有专门讲解和实操。这里仅抛砖引玉。想要进一步学习和了解的可以参阅王晓典等人的相关文献(含著作和论文集)。

第五章 认识学分与学分制

学分制是现代大学改革的重要组成部分。实施学分制是高校教育理念从"以教师为中心"转向落实因材施教,"以学生为中心"的重要举措,是落实以人为本,创新教育理念,与时俱进,落实因材施教,培养个性化创新人才,增加学生选择权,全面提高学生综合素质的根本保障。我国的高等职业教育学分制改革尚处在初级阶段,有很多现实问题亟待解决。我们必须克服校内外管理体制不完善、教育资源供给不足以及教师结构存在差异等困难,在加强理论研究的基础上摸索出适合各高校学分制改革发展的道路。本章在树立成果导向教育理念的基础上,试图让大家进一步了解学分制改革。成果导向理念和学分制不是"两张皮",我们不要孤立看待,我们要将两个理念融合起来,这是未来职业教育改革的新趋势。从国家的政策导向来讲,职业教育实施学分制改革是必然趋势。因此,我们要积极去构建以学生为中心、以成果为导向的学分制改革。基于这个理念,本章向大家介绍学分和学分制的相关实用知识。

第一节 了解学分与学分制

一、学分的概念与内涵

学分,是用于计算学生学习量的一种计量单位。19世纪末,美国教育协会认可了"标准时间单位"(Standard Time Unit)的概念,它是以学生花在一门课程的时间量作为一种便于"比较"的衡量方法。后来,被称为"学分"(Credit)的单位便成为美国大学课程的基本构建块。①

学分(Credit),是成功地完成某项科目(Course)所获得的分值单位,

---

① 陆长平等:《学分制管理理论与实践指南》,江西人民出版社 2009 年版,第 2 页。

用于表明学生获得某种证书、文凭或达到某个级别所需要的学习量。对于学分所代表的学习量，各国都有不同的规定。如美国一些州的学分的获得一般按"卡内基单位"计算，每单位代表 1 学年至少 120 小时的课堂教学。加拿大顺利修完最低 110 学时的课程学习就可以获得 1 学分，最低 55 学时获得 1/2 学分。日本文部省新高中课程标准规定，1 课时或 1 节课为 50 分钟，接受 35 课时的教学为 1 学分。

当前，我国大多数学校的学分折算，是按 1 学分折合 16～18 学时的课堂教学（含实验、讨论、习题课），或 1 周集中实践教学环节课程（含专业实习、社会调查等），或一般做毕业论文（设计）1 周。

学分不仅是计算学生学习量的单位，也是学生获得毕业资格或证书的量化的分值方式。通过学分可以评判学生在大学期间学习知识的广度，学生获得的学分越多，说明学生学到的东西也就越多。在某些大学中，学分也变成了评价学生优秀程度的一个重要标准。通过学分来记录学生在相应的课程领域的成长经历，以及所达到的发展程度。同时，随着学分制管理制度的推行，部分学校也开始建立按学分收费的制度，学分也成为学费的计量单位。

二、学分制概述

（一）什么是学分制

学分制是教育模式的一种，是以选课为核心，教师指导为辅助，通过绩点和学分，衡量学生学习质和量的综合教学管理制度。19 世纪末，学分制首创于美国哈佛大学。1918 年，北京大学在国内率先实行"选课制"。1978 年，国内一些有条件的大学开始试行学分制。现在学分制改革已在国内高校全面推开。

1992 年，国家教育委员会制定了《关于进一步深化普通高等学校教学改革的意见》，明确指出要继续完善和推广如学分制等有益于我国人才培养和搞活教学的各种措施。

从学分制的产生来看，学分制是学年制和选课制发展到一定阶段，为衡量学生的学习进度、检验学生的学习成绩、提升选课的自由度、加速校际交流和扩展国际教育的产物。因此，在学分制发展完善的过程中，导师制、主辅修制、双学位制、学籍管理制度等成为实施学分制的重要组成部分。学分制以选课制为基础，以一系列规章制度为支撑，形成内涵丰富的教学管理制度。

学分制的类型主要包括学年学分制、完全学分制、绩点学分制、加权学分制、附加学分制等。当前我国学分制的实施领域在本科院校为多，主要有完全学年制、不完全学年制（部分学分制）、学年学分制、完全学分制等形式。高等职业教育院校的学分制也主要集中在完全学年制、不完全学年制（部分学分制）领域，以学年学分制和弹性学分制为主要模式。

（二）学分制的主要特征

1. 毕业以修满最低学分为标准

在学分制管理框架下，学生能否毕业，从学业方面看，完全根据其是否修够了某一学科或专业培养目标规定的总学分。这种管理办法，一方面打破了传统的学制年限，学生根据自己的意愿和实际情况，可以提前毕业，也可以推迟毕业，甚至可以保留学籍而中途休学，在一定时间内复学继续学习；另一方面，允许学生在一定范围内选择学科、专业和课程，学生可以根据自身的特点和需求，自主地、灵活地选择学科、专业和课程，从而形成自己的知识结构和能力体系。

2. 收费以学分作为依据

学分是一个重要的、含义丰富的可量化的概念，也体现出经济价值。在学分制模式下，由于每个学生所修读的学分量不同，享受到的教育服务量亦不同，自然不能按照统一的标准收取费用，按照修读的学分数作为收费的依据就成为必然选择。

3. 完全的选课制

完全的选课制体现在两个很重要的方面。一是学校为学生提供充足的"菜品"供学生选择，所开设的课程量和课容量留有约20%的冗余，并且选修课的比例较高，必修课与选修课的比重在5∶5和6∶4之间。这远高于我国目前的选修课比重。二是所有课程每学期都循环开设，即每个学期都涵盖达到某一专业毕业条件所要求的120个学分的所有课程，学生可根据自己的实际情况，灵活安排个人的学习计划和修习进度，不存在"学生想上而无课可上"的情况。

4. 课程重修制

在学分制模式下，课程不合格不能获得该课程的学分，需要重新修读，直到获得相应学分为止。但美国学分制下的重修制与我国重修制有着明显的不同，美国的教学计划是指导性的，课程体系是模块化的。

5. 完全弹性的学制

美国高校教学计划富有弹性，不明确规定修业年限，学生可以根据自己的兴趣、能力水平、经济实力等安排个人的学习计划。美国既允许学生提前

毕业，也允许学习有困难的学生延长毕业年限。学生甚至可以暂时中断学业，在复学后，学校会将其中断学业前所获得的学分加入其毕业总学分中。只要修满规定的最低毕业学分，符合学校学位颁发条件，即可获得该校学位。

6. 缺点

学分制的不足包括新生面对大量课程往往不知所措，可能造成资源浪费，对学生的约束力小等。

（三）学分制的意义

1. 实行自由选课，强调个性管理

学分制与学年制不同，学生以培养方案为指导，根据自己的兴趣、能力及其他因素，自由地选择每学期所修读的课程、任课教师、上课时间、修读方式、上课门数、修读学分等。学分制给学生提供了选择权和自由度。学分制还承认学生的个体差异，取消了传统的以班级为单位的集体修读方式。以学分为基础，学生既可以适当调整自己的学习内容，又可以设计和优化所需的知识结构，促进个性发展需求，学会自我管理。

2. 实行弹性学分制，强调高校开放性

在实际教学过程中，允许学生自主选择学习内容和学习方式，必然会导致进度的差异，学制弹性化恰好可以满足这些差异。进度快的学生可以提前完成学业，进度慢的学生可以延缓毕业，综合目前国内高校的制度，一般以4年为指导修读年限，可以根据能力上下浮动。弹性学分制既满足了学生个体的需求，又扩展了高校的开放程度。

3. 实行目标管理，强调学生的自主权

传统的学年制注重过程管理，每一学期的教学计划都十分详细；学分制则相对宽松，强调目标导向，学生自主选择每学期的实验、实习、课程等情况，免去了留级、升学、休学等一系列问题，学校完全以修读学分和绩点的情况来评估学生是否可以毕业。

4. 实行学分制，强调校级、专业之间互认

建立区域或国际之间的学分制规范或认定办法，是实现跨校、跨学科辅修制度的前提，也是院校之间实现学分互认的基础。所以，实施学分制不仅仅是推动校本教育教学改革，同时也是推动院校之间、专业之间，甚至是国际之间交流合作的重要基础。由于中国的学分制改革还不太成熟，这种学分互认改革还只是刚刚起步，能够跨校交流学习还只是局部，能够走出国门的跨校交流的学生更是屈指可数。

（四）实施学分制的必要性

综合学分制概念，学分制的基础是选课制。随着社会生产力的不断发展，学科的不断增多，课程体系越来越丰富，传统的教学模式已经不能满足社会多样化和学生的个性需求。而且，国外高校对学分制的推行日趋成熟，在世界上形成了各具特色的教学管理制度，同国家的经济体制、科技发展及教育自身的规律密切相关。中国加入世界贸易组织（WTO）以后，加速了教育国际化的进程。因此，推动学分制改革同世界教育接轨势在必行。同时，以学生为本的学分制已成为高等教育转变教育教学的重要理念，成为改革教育体制、创新教学管理机制的大趋势。

第二节　学分制的基本模式[①]

当前，我国高校在学分制管理探索过程中形成了"学年学分制""混合学分制""完全学分制"（又称"彻底学分制"）三种模式，分别介绍如下。

一、学年学分制

学年学分制规定学生毕业的条件主要以学习年限为标准，但同时又把课程学习与学分联系在一起，给学生一定的选课权。学年学分制的教学计划规定了学习的标准年限，不允许提前毕业。它鼓励学有余力的学生多修读课程，尽量扩大知识面，加深专业知识，充分发展学生的智力和能力。

二、混合学分制

混合学分制像完全学分制那样让学生自由选课并且以学分作为毕业标准，还保留了学习年限的要求。混合学分制的教学计划一般规定必修课和选修课及其比例。其中，必修课按学年制管理，选修课按学分制管理。从严格意义上讲，国内绝大多数高校采用的是混合学分制。

三、完全学分制

完全学分制又称彻底学分制，其自由度大，学生可以按照指导性教学计划自由修读课程。学习基础好的学生可以通过多修读课程，以便早达到毕业

---

① 本节部分内容摘自陆长平等：《学分制管理理论与实践指南》，江西人民出版社2009年版，第19—20页。

规定的总学分，提前毕业；学习基础差的学生可以少修读课程，适当延长学习年限来取得毕业规定的总学分，推迟毕业。

我国现行的学分制大部分是学年学分制，亦即学生仍然编入自然班，有年级和班级限制，多数学校保留降、留级制度，对修业年限规定得也很死。课程设置一般分为必修、限选、任选三类或者必修、选修两个部分。必修课包括基础理论知识、技能类课程和政治、体育、外语等课程，必修课学分约占总学分的70%。限选课又叫指定性选修课，一般是按学科和专业发展方向分若干组开设。限选课的学分约占总学分的20%。任选课分为专业任选课和公共任选课两部分，这部分课程主要是为扩大学生知识面，或对某些领域进行深入研究而开设，任选课的学分约占总学分的10%。培养方案分为必修和选修两个部分，一般必修课与选修课比例在7∶3左右。

不同的学分制模式其学分计算也有差异。无论何种模式，学分的计算主要有两种方式：第一种是以课内讲授学时为主，每周上课一学时，满一个学期的课程为一学分。实验（上机）与技巧类的课程一般每周两个课时，满一个学期的课程为一学分。集中训练的实践课程一般一个上课周（周一至周五）为一个学分。第二种是课内外周学时相结合的计算法。例如每周上课一学时，课外自习、作业与辅导等需用两个学时的课程，每学期为一个学分。学生修读一门课后，经考核及格，方取得该门课的学分。无论何种学分计算方法，总体上都是与学生每周或者每学期投入学习的时间、精力成正比。

在学分制实践中，不少学校为了反映学生的学习质量，结合自身的学分制模式，实行了绩点学分制，就是将学生的学习成绩划分为优、良、中、及格、不及格等若干等级，用绩点或权重的多少来表示，与学分结合成学分绩点，形成绩点学分制。学习成绩与绩点的折算方法如下：

90～100分，折合4.0～5.0绩点；优秀，折合4.5绩点；80～89分，折合3.0～3.9绩点；良好，折合3.5绩点；70～79分，折合2.0～2.9绩点；中等，折合2.5绩点；60～69分，折合1.0～1.9绩点；及格，折合1.5绩点；59分以下、不及格，折合0绩点。

对于许多高校来说，完善学分制的根本问题不在于改进学时、学分的计算，也不在于把改革作为教学管理操作程序的设计，而在于对教育思想和教育观念等深层问题的重新审视。从某种意义上来说，人才培养的目标和类型决定了学分制的形式，所培养的人才"专通结合"的程度决定了学分制"灵活"的程度。

任何模式的学分制都各有优缺点。随着我国社会主义市场经济体制的建立和世界科学技术的迅猛发展，我国与美国、日本等国在教育改革方面呈现出一些共同的特点和趋向，在学分制的形式上也有趋同的倾向。在这种情况下，我们应该有选择地吸收和借鉴别国的经验，千万不要盲目地全盘照搬他人过去的做法。

学分制100多年的发展变化是一个波浪式螺旋形前进的历程，人们在学分制的内涵和形式上不断地进行调整，以使其与本国国情和社会发展相适应。因此，实际上不存在所谓的完全学分制（彻底学分制），学分制教学管理制度本身就是一个动态发展的过程，而不是一个一成不变的结果。也不能笼统地说哪一种模式的学分制最好，对于任何一个国家和学校来说，适合国情和校情的模式就是最佳的选择。

四、当前职业教育学分制的主要模式

我国高职教育的学分制改革相对本科院校的倡导和推进要迟，但力度却在逐年增强，教育部先后在《教育部办公厅关于在职业学校进行学分制试点工作的意见》（教职成厅〔2001〕3号）、《2003—2007年教育振兴行动计划》、2005年《国务院关于大力发展职业教育的决定》等多个文件中明确提出要促进职业教育面向社会、面向市场办学，坚持以服务为宗旨，以就业为导向，积极推动体制创新、制度创新和不断深化职业教育教学改革，增强职业教育的灵活性、针对性和开放性，在职业学校逐步推行学分制和选课制。在国家政策的引导下，许多高职学校相继开始研究和推行学分制。像深圳职业技术学院和山东劳动职业技术学院等一批院校算是比较早探索或试点学分制改革的高职院校，但当前大多数高职院校的学分制改革还处于在学年学分制的基础上的改革的阶段。我们相信，随着教育教学改革的不断深入和社会经济的不断发展，高职院校的学分制改革也将会有一个新的局面。

2019年1月24日，国务院印发《国家职业教育改革实施方案》（俗称"职教20条"），明确提出"实现学习成果的认定、积累和转换"，要加快推进职业教育国家"学分银行"建设，从2019年开始探索建立职业教育个人学习账号，实现学习成果可追溯、可查询、可转换。对于高等职业教育学分制改革项目来讲，这不仅仅是一个契机，更是一项必行的教育教学改革措施。我们知道，学分制的产生是建立在选课制的基础之上的，在设置一定比例必修课的基础上开设足够数量的选修课供学生选择。这样既可以满足学生的兴趣需要和能力差异，调动学生的学习积极性，同时也可以照顾到不同能力水平学生的学习进度要求。此外，通过自由选课，可以使一部分学生提前毕业或延迟毕业，同时也为在校学生转专业提供了可能。从师资培养角度讲，选修课的开设也有利于教师发挥自身的专长。因此，从某种意义上说，学分制改革的实质在于一方面增强了学习和教学方式的灵活性，另一方面也强化了学校教学管理的弹性。

因此，我们可以看到，学分制改革为高职院校的教学改革建立了一个崭新的平台，为高职院校教学管理的体制创新和制度创新奠定了良好的基础。实际上，学分制改革的推行更有利于区域间、校际的学分互认和优质教育资源的共享。高等教育大众化需要不同类型、不同办学层次的高等教育机构协调发展。作为以培养应用技术型人才为主要目标的高职院校，在高等教育大众化进程中发挥着举足轻重的作用。从某个角度来讲，实施学分制改革对高等职业教育的发展还有着明显的优势，包括：①有利于推动高职教育与国际接轨。②有利于优化学生的知识结构，培养各种类型的专业人才。③有利于促进教学质量的提高。改革也顺应了先进教育理念的要求：一是以人为本理论和"以学生为主体"的教育理念。二是建构主义理论，学生是学习的内因，是知识建构的主体，对学习效率的提高起关键作用。教学改革的主要目标应该是提高学生本身的学习积极性和主动性。

而从教育教学改革的角度来讲，学分制改革对高职院校来说更为迫切。高职学生的学业基础、学习能力相对较差，而且生源复杂。来自技校的学生和普通高中的学生，在遵守纪律、动手能力等方面有很大的不同，个体间存在着很大的差异。但目前大多数高职院校的教学不顾学生的个体差异，统一授课，对学生提出同样的要求。有些学生在课堂上"吃不饱"，有些学生却"吃不了"。对于基础差的学生，如果按照规定年限毕业，只能降低毕业要求，不利于提高教学质量。

所以，做好高职学分制改革，要求我们必须全面、正确认识学分制的内涵，还要在改革中摒弃"教条主义"，解放思想，实事求是。高职院校的学分制改革不能照搬国外的做法，也不能完全照搬国内本科院校的做法，必须从高职院校的实际出发。当前对学分制的本质是什么的讨论，仍然是仁者见仁，智者见智，学术界并没有达成共识。学分制诞生于100多年前，在我国高校实行也有40多年的历史。由于学分制与选课制是紧密联系在一起的，当前的很多研究将"选择性"作为学分制的本质，但是，这种制度是否符合当前的中国实际，也值得思考。所以，当前高职院校的学分制大多数还是以学年学分制和小部分内部弹性学分制为主。事实上，学分制主要是针对选课制，"选择性"在一定程度上反映了学分制的本质。但随着学分制的发展，到现在，"选择性"虽然是学分制的重要属性，却不再是唯一属性，甚至也不再是本质属性。我国高职院校的学分制改革还有很多地方需要去探索实践。

第三节 学分制改革中的主要问题和对策

一、学分制改革中常见的问题

人才培养方案是实现人才培养目标的总体计划和实施方案,是学校组织教学保证教学质量的基本依据。以学年制为基础的人才培养,其计划性强,管理高效,但在实践教学方面存在一定的局限,不能完全适应社会对创新创业人才的要求。主要有以下常见的问题。

(一)实践教学形式单调

教育部等部门颁发的《关于进一步加强高校实践育人工作的若干意见》指出,高校实践育人的主要形式包括实践教学、社会实践活动,其中,实践教学至少包括实验、实习、实践、毕业设计(论文)、思想政治理论实践、创新创业教育等形式。现在各高校实践教学部门和学生工作部门的职责也大多包含这些实践教学形式。实践教学原本就形式多样,大学生专业竞赛、大学生科研创新活动、创业活动等实践活动已经开展多年,教师进行了大量的指导。但在人才培养方案中,创新学分的界定模糊,实际操作又背离创新的内涵;而且对创业教育没有给予明确的定位;加上毕业学分有减少的趋势,使这些实践形式的理性加入变得底气不足。

(二)相关制度不健全

第一,选课制度不健全。学分制以选课制为基础,而我国的选课制不够完善,存在课程设置不合理,过于单一,课程知识面较局限,必修课设置过多,选修课较少,学科间难以迁移等情况。

第二,教师的激励机制不健全,导致教师的主观能动性降低,造成教师对课程建设的积极性和主动性不足。同时,导师制不够规范,导致导师工作不到位,难以保障学分制实施的质量。

第三,缺乏社会调节机制。大多数高校很难做到让学生可以自由选择专业,如果放开,会出现扎堆选择的状态,导致热门专业名额供不应求,而冷门专业无人问津,虽然选修课可以弥补部分缺憾,但没有从根本上解决学生的兴趣问题。

第四,就业制度未得到相应改革,使人才流动的条件不够充分,即使提前修完学分,学生仍难以就业。

（三）缺乏科学的选课指导

我国教育长期以来受"以教师为中心"传统的影响。实施学分制后，一方面，学生依赖老师，缺乏独立自主意识；另一方面，老师不放心学生选课，对学生选课形成了阻力。部分导师没有树立起以学生为本的理念，同时学校缺乏对导师的各项管理制度和工作规范，使教师对导师的工作缺乏清晰的认识。实践中，学生与导师的沟通交流不够，导师指导学生的次数也非常有限，指导作用不能充分发挥出来，难以取得预期效果。

（四）时间安排刻板

学分制的一个特点是学习时间上相对自由。学年制中实践教学时间安排从宏观到微观依次是安排的学期、占用的周数、每天的学时，即被固定在某个学期的某几周。无可否认，这样的安排是根据学生4年学习规律做出的，但是其制定时含有假定所有学生学习进度一致、作息安排相似、其他主体能任意配合学生学习时间的思维定式。

（五）课程选择有限制性自由

在学分制背景下，可以选择不同课程，而且同一门实践教学课程可以选择不同教师的讲授。但是，现有学年制式内没有给学生提供更多的选择空间。比如，某些学校的《课程选读规定》中写明"实践教学环节按教学计划规定，由学校安排，学生无须选课"。虽然突出了必修性质，但实习单位毕竟有限，缺少了必修下的选择余地。在实习单位方面，抢手的实习单位毕竟有限，而且实习时间的安排刻板或集中，限制了学生对实习单位尤其是对抢手或优质实习单位的选择。诸如此类，还有不少的课程选择被限制了自由，这也是值得思考的一面。

（六）资源不充足

首先，教师资源不充足，无法设置大数量、高质量的选修课程。师生比偏高，可供选择的课程不多，课源不足，制约学生选课的自由度。从质量上看，学分制下，学生可以自由选课，就意味着要将竞争机制引入教学领域，要求教师能够及时开发前沿学科和交叉学科的新课程。

其次，教学投入不足。高校普遍存在着经费紧张、教学资源缺乏、图书资料和实验室等设施相对不足等情况，无法大量有效应对学生延迟毕业的情况，使一些高校学分制改革的后劲不足，制约了学分制的实施。

可见，我国的学分制改革在诸多方面受到不同程度的制约和限制，这在一定程度上阻碍了学分制改革的顺利推行。

二、实施学分制改革的对策

（一）制订弹性教学计划

教学计划的制订要有灵活性，教学计划的改革是保障学分制实施的关键，科学地适应学分制改革的教学计划是实施学分制的基础条件。要培养学生的自我管理意识，在教学计划的指导下，结合自身情况，主动制订适合自己的学习计划。

（二）设定合理的课程体系

学分制改革要求课程体系的设置可以满足学生多样化的需求，须设置多种差异化的课程供学生选择。在课程结构模式中，选修课和必修课的设置要合理，在保证基础学习的同时，适当增加选修比例，满足学生个性化需求。

（三）完善选课制度

首先，要保障选课的科学性和合理性。以学生为主体，制定选课规定，使学生在导师的指导下，根据教学计划和自身实际情况，制订出自己的选课计划，合理安排每个学期的修读课程。其次，满足选课差异化需求。对于能力较强的学生，允许跨年级、跨专业选课，鼓励学生自学，完善免修制度；对于能力较弱的学生，可以延缓修读部分课程。

（四）完善管理环节

加强师资队伍建设，改善激励制度，调动教师的积极性，鼓励教师多开设质量高和创新性的选修课，挖掘教师的潜力，鼓励教师积极参与科研活动，并把科研成果转化到教学中。利用互联网平台多开设慕课等，实现资源共享，拓宽学生的知识面，满足各类学生的求知欲。加强校际合作，允许学生跨校听课，学分互认，可以更好地利用国内外的优质资源，通过学分制下的灵活选课制，实现资源共享。建立健全导师制，增强导师对学生的个性化辅导，由导师指导学生系统、科学选课。改革考核方法，完善绩点制度，公平、客观地评价学生学业情况，使学生所修学分得到质的检验。完善学籍管理办法，建立和完善主辅修制，放宽转专业限制，增加学生的选择权。健全选课制、选导师制、主辅修制、转专业制、弹性学分制，为实现学分制改革做好制度保障。

三、实施学分制改革的注意事项

（一）学分制是生产力发展的产物

学分制改革是适应全球经济发展和教育事业发展的产物，这种制度需与选课制、导师制等一系列制度结合构成富有内涵的整体。学分制改革是一项系统工程，它的实施是我国高校管理制度的重大变革，必将带来管理制度、管理手段和管理水平的创新和提高。

（二）学分制改革是各种制度结合的有机体

学分制包括：目标调节机制（教育观、教学培养方案），内部管理机制（选课制、导师制、教师激励机制），效果反馈机制（绩点制、弹性学分制），社会调节机制（招生就业机制、教学资源保障）。

（三）根据实际情况因地制宜

学分制改革不能盲目进行，也不是一定要取代学年制，要根据各高校的实际情况、发展历史、内外部条件等循序渐进地进行，切不可变成徒有虚名的形式，否则不仅丧失创新培养人才的意义，还可能产生负面影响。因此，应结合本校的特点和优势，因地制宜地走出一条具有自身特色的学分制改革之路。

第一编 基础理论

第六章 学分制与弹性学分制

传统的学年制在本质上是一种以"刚性教学计划和统一培养规格"为基本特征的教学制度，而学分制是与学年制对应的教学管理制度。学年制是以学年为计量单位衡量学生学业完成情况的教学管理制度，学分制则是把规定的毕业最低总学分作为衡量学生学习量和毕业标准的一种教学管理制度。当前主要有完全学分制和不完全学分制两种说法。在不完全学分制中，弹性学分制是针对完全学分制的一种改革尝试，弹性学分制因其灵活性受到大多数院校的认可和推广，从某种程度上来说，弹性学分制也是一种学分制的发展和升华。因此，本章试图借鉴国内已有的研究成果，从理性层面来分析弹性学分制，并为试图构建弹性学分制的理论框架体系提供积极参考。

第一节 实行学分制的基本条件[①]

实行学分制是一项系统工程，是一项涉及学校全局性的重大举措，需要相关条件做支撑，并在采取相关配套措施的基础上，才能使学分制较好地运行。一般来说，主要有以下6个条件。

一、做到"三到位"

一是学校要成立由校领导挂帅、各有关部门负责人参加的实施学分制工作领导小组，研究学分制管理的有关重大工作，协调好各部门的关系。二是宣传工作到位，要加强关于学分制理论与操作知识的学习和宣传，使全校各级干部和教师对其认识明确，从而积极参与。三是改革方案设计到位，应编制出较为翔实的学分制管理手册，使整个动作科学、合理、切实可行。

---

① 本节部分内容摘自陆长平等：《学分制管理理论与实践指南》，江西人民出版社2009年版，第26—27页。

二、有一支高水平的教师队伍

要有一支高水平的教师队伍，并且这支队伍能够开出足够数量的课程。学分制的核心在于选课。为了保证学生能自由选修课程，必须保证有足够数量的课程让学生去选择；另外，学分制教学计划中的任意选修课需要反映现代科学技术的新发展、新成果。这就要求学校要有一批理论水平高、专业知识丰富和密切关注专业学科发展动态的教师。这些教师不仅能讲授多门专业课程，而且能积极开展科研活动，并将教学和科研有机地结合起来，提高自己乃至整个学校的教学水平。就目前我国高校的办学条件而言，教师除上述水平要求外，在数量上按照教育部的基本要求，一般生师比不要高于 18∶1。有了这样一支高水平且数量充足的教师队伍，才能保证开设出足够数量的选修课程，才能满足学生多方面的求学要求。一般而言，实行学分制的高校所有教师开课率应达到每学年人均 1 门次，开课率中等的达到每学年人均 1/2 门次，最低达到每学年人均 1/3 门次。学生应当选择的选修课学分占教学计划总学分的比例达 30% 左右，供学生选择的选修课程与学生应当选择的选修课程数量之比最好能达到 3∶1 以上。只有这样，才能给学生较大的自主选择权限。

三、培养和训练一支精干的教学管理队伍

教学管理队伍是教和学正常运行的直接参与者与管理者。实行学分制后，管理的工作量会大为增加，管理要求亦大有提高，这就要求教学管理人员应具备较高的政治思想素质和较强的业务能力，忠于职守，热爱教学管理工作。他们是学分制管理顺利运作的重要力量。

四、建立较为完善的学分制管理信息系统

实行学分制后，管理工作量激增，需借助现代信息技术手段，建立管理信息系统，为学分制的顺利实施提供基本的技术保障。比如，处理学生的选课信息并进行统计应用，涉及评教与否、缴费与否、最低开班人数、最大教室容量及退改选、增补选的先行后续课程关系等众多复杂问题。这些信息处理的速度直接影响到学生选课等活动的运行速度，同时统计结果的时效性直接影响后续的教材准备、撤并班等工作。只有使用计算机来参与管理，这类信息的处理和统计才可能迅速和便捷，才可能将管理人员从繁重的手工劳动中解放出来，提高工作效率，才能真正解决先进的教学管理思想和落后的教学管理技术之间的矛盾。

第一编　基础理论

五、要有相对数量的教室和图书资料并尽量提高使用率

实行学分制后，开设的课程增多，而学生的学习计划不统一，造成上课的时间和课余时间不统一。这就需要有相对足够的教室作为教学场所和自学场地。为了最大限度地减少学生选课时间的冲突，在排课时间上要实行全天候制，即上午、下午甚至晚上都安排上课，提高教室的利用率。另外，开设的课程增多，相应的图书资料的需求量也会增加，因此需要有相对足够的图书资料提供给学生学习和参考。有了较为宽松的教室、图书资料等，才可能为学生提供良好的学习环境和学习条件。

六、需要政府相关政策和社会环境的支持

联合学分制的重要特点之一是实行弹性学习年限制度，允许学生提前或推后毕业。学生无论是提前毕业还是延期毕业，都必须有国家相关的政策，必须经过国家管理部门的批准，不能由学校随意设定。同时，学生的培养是为了适应社会和市场的需要，适应社会主义建设的需要。因此，高校人才的培养和输出就必须考虑高校外部即社会和市场的因素，学分制管理条件下提前毕业和延期毕业的学生需要得到社会和市场环境的认可。目前，高校学分制管理制度下提前毕业的学生逐渐受到社会的欢迎。

第二节　弹性学分制的基本内涵[①]

一、弹性学分制的基本概念

弹性学分制是建立在完全学分制的基础上，学生根据自己在学校的学习情况，在有效的学习年限内，对教学管理制度和人才培养模式进行自主选择。该制度能充分体现因材施教、因人施教，真正体现素质教育，积极发展学生个性，有效提高学习效率，它是学分制的重要内容。

弹性学分制的概念有狭义和广义之分。前者是指高校本科生在校期间可以根据个人情况自由选择学习内容，并且学习年限有一定伸缩性的高校教学模式，以学分制为基础，是学分制发展和体现的一种方式；后者是指建设种类繁多的教育类型，使得人们可以相互交流并且满足人们多次选择教育的要

[①] 周清明：《中国高校学分制研究——弹性学分制的理论与实践》，人民出版社2008年版，第73—78页。

求，最终达到人们对教育选择的个性化和多样化的目的。本章涉及的弹性学分制主要取其狭义内涵。

弹性学分制始终体现了"以人为本"的思想观和价值观，使受教育者能够全面、协调发展。弹性学分制是高等教育的一个必然发展趋势，这一制度可以让更多的学生根据自己的个体需求安排在校的学习和生活，使得大学生从被动者转变成主动者。

弹性学分制依据学生实际的知识水平和专业技能，在特定范围内放宽学习年限，它以学分积累为基础。如果没有弹性学分制，学分制是不完整的，只有将两者结合起来，才能真正发挥弹性学分制的功能。因此，从一定意义上来说，学分制本身就是一种灵活的弹性学分制。两者互为一体、缺一不可，在当今高校教育改革发展的过程中有着非常重要的意义。

（1）当今社会市场经济竞争异常激烈，需要大批复合型人才，因此高校培养出来的毕业生必须有很强的适应能力和创新精神。弹性学分制的实施正是响应这种需求，构建与社会主义经济相适应的教学管理环境，使学校根据社会和学生学习需求，及时调整教育培养方案、专业设置、课程设置、教学内容与方法等，提高教学活动效率，让各类教育资源的作用得到充分的发挥。

（2）有利于培养在校生的综合素质。弹性学分制体现"以学生为本"的基本原则，学习环境相对宽松，充分发挥学生的积极性和潜能，培养学生个性发展和创新能力。

（3）弹性学分制有助于调动教职工的积极性。学生根据自身条件选择课程和教师，并且需要评估中心等部门监督管理，提高教学管理效率，使得教育资源作用得到充分发挥，使教学质量有效提高。

二、弹性学分制的特征

弹性学分制已经渗透进全国各大高校，它的实施更加确立学生的主体地位，可促进人才的多样化、个性化发展。与学年制相比，弹性学分制的突出特点大致体现在以下3个方面。

（1）学习年限的扩展性。学生的学习期限为3～8年，只要是完成培养方案要求的教学计划和全部环节者，想要提前毕业就必须提前申请，经有关部门审核批准后可提前毕业。学生延长毕业期间，必须事先向学院申请延长学习计划，经学院同意后到教务处备案。学生在时间范围内修完规定的课程学分，予以毕业。学生可以选择学习期限和上课内容，对于上课时间、地点和教师的选择有一定的自由度、灵活性和多样性，有利于高素质应用型复合人才的培养创新。

（2）学习内容自主选择性。弹性学分制采取选课制度，课程分为必修和选修。学生可根据人才培养方案和实际情况，按照规定自主选择课程和任课教师，在学习进程上有一定的自由度。该制度有一定的个性化，可满足不同层次学生的学习要求，有利于培养学生的自学能力和创新能力。

（3）学习过程的灵活性。在校生可以同时学习和工作，也可在工作和学习之间互相交替；在学习过程中，课程如果不及格可以继续重修，直至成绩及格并取得学分。

三、弹性学分制实施的意义

弹性学分制是以完全学分制为基础，集选课制、导师制、绩点制三位一体的具有较大灵活性的教学管理制度和人才培养模式，在我国高等教育改革中普遍开展，其积极意义表现在以下几个方面。

（1）满足个人发展需求。学生的个性与成长环境密切相关，不同的成长环境造就风格迥异的个性特征，因此学生的发展也是多方面的，不能机械简单地要求统一。弹性学分制将以人为本的个性化理念充分体现出来，顺应了大学生发展规律，满足不同层次对象的学习需求。

传统学年制人才培养模式为学生规划了一体化的培养方案、课程计划和学习要求等，这与人才培养目标严重脱节。只有改革简单划一的学年制系统，实施弹性学分制，才能真正促进人的全面发展。

（2）学习效率显著提高。以往的学年制要求在规定的年限内完成学业，高校的教育质量具有明显的局限性。弹性学分制的实行可以使学生根据自己的实际情况安排学习时间和内容。既可以使一部分学习能力较强的学生提前毕业，也可以适当延长一部分效率相对较低的学生的学习年限。总体上是更加有效地开发和利用人才资源，降低教育成本，从而提高教育教学效率。

（3）学习内容的个性化选择。弹性学分制期间会开设大量公共任选课程，学生可以根据个人的需求和喜好做出选择，完善自己的知识结构，提高综合素质，促进自身发展，从而提高自身能力。

（4）课程考查的灵活性。对于在校期间学生学习的课程，如果考试不及格，均有一次补考机会，并且可以重修，直到及格为止。这既促进受教育者自身的发展，也体现了对学分制的高度重视。

（5）为学生发展转专业提供合理依据。目前在我国，转校、转系、转专业只能是适度的，为此要建立一套专门的制度来加以规范。首先，要建立学生转校、转系、转专业咨询指导与评估委员会，为学生提供咨询服务。其次，学生在转校、转系、转专业之前，必须提供详细的报告，然后由评估委员会根据学生的意愿进行评估并决定学生是否真正适合转校、转系或转专业。

（6）凸显以学生为中心的育人理念。实行弹性学分制课程教学模块化管理，课程的内容可能是跨院系甚至跨学校的，当然，它也可以是跨学科的；课程内容一般不再由学校、教师单方面决定，而是教师与学生协商的结果。

四、弹性学分制的本质内涵

（一）自主选择学校

学校类型是专业的延伸和扩展，从理论上来说，学生完全应该具有这种选择权利。目前，我国大学生选择学校一般有3种机会：第一种是参加高考后，通过填报志愿，再由招生录取来实现学生本人的选择；第二种是通过转校实现由录取学校转到自主选择的志愿学校就读；第三种是在就读学校学习期间到本校认可的其他高校去选修课程。当然，鉴于我国当前的实际情况，完全意义上的学生自主选择学校不太可能实现。同时，选择也不可能是单方面的。

（二）自主选择专业

专业是课程的组合。在现行的学年教学制度下，如果没有特殊的原因，学生一般很难变换专业。但确实存在着相当一部分的学生在深入职业领域之初对专业选择存在盲目性，他们对自己不甚了解，对未来的职业也知之甚少，难免会有闪失。随着国家对大学毕业生不再包分配而是实行"双向选择"，学生在考取大学的同时就要考虑将来的就业问题，加之社会、经济、科技的迅速发展而引起就业形势的不断变化，使得学生自由选择专业和中途变更专业的要求越来越强烈。在学分制的条件下，随着教育平台的建立，学生可在基本不重复学习的情况下，实施对专业的调整。在导师的帮助下，学生可在自己学习的过程中不断领悟，不断加深对自己、对所学的专业以及将要学习的专业的总体了解和把握，最终找到相对满意的结果。为此，学校应该根据受教育者和市场经济的需要调整专业设置，拓宽专业面，为学生自主选择专业提供条件。当然，完全放开让学生自主选择专业，会使那些市场冷门专业无人选择，不利于国民经济的长远发展。因此，学校可根据国情和校情制定相关政策，既允许部分优秀学生或某方面确有特长的学生自主选择专业，同时通过减免部分学费、加大推荐研究生比例、设立专业定向奖学金、定向招生联合培养等措施对市场冷门专业给予适当引导和保护。

（三）自主选择课程

学分制管理制度以选课制为核心，主要是允许学生选择不同层次的不同课程。在教学计划的安排上，按照公共课程、基础课程、专业课程、实践教学、选修课程构建课程模块，精选课程、优化结构、适度复合、重视实践，主干学科突出、相关学科渗透。强化学科基础，拓宽专业面，增强专业社会适应性，更有利于提高人才培养质量和学生就业率。重视加强基础，压缩必修课，增加选修课的比例，多开边缘学科、交叉学科、人文学科和反映科技发展前沿的课程。在选课管理上允许学生跨专业、跨学科、跨年级甚至跨学校选课。除了必修的课程外，还必须根据选定的专业，在教学计划规定的若干门可供选择的课程中，选择主修领域或专业方向的几门课程。其他一些任选课可根据个人兴趣自由选择。在课程安排上，同一课程开设出不同层次的内容。在学分制的条件下，随着可供选择的课程数量的不断增加。学生可部分地按照自己的兴趣、特长和能力选课。这样，不仅大大地提高了学生的学习积极性，还为学生个性的塑造创造了良好的外部环境。一个不争的事实是：学生自主选择课程的空间越大，个性发展的外部环境就越好，学习的积极性就越高。

（四）自主选择教师

教师是课程的传授者。在现行的学年教学制度下，什么教师教什么班级的课都是事先由学校教务部门安排好的，学生只能被动地接受。这对学生来说，显然是不公平的，不仅没有考虑学生个体的学习特点，而且不利于他们身心的健康发展和对知识的掌握。对于教师来说，这同样也是不公平的，在某种程度上是保护了落后。在学分制条件下，通过选课制的实行，学生可以针对某些课程，在学校指定的范围内任意选择自己喜欢的教师，对不满意的教师有说"不"的权利。这就必然促进教师不断钻研、不断总结、不断提高教学水平，在教师之间形成一种良性竞争机制。这不仅能使学生的学习效率有长足的进步，同时也能促进教师队伍建设，对学校人事、分配制度改革也有促进作用。

（五）自主选择学习时间和学习进程

实行学分制管理打破了传统意义上的年级、班级概念，学生可以在学校规定的修业年限内根据自己的时间表来制订学习计划、调整学习进度。目前

我国实行学分制的高校学习年限大都在 3～6 年。采取弹性学分制可以允许能力强的学生提前毕业，也允许学习有困难的学生延迟毕业；使学有余力的学生得到辅修第二专业或攻读第二学位的机会，也为遇到各种困难需要中途停学或停学创业的学生再次回校学习提供了条件。在这种情况下，取消了留级制度，不及格的课程可以重修、重考，或另选别的课程替代。学生也可以根据自己的实际情况选择自学、网上学习、跨系（院、校）学习，充分发挥自主性和能动性。

（六）自主选择学习方式

学习方式的选择具有广泛的含义，既包括允许学生选择听讲或自学，也包括免修、免听、重修等学分制条件下的具体管理规范。总的说来，对于自学能力较强的学生，应允许其申请部分课程免修或免听；而学习能力较差的学生，在规定时间不能完成学习任务的，可以多次选择同一门课程，直至取得相应的学分。当然，允许学生自主选择学习方式并不等于放任自流，必须有一整套相应的规章制度进行规范，从而保证教学质量。

目前，我国全日制普通高等学校的本科基本学制一般为 4 年。依据我国高校的实际条件和我国的现实国情，实行弹性学分制的高校一般允许学生在校年限为 3～6 年，这是因为：首先，现在推行弹性学分制的高校把总学分基本平均地分配到既定的各学年之内，每学年或每学期学生只能在这样一个基本框架内进行"必修"或"选修"，在这种情况下提前一年毕业比较现实。其次，我国高等学校 4 年所修的学分约为 160～180 学分，学生负担偏重，要顺利完成学业一般得花上至少 3 年的时间。最后，在高等教育大众化阶段，我国高校普遍存在教学资源短缺的现状，学校很难一直为推迟毕业的学生提供必备的学习条件，如保留学籍、安排住宿、提供学习资源等；同时，我国高校对学生管理实行的是集中管理，学校对在校、在籍（保留学籍）学生的学习、生活、安全等承担全部责任，若学生在校学习年限或在籍时间太长，学校就无法对学生实施有效的监管。因此，实行完全学分制不太现实，只能实行弹性学分制，学生在校学习年限最多延长 2 年比较适宜。

第一编 基础理论

第三节 弹性学分制的操作规程[①]

一、专业选择的时间与办法

（一）专业选择的最佳时间

目前，学生在高校录取前就选择了专业，但多数学生对专业并不了解。学生对专业的选择除了受考分限制外，一方面受长辈和同学的影响，另一方面受市场的引导，也有的纯粹看专业名称。为了让学生更好地了解专业并热爱自己所学专业，弹性学分制学籍管理为学生提供了再次选择专业的权利与机会。学生对专业的选择首先要建立在了解专业的基础上，其次是学生自己的兴趣与专业的结合问题。根据学生对专业的认识与了解程度，在学生入学后可给学生两次选择专业的机会。第一次是在大学一年级课程学习结束后，第二次是在大学二年级课程学习结束后。各专业在一年级开设的基本上是公共基础课程，如数学、化学、英语、计算机基础及思想政治教育理论课等。学生通过一年的学习与了解，对所学专业都有了一定的认识；同时，大一各专业均开设公共基础课程，学生选择何种专业在课程学习方面没有太多的影响，在大学一年级学习结束后，给学生一个选择专业的机会是较为合适的。多数学校在大学一年级结束后，允许学生在较大范围内重新选择专业。操作上，一般允许在录取时的同一个专业大类内进行选择，只有小部分特别优秀的学生可以跨类选择，但对其学业成绩要求较高。由于对专业的了解时间不长，个别学生在选择专业时仍较盲目，在选择专业学习一段时间后又会有更换专业的想法。为照顾这一部分学生的学习，在大学二年级结束后，给学生第二次选择专业的机会。只是此次专业的选择基本上是在同一个专业大类内进行，一般不允许学生跨专业类选择。这主要是考虑到跨类选择专业学生会在课程学习上存在一定困难。

（二）专业选择的办法

类内自由选择：学生在修读完公共基础课与专业大类基础课模块后，成绩及格，取得了规定学分，可按照专业选择办法有关规定在专业大类内自主

[①] 周清明：《中国高校学分制研究——弹性学分制的理论与实践》，人民出版社2008年版，第145—156页。

选择主修专业或专业方向。

跨类有限选择：对个别成绩优秀或具有某方面特长或其他原因不能在原专业大类内学习的学生允许跨专业类选择专业。学生在入校时或结束基础课程学习后（一般为大学一年级第二学期末）可以跨类选择专业。但跨类选择专业具有一定的比例限制，一般学校的比例控制在 5%～10%，根据各学院可接纳的学生名额，按照"优生优先"的原则进行选择。

修读辅修专业：为培养复合型人才，同时也为满足部分不能按自己要求修读专业的同学的学习需要，实行学分制的学校大多开设了辅修专业。如华中科技大学要求每一个专业都要面向学有余力的非本专业学生开设辅修专业；湖南农业大学要求教学条件好、师资力量雄厚的专业必须向非本专业学生开设辅修专业。学生修读辅修专业的要求也相应较主修专业低，主修专业所修课程合格者基本上均允许修读辅修专业。完成辅修专业规定的学分即可获得辅修专业毕业证书。

二、课程设置与选课办法

1. 课程设置

为了适应学分制按类招生、模块教学的需要，按全新的教育思想和教育观念构建学分制指导性教学计划。在实施弹性学分制的思想指导下，湖南农业大学将课程分模块进行设置，对每一模块中的课程拟定了建议修读时间，解决了统一性和灵活性的关系，既保持了知识结构的系统性、完整性，又具有适度的灵活性。其特点为：根据课程在各专业人才培养与学科中所处地位，划分为不同的块状学分结构。将学生在校修读的全部课程分为不同的模块，如公共基础课模块、学科（专业）大类基础课模块、专业主干课（专业核心课）模块、综合素质教育模块（含专业选修课模块、公共选修课模块、人文素质模块）及实践教学模块（含课程教学实习、课程设计、课程论文、军事训练、社会调查、专业劳动、生产实习、毕业实习、毕业论文等）和创新教育模块。专业大类内构建共同的公共基础课程平台与学科专业大类平台。各学校对模块的划分大同小异，大多只是名称上有点区别。如有的学校将公共选修课与专业选修课模块合为一个综合素质模块，有的将公共基础课模块称作通识教育基础课模块等。同一大类专业构建相同的公共基础课平台和相同的学科（专业）大类基础课平台，课内总学时控制在 2500 学时内。其中，公共基础课占 40%，学科专业大类基础课占 25%，专业主干课占 10%，专业选修课占 10%，公共选修课占 15%。实践环节为 30～35 周。

在对课程划分模块的同时，将各类课程按照修读要求分为必修课、任选

课与限（必）选课程。其中，必修课是学生必须修读的课程。限选课程是根据专业方向或各专业知识结构的需要而设置的课程。这类课程可根据不同侧重，开设若干选修课群组，限定学生必须选读其中一至几组或按要求在各组内选读若干课程，并取得规定的学分。任选课包括本专业或跨专业任选课及文化素质课，学生可根据个人志愿和需要进行选课，并取得规定的学分。学分制的核心是选课制，为满足学生对不同知识的需求，给予学生更多选择课程修读的自由，实行学分制的学校必然要增加选修课程的数量与课程所占的比例，一般学校将选修课程与必修课程的比例定为3∶7左右，个别办学条件较好的有一定学分制管理经验的学校甚至将比例提高到了4∶6。

为尽可能给学生选择课程提供方便与可能，课程开设时间的设置也有了较大的变更。对师资力量强的课程、学生感兴趣的课程全学年开设，让学生在每一个学期都有选择的机会。为丰富学生选课内容，将必修课与选修课全部开放供学生选择，学生可选择其他专业的必修课程或选修课程作为本专业的任选课程。学生可以根据自己的实际情况选择修课数量与修课时间，既可选修高年级课程，也可只选修部分应修课程。

2. 选课办法

为了便于操作，一般新生开学第一学期不实行选课，由学校安排第一学期所学的课程。选课时间安排在每一学期的期末，由学校统一安排集中进行。选课步骤一般分公布开课信息、学生进行选课、试听、改选或补选4个阶段。

（1）公布可选课程及每门课程限选人数。理论课每学期集中由各教学单位根据学校制订的指导性教学计划审核下学期开课情况（含开设课程的名称与性质、开课教师、课程的容量等）并报教务处。教务处根据教学单位报送的下学期开课情况，进行预排课表，在网上公布全校开课情况（含课程名称、开课教师、开课时间、开课地点、课程容量等），供学生选课。实验课由开课系（室）确定教学任务，提供实验室开放时间，学生预约登记后，由开课系（室）编排课表。

（2）在导师的指导下网上选课。学校公布可选课程基本情况后，学生根据本专业教学计划课程安排及自己的学习情况，在导师的指导下确定拟选课程，并在规定时间内上网完成选课操作。因某些课程的预选人数太多或太少致使部分学生未选上的，该部分学生可在规定的时间内进行改选。导师应了解学生所选课程的基本内容及其与其他课程间的联系，指导学生科学地选择课程，避免出现如美国卡内基教学促进基金会前任主席博耶所说的现象——"现在给学生的课程设置像一只摸彩袋，里面装着各不相干的一些课程。学生虽然完成了各门课程，拿到了规定的学分，却没有形成一种更贯通的知识观，更综合、更真实的生活观"。

（3）试听办法。选修课程的修读采取试听制度，学生选定课程后允许先试听一周，如果对所选课程不满意或对其他课程感兴趣，可以在开课一周后进行改选或补选。

（4）改（补）选与退选。改（补）选：由于教学资源的限制，选课不可能一次满足所有学生的选课要求，为确保学生都能选到课程，完成规定的学分，在每一次选课时给学生三次改选的机会。第一次改选在公布初次选课结果后，因某些课程的预选人数太多或太少致使部分学生未选上课程，该部分学生于第一次选课两周后进行第一次改选。第一次改选还是未能选到规定学分课程的有第二次改选机会。在开学第一周，学生根据课程安排表修读课程，在此期间可进行第三次改选，此次改选只允许改选和剔除修读时间安排相冲突的课程，增选新课程。

退选：学生在选课确定后，一般不得更改。但学生在确实无法完成所选的个别课程，且所修总学分不低于规定的最低学分时，经任课教师同意，可在第 6 周持原始选课单到教务处办理退选手续。

3. 选课原则

学生选课应以培养计划为依据，遵循的基本原则是：量力原则、必修课程优先（本专业学生优先）原则、优生优先原则与遵循课程知识链衔接关系原则。

量力原则指学生应根据自己的能力，参照基本学制年限安排学习进度。一般学校都会根据专业教学计划安排及学分制实施方案确定每学期课程修读的范围。多以学生在最长学习年限内完成学业平均每学期应修的学分数为最低限度，以学生在最短学习年限内完成学业平均每学期应修的学分数为最高限度。如湖南农业大学规定学生每学期选修课程的学分数最多不能超过 30 学分，最低不能少于 15 学分。

必修课程优先（本专业学生优先）原则指同一门课程容量有限时，优先满足必须修读该课程的学生的选课要求，或当某一个学生选课要求不能全部满足时，首先满足学生必修课程的选课要求。

优生优先原则指在课程容量有限时（多指选修课程），优先满足成绩优秀学生的需求。

遵循课程知识链衔接关系原则指对课程之间具有知识链衔接关系的，学生必须按照先后顺序进行修读。需多学期开设才能完成的课程应该连续修读。

三、选教师的办法

1. 公布同一课程的任课教师名单及相关信息

学校在确定教学任务时,公布各课程的任课教师,每一个教师的上课人数容量及教师的基本信息(职称、承担该课程的教学任务情况、获得教学方面的奖励等),以供学生选课时参考。

2. 学生网上自主选择

学生根据自己确定的需要选择的课程,结合各任课教师情况及本人学习特点,选择适合自己的任课教师。

3. 试听办法

为尽可能保证学生适应所选教师的教学风格,对所选取教师满意,提高学生的学习兴趣、效率与质量,学生对教师与课程的选择实行试听制度。开课两周内学生通过试听,如果对所选教师的教学不满意,可在一定范围内重新选择教师。

4. 对无人选课的教师的处置

对教学效果较差、无人选择的教师采取三种分流处理方式:一是可以承担其他课程教学任务的教师,由学校人事部门送其参加培训提高,通过试讲后,改开其他课程;二是不能再承担教学任务但具有一定的管理工作或其他工作能力的教师,学校将其转到非教学岗位工作;三是教学能力与其他工作能力均差,且自己不能正确认识,不能在规定时间内达到岗位职责要求的教师,学校对其予以解聘。

四、学习方式的选择

学生可以在一定范围内自主选择学习方式,自学能力强的可以申请部分课程的免修与免听,学习能力较差的在规定时间内不能完成学习任务的可以多次修读同一门课程,直至取得相应的学分。

1. 免修办法

学生通过自学已掌握某门课程内容且先修课程平均学分绩点达到一定要求的(各学校要求设置不同,一般学校要求 2.5～3.5,如湖南农业大学的规定为平均学分绩点在 2.5 以上),可在该课程开课的前一学期末,向开课单位主管教学的院(部)长提出免修申请,附上证明材料,报教务处批准后可免修。由教务处负责安排其参加免修课程考试。免修课程成绩按学生实得分数记录成绩,并注明"免修"字样。思想政治理论课、体育课及实践性教学环节不得免修,免修课程有实验课的应参加实验课的操作与考核。学生免修课程考核不及格，不允许再次申请免修或免听，按正常教学计划进行修读。

2. 免听办法

成绩优秀、自学能力强的学生可申请免听某门课程，课程选定后在正式开课前到任课教师处办理相关的免听手续。免听学生必须参加该课程的实践性（验）教学环节和课程考核，专业核心（主干）课程不能申请免听。免听课程有习题或课外作业、实验环节的，学生必须完成习题或课外作业，参加实验环节，否则不能参加考核。免听课程不及格的必须重新修读该课程，且不允许再申请免听。

3. 重修办法

实行弹性学分制后，学生某课程不及格可补考一次，补考仍不及格者则必须重新修读课程并通过考试才能获得相应学分。必修课程与限制性选（必）修课程不及格的学生必须重新修读原课程，任意选修课程不及格的学生可以改修其他课程或重新修读未通过的课程。课程重新修读原则上与新修课程同时进行选课，部分重修人数较多而课程容量又相对较少的课程采取重修学生优先或单独开班。

4. 听课的基本要求

学生成绩一般由平时成绩与考核成绩两部分构成，平时成绩包括完成作业情况、到课情况等。未办理免听、免修手续的课程，学生必须参加听课，到课率达到学校规定要求才有资格参加相应课程的考核，学生未完成规定的作业、平时成绩不合格的不能参加该课程的考核。

5. 考核的基本要求

学生所选择的所有课程或环节都应参加考核，考核及格才能获得相应的学分。考核分考试与考查两种，必修课都实行考试，选修课（含任意选修课与限定性选课）、实践环节根据各专业要求可实行考试或考查。所有的课程考核都实行考教分离，必修课程要求建立符合要求的试卷或试题库。考试课程采取百分制成绩计分方法，考查课程可采用五级计分制或百分制。考核一般不允许请假，确有特殊情况的学生必须办理缓考手续，否则作缺考处理。对缓考学生，学校提供一次补考机会，缺考学生成绩记为0分，不具有补考资格。学生参加课程考核必须遵守学校有关的考试纪律，在考试过程中出现违纪或作弊行为的按学校相关规定处理。违纪者该门课程成绩记0分，作弊的学生根据情节轻重给予纪律处分至开除学籍的处理，课程必须重修（退学者和开除学籍者除外）。

五、学习时间的选择与学习进度的安排

1. 在规定年限内必须修满学分

三年制高职专业一般允许学生延长学习年限1～2年。部分学校将休学时间包括在延长学习年限内。部分学校允许学生在休学1～2年的基础上再延长学习年限1～2年。学生在规定的学习年限内修完专业教学计划规定的全部教学环节，取得规定的毕业学分，符合学校关于授予毕业证、学位证的相关要求即可获得相应的证书。

2. 学习期间每学年必须完成学分的最低要求

在学分制管理下，为更好地督促学生在规定学习年限内完成学业，避免部分学生放任自流，影响学校学习风气，学校在学生修课方面给予指导的同时，规定了最低的学分要求，对学习成绩差的学生给予学业警示。

3. 休学规定

学生因家庭经济困难或身体原因不能继续学习，或学生因创业等原因需中断学业，可以向学校提出休学申请，休学年限为一年，特殊情况可以续休，累计休学年限原则上不超过两年。学生休学期间不享受在校学生待遇，休学期满必须按规定办理复学手续。

对在读期间应征参加中国人民解放军（含中国人民武装警察部队）的学生可保留学籍至退役后一年。

4. 停学规定

学生在规定年限内所获得学分未达到学校规定的，不允许修读新的课程，只能重新修读尚未通过的课程，直至取得相应的学分，达到学校的规定。如湖南农业大学规定每学年累计获得学分未达到30学分的，不允许学生修读新的课程，在学籍管理上不予正常升学。

5. 退学规定

学校对退学的规定应包括：学生学业成绩未达到学校规定要求，违反校纪校规，学生自己提出退学，因身体原因不能继续学习等。学校对在规定年限内所获学分未达到规定的或连续两次停学后尚未完成应修学分的学生予以退学处理。如湖南农业大学规定每学期修读课程所获学分未达到10学分者、考试请人代考或两次舞弊者、刑事犯罪者，均予无条件退学。

六、毕业与结业的条件

1. 结业的条件

学生在学校规定的学习年限内修完教学计划规定内容，未达到毕业要求

的学生可以自己申请结业，由学校发给结业证书；或选择继续在学校修读课程，以在规定的最长年限内达到毕业要求，获得相应的证书。

2. 取得毕业证的必备条件

学生在学校规定的学习年限内修完教学计划规定的内容，达到毕业要求的（含获得专业要求的毕业额定学分，所学课程平均学分绩点达到规定要求），由学校发给毕业证书。如湖南农业大学规定学生在校学习3～6年内通过学习成绩合格的（所修课程平均学分绩点达到1以上），可获得毕业证书。华中科技大学规定学生在校学习3～8年内通过学习成绩合格的可以发放毕业证书。

3. 取得学位证的必备条件

学生要获得学位，不仅要完成规定的学习量，同时要达到一定标准的质的要求。学生在学校规定的学习年限内修完教育教学计划规定的内容，并且所修课程的平均学分绩点达到学校规定，符合学校授予学位要求的可授予学位。为加强学生计算机与英语应用能力的培养，大多数学校将英语与计算机过级与学位授予挂钩。例如，湖南农业大学要求学生所修课程的平均学分绩点达到2.5以上，且通过全国大学英语四级等级考试与湖南省计算机二级等级考试，才能获得学位证书。

第二编

设计与应用
Design and Application

何妨云影杂,榜样自天成

——宋·张镃

这几年涌现的高职教育"新秀",从"示范校""骨干校""一流高职院校"到"优质校"等各种各样的职教榜样,在不知不觉中成为我们心目中的坐标。随着社会经济的发展和教育改革创新的深入,下一个榜样在哪里……

法国作家卢梭说:"榜样!榜样!没有榜样,你永远不能成功地教给儿童任何东西。"罗曼·罗兰也说过:"要撒播阳光到别人心中,总得自己心中有阳光。"我想,我们每个学校的改革与创新或许都是"榜样"和"阳光"。

俗话说,亲其师,则信其道;信其道,则循其步。喊破嗓子不如做出样子。所以,你我的探索和实践如果能成为中国职业教育改革的榜样、示范,或许就是最大的荣幸。

第二编　设计与应用

第七章　基于成果导向的人才培养设计

第一节　专业标准与人才培养方案

一、人才培养方案与专业教学标准

人才培养方案是指在一定的现代教育理论、教育思想指导下，按照特定的培养目标和人才规格，以相对稳定的教学内容和课程体系、管理制度和评估方式，实施人才教育过程的总和。

高职专业教学标准作为高职院校开展专业教学的基本文件，是明确培养目标和规格、组织实施教学、规范教学管理等的基本依据，是进行专业建设的基本标准。2012年12月26日，教育部发布了18个大类、410个高等职业学校专业的首批教学标准，随后分别在2016年、2018年根据新修订的《高等职业学校（专科）专业目录》进行了"标准"的修（制）订工作。国家层面的专业教学标准侧重于普适性的标准，人才培养方案需以此为基础结合地域及本校特色做出更加具体的描述。一般来讲，专业教学标准由行政或业务主管部门负责组织制定，现行我国高职专业教学标准是由教育部各行业职业教育指导委员会办公室组织制定。国家层面的专业教学标准，是职业院校人才培养方案制订的依据，而不是人才培养方案本身。

在人才培养的过程中，每个院校均需要结合本校的定位和特色来制定相应的具体化的专业教学标准，即人才培养方案。通常来看，人才培养方案是具体化了的个人专业教学标准或者说是专业人才培养方案。无论是专业教学标准还是人才培养方案，本质上体现的是一所院校以"培养什么样的人、怎样培养人、为谁培养人"为主线所制订的人才培养方案。实践中有院校将专业人才培养方案称为"专业教学标准"，也有院校称为"专业人才培养方案"或"专业规范"。本书所提及的专业标准和专业规范，都是泛指"专业人才培养方案"，但区别在于本书所提及的专业规范是指基于成果导向理念

129

的专业人才培养方案。

二、人才培养方案的设计思路

在 OBE 教育系统中,教育者必须对学生毕业时应达到的能力及水平有清楚的构想,然后寻求设计适宜的教育结构来保证学生达到这些预期目标。学习产出而非教科书或教师经验成为驱动教育系统运作的动力,这显然同传统上内容驱动和重视投入的教育形成了鲜明对比。

1. 框架

OBE 是以预期学习产出为中心来组织、实施和评价教育的结构模式。阿查亚(Chandrama Acharya)指出,实施 OBE 教育模式主要有 4 个步骤:定义学习产出(Defining)、实现学习产出(Realizing)、评估学习产出(Assessing)和使用学习产出(Using)。这涵盖了戴明环(计划、实施、检查、行动)各要素。定义毕业生预期学习产出是首要的关键环节。学习产出定义要可操作化和具体化。参照欧美经验,布鲁姆的教育目标分类框架是被广泛使用的指南,它提供了描述学生知识、情感和技能掌握程度水平的词汇。为了实现预期学习产出,所有的教学计划和课程内容都是遵循"回溯式设计"原则,实现完整的匹配矩阵。

CDIO 工程教育改革主要成果之一《CDIO 能力大纲》就提供了关于工科毕业生学习产出的四层次分解方案。不同工科院校可根据办学定位和专业方向,从中选择不同的组合与掌握程度。评估学习产出是 OBE 教育模式中十分重要的环节,而这恰恰是国内高校做得较为薄弱的一环。按照美国高校学生学习评估实践的理论和经验,预期学习产出评估划分可从以下几个方面进行。按层次,学习产出评估可以分为课堂层面、专业层面和学校层面;按评估内容,可以分为直接评估和间接评估;按主体,可以分为教师、学生、校友、用人单位、管理者等。美国高校学生结果评估开展由来已久,已形成了较完善的体系。这一方面表现为开发了很多学校层面的、用于评估学生学习产出的工具,例如全国大学生学习性投入调查(NSSE)和大学生学习评估(CLA);另一方面是形成了各高校积极参与、评估中心定期进行学生评估的体系。最终结果是形成了全国性的学情数据库系统,这为动态地跟踪高等教育质量以及"学生学习增值"提供了有效证据和有力的信息反馈来源。

2. 结构

专业标准(或专业规范),是一个专业人才培养的指导性文件,用来清晰地说明学生的学习领域和毕业的资格条件。在这里,以美国学历资格框架

(Degree Qualifications Profile，DQP)① 为例加以直观说明，在后面的实际案例中我们将以广东岭南职业技术学院基于美国学历资格框架（DQP）探索实践的专业规范和黑龙江职业学院基于 OBE 理念的专业人才培养框架为例，这样大家在学习和实践中可以对比学习和融会贯通。

学历资格框架（DQP）的主体结构包括 5 大学习领域（Institution-specific Areas）、3 大学历层次（见图 7 – 1）。

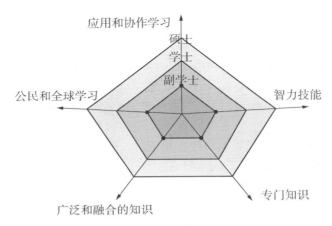

图 7 – 1　DQP 的主体结构

这里所说的美国学历资格框架（DQP），其核心是围绕"大学生获取不同层次学历时被期望应知道些什么以及能够做些什么"资格框架的主体结构，且该五大学习领域没有学科界限；按学生学习过程的累积性规律对每个学习领域设置了学业要求的一个或多个参照条款，且不同学历（副学士、学士、硕士 3 个层级）的参照条款各不相同，本书中所展示的是对应我国专科层次的副学士学历框架。它按照学习成果（Learning Outcomes）模式，并强调使用布鲁姆教育目标分类（Bloom's Taxonomy）中的行为动词对参照条款进行表述。

5 大学习领域详述如下。

（1）专门知识（Specialized Knowledge）。专门知识是学生攻读某一专业学历所涉及的专业领域的相关知识。学生要想取得学历，必须在所攻读专业的领域掌握各界（如高等院校、用人单位等）期望其所能达到的专业知识与技能要求。

（2）广泛和融合的知识（Broad and Integrative Knowledge）。美国高等教

---

① 殷明等：《美国学历资格框架（DQP）评述》，《中国职业技术教育》2016 年第 2 期。

育明确其教育重点在于学生能广泛地学习。为了让学生在其专业领域的工作环境或社会环境中能自如面对复杂的问题与挑战，学生需要具备通过探索、联结和应用跨领域的概念与方法来整合广泛知识的能力。教育的重点不再是专业与职业能力，而是综合素质能力。当然，这并没有弱化对专业能力的要求，而是通过融合与应用，来培养学生在真实而复杂的环境中灵活应用专业知识与技能并持续学习的能力。

（3）智力技能（Intellectual Skills）。智力技能是良好认知能力与操作能力的表现。学历资格框架（DQP）参考两年多来各高等院校应用实践的反馈，归纳了6项在高等教育阶段需要培养的智力技能，包括解析探究（Analytic Inquiry）、信息资源利用（Use of Information Resources）、多元化视角（Engaging Diverse Perspectives）、道德考量（Ethical Reasoning）、表达与分析（Expression and Analysis）、沟通技巧（Communicative Skills）。这6项智力技能没有学科界限，并与其余4个学习领域交融。学生需要习得这些智力技能并能灵活应用专门知识与广泛知识，以作为今后持续学习的基石。

（4）应用和协作学习（Applied and Collaborative Learning）。美国高等教育强调应用学习，并将其视作最关键的一项学习成果。应用学习注重培养学生应对非常规问题的能力、权衡竞争态势的能力、在模糊环境下进行决策的能力，也包括学生的主动学习与创新能力。

（5）公民和全球学习（Civic and Global Learning）。毕业生要学会承担公民责任是高等教育被广泛承认的目的之一。美国高等教育正在尝试用新的方法来培养学生有效的公民和全球意识，将经验式学习或者职场实地学习作为一种手段，提高学生对公民与全球背景相关环境的卷入程度。

学历资格框架（DQP）强调，上述5大学习领域交叉互融，没有学科界限，适用于不同类型的高等院校。当然，不同类型的高等院校在这5大学习领域的侧重点可能有所不同。另外，为增强适应性，学历资格框架（DQP）也提出各高等院校可以根据自己的特点设置第6个学习领域。

学历资格框架（DQP）以"以学生为中心"及"学习成果导向"教育理念为基础。从这一角度来看，学历资格框架（DQP）与我国高等职业教育当前的改革和发展重点是一致的。目前不少国家示范性高职院校已经在教学改革和课程建设中应用与推行成果导向教育，并取得成效，也有研究论证成果导向教育与当代职业教育在教育理念、教育目标及教育重心等方面有较强的适应性。同时，我国高等职业教育的人才培养重点将从"岗位技能"逐步转移到培养"全面发展的人才"。学历资格框架（DQP）所提出的5个学习领域符合"全面发展"的理念，尤其是学历资格框架（DQP）所倡导的

"通识教育与专业教育的融合",更为我国高等职业教育进一步深化改革的方向提供了启发。

3. 特点

(1) 学校每个专业共用一套体系。学校所有的专业均采用同样的体系制定每个专业的专业规范,即基于成果导向理念的人才培养方案。

(2) 需要各专业结合本专业制定并实施。每个专业都有专业特性,在制定每个专业规范的时候,需要结合本专业的特性来进行。

(3) 属于学校、专业、学生之间的协议。专业规范体现"以学生为中心"理念,学生进校在开展新生入学教育的时候,先进行专业规范的教育。学校与学生签订协议,学生认可,体现学生与学校、教师的平等主体关系。

综上所述,所谓的专业规范,是基于学历资格框架(DQP),在学校、教师、学生3个平等主体之间达成的用于人才培养与专业教学的指导性文件。每个专业均应当结合本专业的特点来制定相应的专业规范作为人才培养与专业教学的指导性文件。

三、专业规范与传统的人才培养方案的关系

专业规范与以往的人才培养方案既有联系也有区别。两者的共同点体现在专业规范本质上也是一种类型的专业人才培养方案;两者的不同点主要体现在专业规范是基于成果导向理念设计的,主要有以下4个方面。

(1) 理念不同。专业规范更多强调的是成果导向的反向设计;高职院校人才培养方案更多强调工学结合。侧重点有所不同,专业规范侧重设计理念;人才培养方案侧重实施理念。

(2) 教师的地位不同。在专业规范中,专任教师会主动关注本专业的人才培养方案,清楚地理解所授课程在整个人才培养过程中的贡献度;而在以往的人才培养方案中教师则对人才培养方案漠不关心,只负责好所安排的课程教学即可。至于为什么开设该课程,该课程在人才培养中的支持度如何,则基本不考虑,处于被动状态。

(3) 学生的地位不同。专业规范处处体现以学生为中心,从入校开始到课程学习,均体现学生的中心地位;而在以往的人才培养过程中,学生则是被动地接受教师所安排的学习任务。

(4) 性质不同。专业规范中从专业层面到课程教学层面,均通过非正式协议的关系来确定课程整体设计情况;而以往的人才培养方案则属于教学管理文件,是由教务部门和专业负责人所使用的,普通教师很少了解本专业的人才培养方案的内容。

本书所提及的专业规范泛指基于成果导向的专业人才培养方案。

第二节 专业规范的结构及内容

一、专业规范的基本结构

专业规范一般包括前言、专业一般信息、专业预期学习成果、课程体系、课程教学进程表、教学基本条件、教学实施建议、制定人信息等。

二、专业规范各项内容解析

前言部分主要介绍产业、行业发展现状及其对人才的需求情况分析，以及本专业简介，该部分主要突出人才需求情况。

专业一般信息主要包括专业名称和专业代码、所属学院、颁授证书名称、入学要求、培养目标、基本学制、毕业标准、基本和最长学习年限、就业方向等信息，与国家颁布的相应专业教学标准指导性框架内容一致。本部分主要作用在于根据产业、行业、企业人才需求，提出人才培养目标。

专业预期学习成果主要利用美国学历资格框架（DQP）的5大维度作为工具，分析某个专业的专门知识、广泛和融合的知识、智力技能、应用和协作学习、公民和全球学习5个领域中的预期成果。本部分的难点在于如何用DQP工具来分析和提炼该专业的预期成果。

课程体系部分主要包括课程类型以及课程的学分矩阵分布情况。课程类型主要包括思政与博雅板块以及专业教育板块。思政与博雅教育板块主要包含公共基础课、公共任选课、公共限选课3个类型；专业教育板块主要包括专业通用课、专业核心课、专业综合训练课、专业选修课4个类型。每个院校可以根据本校的特色将课程分为不同的板块来构建课程体系。

课程的学分矩阵分布内容主要体现专业课程中每个课程对专业的贡献度，以及每门课开设的必要性和重要性。具体的课程矩阵如表7-1所示。

表7-1 课程矩阵

学分值 课程体系	DQP 5大学习领域					学分小计
	专门知识	广泛和融合的知识	智力技能	应用和协作学习	公民和全球学习	
课程1	2.5					2.5
课程2		1			1	2

(续表 7-1)

学分值\课程体系	DQP 5 大学习领域					学分小计
	专门知识	广泛和融合的知识	智力技能	应用和协作学习	公民和全球学习	
课程 3	1		0.6	1.4		3
…						…
课程 n	0.6	0.4	0.8	1.2		3
学分小计	35	18	28	25	14	120

课程教学进程表主要体现课程的开设逻辑顺序、课时分配情况、周课时情况、课程性质等内容。

教学基本条件及实施建议主要体现在教学实施过程中的师资条件、实训条件、信息化教学条件等。制定时应根据课程性质的不同，提出课程实施的建议。

第三节 专业规范的制定

一、基于 DQP 框架成果导向专业规范制定路径

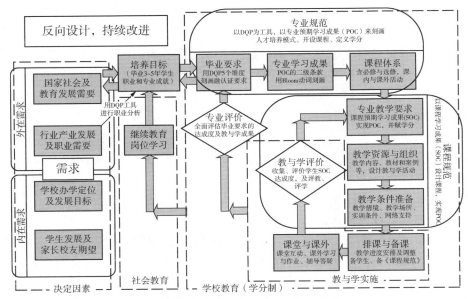

图 7-2 基于 DQP 框架成果导向专业规范制定路径（逻辑）

基于DQP的成果导向的人才培养方案的制订，以来自社会、产业行业企业、学校、学生的需求为起点，以DQP为工具制定人才培养目标，根据目标从5个维度提出学生的毕业标准，毕业标准的达成通过对学生的专业预期学习成果的评价进行衡量，以专业预期学习成果为依据构建专业课程体系，课程以课程规范作为指导性文件实施，通过对教学实施的评价以及专业建设的评价，结合各方评价的反馈结果，找出专业人才培养过程中存在的问题或短板，持续对专业人才培养方案进行调优，以逐渐改进实现人才培养的目标，满足社会各方的需求。整个过程体现反向设计和持续改进的原则。具体路径如图7-2所示。

二、专业规范制定过程中几个关键点关系的认知

需求主要包括社会需求，产业、行业、企业的需求以及学校、学生的需求，需求是确定培养目标的依据；培养目标主要由毕业生、企业、学校管理者、教师、在校学生依据需求来制定，培养目标需要满足人才需求；培养目标为毕业生能力提供了依据，毕业生所具备的能力反过来支撑培养目标的实现；课程体系以毕业生能力为依据进行构建，课程体系又支撑毕业生能力的实现；同时，毕业生能力又为教学提供了依据，教学的实施支撑毕业生能力的实现。

三、专业规范的制定过程

（一）人才需求分析

人才需求是制定培养目标的依据，人才需求有内部需求和外部需求两个方面。内部需求分为家长和学生的需求，以及学校办学理念和定位的需求。这类需求，从学生和家长的角度来看，侧重于当前的需求；从学校的角度来看，主要考虑到学校当前及长远的定位和规划。外部需求主要包括宏观需求和微观需求两个方面，宏观需求主要是国家社会层面，比如产业转型升级、职业教育政策、智能制造等方面；微观需求主要是行业、企业岗位方面，侧重于职业能力（专业知识、方法能力、社会能力）方面的诉求，而这也是确定培养目标的重要依据。

以物流管理专业为例，该专业的毕业生就业群主要涉及业务员、助理人员、客服、外贸专员、操作员、货代岗位、运输类岗位、仓储类岗位、采购类岗位、报关报检、文员等。这些岗位对学生的要求有采购、仓储、运输、货代、报关、单证等专业知识；市场营销、会计、质量认证、统计、商务平台等跨专业知识；信息搜集、分析、沟通、道德标准、创新等能力；应用、

协作、协调、团队合作等能力；以及有职业规划、认真、细心、责任心、懂外语、吃苦耐劳等要求。

从毕业生的反馈来看，学生认为物流专业知识最为重要，其次是认真、细心、责任心、有职业规划等，再次是应用能力和团队合作能力、信息搜集、分析能力、多角度分析问题能力、道德标准和沟通，最后是跨专业知识的需要。

从企业对岗位职业能力要求的角度看，对人才的需求主要集中在专业核心知识、工作态度、责任心、吃苦耐劳、应用、协作能力、信息搜集、沟通、分析等方面，即专业能力、方法能力和社会能力3个方面。以美国学历资格框架（DQP）为工具，人才的需求主要体现在专门知识、广泛和融合的知识、智力技能、应用和协作学习、公民和全球学习5大领域。制定专业规范时关键点在于利用DQP工具将企业职业能力的需求转换为5个领域的要求，即将专业能力、方法能力和社会能力转换为5个维度的要求。通过调研对比可以得出两个角度并不矛盾，内容上有一致性，例如物流管理专业。可见，企业所要求的有职业规划、认真、细心、责任心、外语等内涵正好对应DQP中的公民和全球学习维度；应用、协作、协调、团队合作对应DQP中的应用和协作学习维度；信息搜集、分析、沟通、道德标准、创新等对应DQP中的智力技能维度；市场营销、会计、质量认证、统计、商务平台等跨专业知识对应DQP中的广泛和融合的知识维度；仓储、运输、采购、货代等专业知识对应于DQP中的专门知识维度。

（二）培养目标

培养目标是以需求分析为依据提出的，适应需求而定，是人才培养的总纲领；是对毕业生就业能力及在毕业后3～5年能够达到的职业能力和成就的总体描述；是在DQP框架下，大学生在毕业取得本专业的"副学士"学位时及未来适应工作、生活和公民参与时"能做什么"。培养目标既要满足学校当前和未来的定位，又要满足学生当前的需求并符合社会、产业、行业发展的需求。在DQP框架下确定该目标时，主要体现毕业能力和未来的适应能力。以物流管理专业为例，应届毕业生主要的岗位是每个行业企业中的员级岗位，比如仓管员、理货员、订单员、采购员、报关员、拣货员、电子商务员、叉车员等，学校制定毕业标准时，主要参考该岗位的要求来确定；在3～5年内，学生能够具备物流主管层级的岗位能力，在这些岗位能做什么、做到什么程度，主要取决于其在专门知识、广泛和融合的知识、智力技能、应用和协作学习能力、公民和全球学习能力5大维度的沉淀情况。物流

管理专业的培养目标是立足区域经济的发展，满足生产制造业、商贸业、现代物流服务业的需要，培养德、智、体、美全面发展，具有物流管理专业知识及广泛和融合的知识，具有分析沟通等智力技能，具有应用和协作学习能力、公民和全球学习能力，能够从事物流管理、业务操作、市场推广、办公室工作，具有创新、创业思维的高素质技术技能型人才。

（三）毕业要求

毕业要求以培养目标为依据，支撑培养目标的实现；是学生完成学业时取得的学习成果，是学生在专门知识、广泛和融合的知识、智力技能、应用和协作学习、公民和全球学习这5个方面的具体描述；参考布鲁姆教学目标分类系统所包含的认知领域、情感领域、动作技能领域3个领域不同层次的动词来设计。毕业要求的提出主要以DQP 5大参照点为参考，结合专业特点进行具体的描述。本部分内容的关键在于对5个参照点的理解及用本专业的语言将其具体化，要求专业规范制定应深刻地理解5个参照点的内涵、熟悉专业、熟悉布鲁姆教学目标分类理论的应用。

1. 对DQP参照点的理解

本部分由各专业结合本专业的情况，用本专业的语言来解析每个参照点，以物流管理专业为例，具体如下：

（1）学习领域一：专门知识（Specialized Knowledge）。

在专门知识方面，本专业的毕业生应该能够：

POC1.1 用专业领域的相关术语来描述专业领域的核心理论和实践，并且提供至少一个与专业领域相关的案例。

解析：相关术语要具体到本专业的哪些关键术语，所提供的案例是什么样的，可以进行界定或直接列明。本条款对应布鲁姆教学目标中的领会和应用层次，适用这两个层次的动词来制定本专业在该条款中的要求。

例如：POC1.1 用物流管理专业领域的相关术语来描述本专业领域（如采购、仓储、运输、国际物流）的核心理论和实践，并且提供至少一个与专业领域（物流管理）相关的案例。

POC1.2 应用相关专业领域的工具、技术和方法解决专业领域内给定的提问和难题。

解析：列出本专业典型的工具、技术和方法，给定的问题可以列明。本条款对应布鲁姆教学目标中的分析层次，适用分析、比较、解决这类的动词来制定本专业在该条款中的要求。

例如：POC1.2 应用专业领域的相关工具、技术和方法（比如物流运筹学方法、计量统计方法、Cape-Pack 工具）去解决本专业如采购、仓储、运输、国际货运代理领域内给定的提问和难题。

POC1.3 基本上无差错地做出相关专业领域的产品、模型、数据、展示或表演。

解析：该条款需根据本专业的特点来制定，理工科类的适宜做出产品、模型、数据，文科类的适宜做出数据、表演或者某个方案、整套业务单证等。本条款对应布鲁姆教学目标中的综合层次，适用建立、组成这类的动词来制定本专业在该条款中的要求。

例如：POC1.3 基本上无差错地做出专业采购、仓储、运输、国际物流领域的方案、展示或整套单证。

（2）学习领域二：广泛和融合的知识（Broad and Integrative Knowledge）。

在广泛和融合的知识方面，本专业的毕业生应该能够：

POC2.1 描述所学习的每一项核心领域的现有知识或实践是如何向前推进、验证和修正的。例如自然科学、社会科学、人文艺术学科的专业和跨专业课程。

解析：结合专业和跨专业领域，可以指定核心领域，进行制定。

例如：POC2.1 描述所学习的每一项核心领域（如企业运营管理、经济、采购、运输、仓储、国际货运代理、思政与博雅教育领域）的现有知识或现有实践的研究进展（包括怎样向前推进、怎样验证、怎样更新），如描述所学习的管理领域或物流领域中现有的知识或现有实践的研究进展。

POC2.2 就所学习的每一项核心领域描述一个关键性的争议问题，解释该争议问题的意义，并且运用该领域的概念来阐述自己对该争议问题的见解。

解析：本条款强调的是核心领域的关键性的争议问题，不仅能解释，还能阐述自己的见解，涵盖了布鲁姆教学目标中的领会、应用、评价层次。

例如：POC2.2 就所学习的每一项核心领域描述一个关键性的争议问题（比如物流效益背反、现代社会的科技发展与环境污染问题、现代社会的诚信缺失、见利忘义以及孝道、仁爱等问题），解释该争议问题的意义，并且应用该领域的概念来阐述自己对该争议问题的见解。

POC2.3 在实施分析性、实操性或创造性的任务中，使用所学习的多项核心领域的公认方法，包括依据的搜集与评估。

解析：每个专业可列明这样的任务有哪些，公认的方法有哪些，涵盖了布鲁姆教学目标中的应用、分析和综合层次。

例如：POC2.3 在实施分析性、实操性或创造性的任务（比如物流专业三创项目方案）中，使用所学习的多项核心领域的公认方法，包括依据的收集与评估。

POC2.4 从科学、艺术、社会、人类服务、经济寿命或科技的问题中，同时采用至少两个领域的知识，描述如何定义、界定与解释选定问题对社会的重要意义，并对此做出评述。

解析："每一项核心领域"：第一，核心领域包括本专业领域，也包括跨专业领域，其中以跨专业领域为主；第二，所谓"核心"，包括必修课与限选课的领域，但不包括其他任选课；第三，必修课与限选课程，其对应 POC 的 SOC 应同时覆盖 POC2.1、POC2.2；第四，POC2.3 中的"多项核心领域"，是指对应必修课与限选课领域中的公认方法；第五，POC2.4 中的"两个领域"，是指对应于学生所有任何课程中的两个领域，可以是两个专业领域，可以是专业领域与跨专业领域，也可以是两个非专业领域。

例如：POC2.4 从科学、艺术、社会、人类服务、经济寿命或科技的问题（如经济领域的可持续发展问题）中，同时采用至少两个领域的知识，描述如何定义、界定与解释选定问题对社会的重要意义，并对此做出评述。

（3）学习领域三：智力技能（Intellectual Skills）。

智力技能有 6 个方面：解析探究（Analytic Inquiry）、利用信息资源（Use of Information Resources）、多元化视角（Engaging Diverse Perspectives）、道德思考（Ethical Reasoning）、定量分析（Quantitative Fluency）、沟通技巧（Communicative Fluency）。

在解析探究方面，本专业的毕业生应该能够：

POC3.1 在选定的学习领域提出并界定一个问题，并能厘清涉及该问题的各种观点、概念、理论及其解决方法。

解析：此处的学习领域应由本专业具体化。

例如：POC3.1 界定一个知识主题（如物流效益背反），并能明确地讲出该主题中涉及的一些观点、概念、理论以及实践方法。

在利用信息资源方面，本专业的毕业生应该能够：

POC3.2 对于多种资源进行辨识、分类、评估和引用，做出在某一个领域或在文理科一般性课题上的项目、论文或表演。

解析：本款参照点可以在专业领域或跨专业领域内对应。

例如：POC3.2 有效地搜集多种资源，并进行辨识、分类、评估和引用，做出经济管理领域内一个项目方案或一篇论文。

在多元化视角方面，本专业的毕业生应该能够：

POC3.3.1 描述来自不同文化观点的知识是如何影响人们对于政治、社会、艺术和国际关系中突出问题的理解。

例如：POC3.3.1 对于社会、政治、经济、艺术乃至全球关系等方面的突出性或重大问题（如物流产业的转型升级方向、公共生活、职业生活、家庭生活中的道德与法律规范、社会主义核心价值观、中国精神、共同理想等），明确地阐述不同文化视角（或不同文化背景的知识）会怎样影响人们对上述问题的理解。

POC3.3.2 对于自己在文化、社会、政治、艺术或国际关系方面问题上的观点的根源，做出描述、解释和评估，并与其他观点做比较。

解析：凡是涉及类似"选定"说法的，由各专业把握选定在哪个学习领域来对应本款参照点。

例如：POC3.3.2 对于文化上、社会上、政治上、艺术上或国际关系上的选定问题（如伪劣假冒商品问题、体育运动及艺术欣赏），提出自己的见解，并与其他人的见解进行理性的比较。

在道德思考方面，本专业的毕业生应该能够：

POC3.4 描述政治、经济、医疗、技术或艺术方面突出问题中的伦理道德问题，并说明这些伦理道德如何影响人们对于这些问题的决策的。

解析：从列举的方面结合本专业的具体情况选定一个突出问题。

例如：描述当前社会经济方面的突出问题（如食品安全、网络诈骗、爆炸包裹等），并说明这些道德原则是如何影响人们对于这些问题的决策的。

在定量分析方面，本专业的毕业生应该能够：

POC3.5.1 当涉及政治上、经济上、健康上或技术上的问题，能对其中使用到的量化信息（即数字）进行准确的诠释，并能够介绍如何在论述时有效地利用量化信息（数字与符号）。

解析：从列举的方面结合本专业的具体情况选定问题。

例如：POC3.5.1 当涉及政治上、经济上、健康上或技术上的问题（如物流产业发展速度和成本降低），能对其中使用到的量化信息（即数字）进行准确的诠释，并能够介绍如何在论述时有效地利用量化信息（数字与符号）。将数学知识与专业有机结合，对经济上、技术上相关问题中使用到的量化信息（数字）进行准确的分析、诠释和表达。

POC3.5.2 创建并解释关于趋势、关联或状态变化的图表与其他视像表述。

解析：结合本专业的具体情况，列举适宜用图表表述的一些问题或衡量指标。

例如：POC3.5.2 创建图表或其他视觉效果更好的方式，来诠释物流产业发展趋势（或走势）、关联（相关或因果关系等），或是最新发展状态。

在沟通技巧方面，本专业的毕业生应该能够：

POC3.6.1 在与一般和特定对象沟通中，写出令人信服的、流畅的、基本无笔误的文章。

例如：POC3.6.1 在社会职场中进行书面沟通及表达（如策划方案的写作、国际商务函电的撰写）时，基本无笔误、错漏，条理清晰，论证令人信服。

POC3.6.2 与普通大众或某一个特定对象有效进行正式场合下的口头言语交流。

例如：POC3.6.2 与普通大众或某一个特定对象有效进行正式场合（如专业竞赛答辩或项目汇报活动）下的口头言语交流。

POC3.6.3 就某一具体工作任务的行动计划进行商谈，并对商谈结果进行书面或口头的总结陈述性沟通。

例如：POC3.6.3 就某一具体工作任务的行动计划进行谈判（比如国际采购专员），并对谈判结果进行书面或口头的总结陈述性沟通。

POC3.6.4 使用英语进行日常基本的交流，翻译所学专业领域的一篇简单的文章。

解析：以上4条均需结合本专业的特点具体化。

例如：POC3.6.4 使用英语进行日常基本的交流，翻译所学专业领域（如国际物流、国际贸易、报关实务等）的一篇简单的文章。

（4）学习领域四：应用和协作学习（Applied and Collaborative Learning）。

在应用和协作学习方面，本专业的毕业生应该能够：

POC4.1 书面汇报至少一个案例：说明自己是怎样将所学的学术性知识与技术技能应用于"实地（实践）挑战"的；并提出证据或案例，用来证明自己在应用过程中学到新的知识或有其他的收获。

解析：本条款主要体现布鲁姆教学目标中的领会和应用层次，结合本专业的实际情况，提出本专业内的挑战。

例如：POC4.1 书面汇报至少一个案例（如物流管理方面）：说明自己是怎样将所学的学术性知识与技术技能应用于实地（实践）挑战的；并提出证据或案例，用来证明自己在应用过程中学到新的知识或有其他的收获。

POC4.2 分享或教会同学们至少一个自己在课堂外学来的重要概念或方法。

解析：本条款主要体现布鲁姆教学目标中的识记和领会层次，分享或教会同学们自己从课外学来的与本专业有关的重要概念或方法。

例如：POC4.2 分享或教会同学们至少一个自己在课堂外学来的重要概念或方法（如仓库选址）。

POC4.3 对一个超出课上所学内容的实践问题准确定位，收集相关线索与信息，进行组织与分析，并提出多种解决方案。

解析：本条款主要体现布鲁姆教学目标中的综合层次，由各专业提出超出课上所学内容的实践问题有哪些，并具体列明。

例如：POC4.3 对于一个超出课上所学内容的实践问题（如物流系统规划）准确定位，收集相关线索与信息，进行组织与分析，并提出多种解决方案。

POC4.4 参与一个创新创业性活动或项目，展示或讲解其实践成果，并就其过程做出书面的总结（至少能重点突出在这次经历中个人对创新创业精神与创新创业管理的感悟，进而能阐明其应用前景或价值）。

解析：本条款主要体现布鲁姆教学目标中的综合层次，强调本专业的创新创业项目成果以及对育人的作用。

例如：POC4.4 参与一个创新创业性活动或项目，展示或讲解其实践成果，并就其过程做出书面的总结（至少能重点突出这次经历中个人对创新创业精神与创新创业管理的感悟，进而能阐明其应用前景或价值）。

（5）学习领域五：公民和全球学习（Civic and Global Learning）。

在公民和全球学习方面，本专业的毕业生应该能够：

POC5.1 清晰地介绍自己的个人背景与文化背景，包括起源与发展、观念与倾向。

例如：POC5.1 清晰地介绍自己的个人背景与文化背景，包括起源与发展、信仰与价值观、人生观，并能结合自身专业学习情况，进行职业生涯规划。

POC5.2 就某一些社会主义核心价值观或行为实践，清晰地介绍其在历史上以及在当代的不同地位（变迁），举一个包含这些价值观或行为实践的特殊事件，阐述自己的观点。

例如：POC5.2 阐述对优良传统精神及社会主义核心价值观的理解，并列举自己的践行实例及个人感悟。

POC5.3 参与一个社区（或社团）项目，就其过程做出口头或书面的总结（报告），重点突出在这次经历中遇到的公民问题，以及在这次经历中个人的感悟。

解析：本条款可以突出专业协会项目或校内其他社团，本专业学生参与该项目的感悟。

例如：POC5.3 参与一个社区（或社团，如物流协会、义工或社会服务、参观爱国主义教育基地）项目，就其过程做出口头或书面的总结（报告），

重点突出在这次经历中自己主动性和责任心的体现，以及在这次经历中个人的感悟。

解析：POC5.1，5.2，5.3 这 3 个条款主要通过博雅教育课程来体现。

POC5.4 指出一个跨国、跨洲或跨文化的经济的、环境的或公共卫生的挑战，提供挑战的证据，并表明对此挑战的立场。

例如：POC5.4 指出一个跨国、跨洲或跨文化的经济挑战（如低碳经济）、环境挑战（如全球变暖）或公共卫生挑战（如癌症、埃博拉病毒等），提供挑战的证据，并表明对此挑战的立场。

2. 毕业要求的提出

学校根据对 DQP 5 个参照点的理解，结合本专业的特点，从 5 个方面提出本专业的毕业要求，在毕业要求详细毕业预期成果的基础上，用简洁的语言进行总结概括。以物流管理专业为例，毕业要求有：

专门知识 POC1 方面，能结合实际案例用物流管理专业领域的相关术语来描述本专业领域的核心理论和实践；应用物流专业领域的工具、技术和方法，解决本专业所涉及的员级岗位如采购、仓储、运输、国际货运代理及报关遇到的问题和难题，并基本上无差错地做出物流领域（国际）的计划方案，展示或做出整套单证。

广泛和融合的知识 POC2 方面，能够利用所学的不同领域的方法和基础知识去学习新理念、新技术、新方法，以解决物流企业里具有争议的问题以及分析、实操或创造性的任务。

智力技能 POC3 方面，能够按照职业或社会道德标准，利用多种沟通方式，收集并利用信息资源，多角度分析物流产业、行业、企业的问题，并进行定量分析，撰写分析报告，为职业发展奠定基础。

应用和协作学习 POC4 方面，能够和团队成员协作，应用所学的专业知识和技术技能分析企业案例或者收集信息，提出解决企业实践问题的方案，并能够分享自己所学到的重要概念或方法。

公民和全球学习 POC5 方面，具有积极的价值观、人生观。结合社会事件，对社会主义核心价值观或行为，阐述自己的观点；能参与社会项目并总结自己的行为过程；对世界挑战问题进行有理有据的分析，并表明自己的观点。

（四）课程体系构建

课程体系以毕业要求为依据，支撑毕业要求的实现；毕业生能力必须通过由不同板块（类）课程及每门课所构成的课程体系来实现，即毕业学习成果需要落到每一门课程中，这种对应关系用课程矩阵来实现。

1. 课程体系的构建思路

以工作领域中的职业需求、发展需求以及毕业生的期望为起点,以 DQP 为工具,将工作领域中的专业、方法、社会能力转换为学习领域的预期成果,以课程矩阵为工具,构建课程体系,课程成果支撑专业成果的实现。

2. 课程体系构建过程

专业预期学习成果根据本专业的特点可进行二级维度的细分,细分后的维度可以直接转换为课程,不宜直接转换的可以通过不同维度的组合转换为课程,不宜组合的可以通过对成果进行提炼的方式转换为课程,课程之间是互补或深化的关系,共同支撑专业预期学习成果的实现。不同类型的课程根据内容可归入不同的板块,如专业教育课、博雅教育课。专业教育又分为通用课程、专业核心课、综合训练课、限选课。不同板块的课程根据性质分为必修课和选修课,根据教学形式不同分为课内教学和课外教学。不同板块、不同性质、不同形式的课程根据课内外学生的负荷确定,对专业预期学习成果的贡献度不同,体现了课程开设的必要性和重要性,为今后专业课程体系的调优提供了依据,课程对专业预期学习成果的支撑度主要用课程矩阵的形式来体现,见表 7-2。

表 7-2 课程矩阵

专业预期学习成果			课程贡献度					形式
			课程 1	课程 2	课程 3	…	课程 n	
POC1	POC1.1	POC1.1.1						负荷
		POC1.1.2	1			1.4		
	POC1.2	POC1.2.1			2.5		0.5	课内
		POC1.2.2	1		0.4	0.6		负荷
	POC1.3	POC1.3.1		2			1.5	
POC2	POC2.1	POC2.1.1	0.5		0.1			负荷
	…	…		1			1	课外
POC3	POC3.1	POC3.1.1		0.5		1	1	
POC4	…	…	1.5		0.5	1		负荷
POC5	POC5.5	POC5.5.1		0.5		1		

课程与专业预期学习成果之间主要是通过课程成果体现,每门课程设计课程成果(SOC),不同 SOC 支撑专业预期学习成果的达成,课程与专业预期学习成果是一种支撑与被支撑的关系,具体见表 7-3。

表7-3 课程与专业预期学习成果的关系

课程				专业知识		
				POC1.1	POC1.2	POC1.3
专业核心课	课程1	SOC1-n	→	√		
	…	SOC1-n	→			√
	课程n	SOC1-n	→		√	
专业通用课	课程1	SOC1-n	→		√	
	…	SOC1-n	→	√		
	课程n	SOC1-n	→			√
专业选修课	课程1	SOC1-n	→		√	
	…	SOC1-n	→			√
	课程n	SOC1-n	→	√		

以 DQP 为工具，通过对本专业 5 大维度的分析，最终所构成的课程体系表体现了每门课程 5 个维度的贡献度，进一步体现了课程开设的依据、课程对专业预期学习成果的支撑，见表 7-4。

（五）课程进程表

课程进程表主要体现各类性质不同、学分不同的课程按照什么样的开设顺序，以什么样的教学形式，在课内还是课外实施情况的安排；学习成果的实现依赖于课程的实施，课程进程表为课程的实施提供依据，为学习成果的有效实现提供保障；编排考虑到本专业工作流程及教育教学规律。课程进程表是教学实施的最重要的指导，课程的学分、周课时、开设学期、理论实践比等内容体现出实施性、操作性强的特点。另外，课程的先后顺序应以本专业的工作流程为主线结合布鲁姆的教学认知规律，适宜采用由浅入深，由具体到抽象的思路来开设，以更好地符合学生的认知特点并更好地达成学习成果，见表 7-5。

（六）教学基本条件

本部分主要是基于 DQP 成果导向的教学实施，涉及师资队伍、教学设施、校内外的学习资源等。该部分可结合专业特点，对师资、教学设施及各类型学习资源方面提出要求。

（七）教学实施建议

基于 DQP 成果导向的教学以学生为中心。为达到预期成果，需要实现从句号课堂到问号课堂，从知识课堂到能力课堂，从重教课堂到重学课堂，从封闭课

表 7-4　课程体系

课程名称	5大学习领域学分分布					5大学习领域条款分布				
	POC1 专门知识	POC2 广泛和融合的知识	POC3 智力技能	POC4 应用和协作学习	POC5 公民和全球学习	POC1 专门知识	POC2 广泛和融合的知识	POC3 智力技能	POC4 应用和协作学习	POC5 公民和全球学习
						P O C / 1.1 1.2 1.3	P O C / 2.1 2.2 2.3 2.4	P O C / 3.1 3.2 3.3 3.4 3.5 3.6 3.7	P O C / 4.1 4.2 4.3 4.4	P O C / 5.1 5.2 5.3 5.4 5.5
课程3		2.5			0.5			√		√
课程4	1		1.5	1.5			√	√	√	
…										
…										

147

表 7-5 专业教学进展课程表

课程板块	课程类型	课程编码	课程或活动名录	主要教学方式	总学分	总学时	课内学总学时	学时分配			考核方式	考核学期	一			二			三			四			五			六		
								课内学时		课外学时		教学周数→	上课周时	实习周数		上课周时	实习周数		上课周时	实习周数		上课周时	实习周数		上课周时	实习周数		上课周时	实习周数	
								理论学时	实践学时																					

堂到开放课堂的转变。每门课程在考核方面实行过程考核，过程考核的主要对象是课程成果，因此在课程成果的收集、批阅、反馈等方面建议通过信息化手段来实现，搭建与成果导向相匹配的信息管理系统在教学的实施过程中尤为重要。

第四节 专业诊断与改进

基于 DQP 框架下的人才培养方案（即专业规范），以成果导向为理念，出于人才培养内部外部的需求，为符合多方需求而制定，需要根据实施的情况，通过多方评价开展专业诊断，根据诊断情况，发现问题，不断地改进，提高专业建设质量及专业核心竞争力，最终达到以评促改，以评促建，以评促管的目的。

一、专业评价体系

专业评价是系统工程，对专业评价应该从专业建设、教学改革与管理、人才培养质量、教科研与社会服务等方面开展全面的评价。基于 DQP 成果导向的人才培养，源于对行业、企业职业的需求和学校的定位，涉及专业设置与规划、课程体系构建、课程实施及人才培养的质量和社会服务能力等内容，以专业预期学习成果为导向，设置基于社会、学校、学生、行业、企业等视角的综合评价体系，是进行专业诊断的重要基础。在这里依旧以基于 OBE 的 DQP 为工具，将工作领域中的职业发展需求转换成学习领域中的专业预期学习成果，以此构建课程体系，并用于评价学习成果，同时设计各评价观测点的要求，见表 7-6。

表 7-6 专业诊断综合评价表

一级指标	二级指标	计分方法	佐证材料
1. 专业建设 (14+6 分)	1.1 专业设置与规划实施 (4 分)	1. 专业规划或建设改革方案符合学校要求，有理有据，内容翔实，并有效实施（2 分） 2. 有行业、企业或用人单位专家参与专业建设或教学环节，将企业的真实案例、项目和工作任务等融入教育教学中，积极实践"三融合"，效果良好（2 分） 【注释】 "三融合"，即专业设置和发展与人才培养定位的"区位融合"；办学模式与合作模式的"校企融合"；教学内容与教学过程（组织）的"工学融合"	1. 专业发展规划或专业建设与改革方案 2. 专业指导委员会名单（或发文） 3. 合作培养协议 4. 企业参与专业建设或教学环节的其他证据 5. 专业建设工作计划、总结

（续表 7-6）

一级指标	二级指标	计分方法	佐证材料
1. 专业建设（14+6 分）	1.2 课程体系建设（7 分）	1. 专业规范符合学校要求，专业预期学习成果明晰，符合职业性和高等性目标，课程设置、学分及安排合理（4 分） 【注释】 职业性：体现"职业人"的培养，将职业资格要求，职业岗位任职要求，工作过程系统化要求，体现在课程开发与建设、实施中 高等性：体现"全面发展人"的培养，兼顾"社会人"的需求，将学校"博雅教育"各领域或建设基于DQP学历框架各学习领域的要求，体现在课程开发与建设、实施中 2. 本专业制定了完整的课程规范，并能与专业规范匹配，课程规范的学习成果明晰，可实施性强，体现教学改革精神（3 分）	1.《专业规范》 2. 专业《课程规范》一览表 3. 各门《课程规范》
	1.3 实践教学条件与教学资源建设（3 分）	1. 重视优质教学资源和网络信息资源的建设，建有校级精品（或网络）课程，实现优质教学资源的共享（2 分） 2. 积极探索校企合作开发（或共建）实践（或项目）教学资源，取得积极成效（1 分） 【注释】 教学资源可以包括教材、实训指导书、项目案例库、课程网站等	1. 专业网络课程资源一览表 2. 网络课程网站 3. 校企合作开发教学资源佐证材料
	1.4 加分项（+6 分）	1. 考核期间获得省市级以上实训基地建设项目；或考核期间建成了具有真实（仿真）的职业氛围和产学研一体化的技能训练基地（3 分） 2. 全部课程优先选用近 5 年内国家优秀或规划教材，考核期间有自编教材纳入国家优秀或规划教材出版，或有省级以上精品资源课程（3 分）	1. 省市相关实训基地建设项目发文或实训基地建设方案及设施清单 2. 专业选用教材清单及教材 3. 自编教材

(续表 7-6)

一级指标	二级指标	计分方法	佐证材料
2. 教学改革与管理（14+5分）	2.1 教学实施与改革（5分）	1. 学生顶岗实习（半年以上）有保障措施，有过程指导，有良好效果（2分） 2. 专业主要课程能不断改革教学内容、教学组织、教学方法，突出"工学融合"和"教、学、做"一体，强化职业能力培养和创新思维开发，教学效果良好（3分） 【注释】 专业主要课程是指专业通用课、专业核心课中的重要课程及专业综合训练	1. 实习协议与实习审批手续 2. 学生顶岗实习总结报告和指导记录 3. 顶岗实习单位鉴定意见 4. 整套教学（案例）材料或课程教学录像或网络课程资源佐证或获奖材料 5. 同行或督导听课记录与评课表
	2.2 教学管理与质量监控（9分）	1. 教学基本文件齐备、教学档案规范，严格执行学校的教学管理制度，无教学责任事故发生（3分） 2. 专业负责人定期检查《专业规范》《课程规范》执行情况，并不断督促改进（3分） 3. 二级学院、专业负责人和专业教师、学生都积极参加听课评课活动（3分）	1. 专业教学基本文件（《专业规范》《课程规范》、教案或课件等） 2. 教学巡查记录、教学检查记录 3. 听课记录、同行评课表、学生评课表
	2.3 加分项（+5分）	1. 考核期间本专业有获得省市级以上教学改革成果奖；或专业核心课程利用企业真实项目（案例）的教学比例达到80%以上；或开设了丰富的专业选修课，学生实际选课超过3门以上（5分）	1. 获奖批文或证书 2. 专业核心课程项目（案例）一览表 3. 案例库 4. 学生实际选课的专业选修课一览表

(续表 7-6)

一级指标	二级指标	计分方法	佐证材料
3. 人才培养质量（14+9分）	3.1 职业技能（6分）	1.《专业规范》所规定毕业资格（技能）证书取得率较高（80%以上），证书等级较高（4分） 2. 组织学生参加校内外职业技能竞赛，参赛人数较多，获优胜以上奖数较多，获奖等级较高（2分）	1. 毕业生考证成绩单及证书复印件 2. 毕业生"双证书"统计表 3. 学生职业技能获奖情况一览表 4. 学生职业技能竞赛照片、录像和获奖证书照片佐证
	3.2 毕业生就业质量（2分）	1. 当年毕业生平均首次就业率较高（≥80%），就业对口率高（≥30%），起薪较高（高于同类院校平均水平5%）（2分）	1. 就业率统计表
	3.3 满意度（3分）	1. 往届毕业生问卷调查对专业的满意度较高（3分）	1. 毕业生问卷调查表及问卷统计分析或第三方评价分析
	3.4 社会影响（3分）	1. 近年招生的第一志愿报考上线率较高（≥100%）；录取新生报到率较高（≥70%）（3分）	1. 专业招生报考与录取统计分析表 2. 专业新生报到名单与统计
	3.5 加分项（+9分）	1. 本专业教师指导学生参加职业技能竞赛获得省级以上奖项（5分） 2. 本专业师生的教育教学成果被知名主流媒体宣传报道（4分）	1. 参赛学生名单及教师指导安排、获奖证书等 2. 媒体报道等佐证材料

(续表 7-6)

一级指标	二级指标	计分方法	佐证材料
4. 教科研与社会服务(6+12分)	4.1 教研教改成果应用(2分)	1. 本专业教师主持的校级以上教研教改立项（含精品课程）数目较多，教师参与教研教改比例较高（40%以上）(2分)	1. 立项批文 2. 项目申报书
	4.2 科研及成果应用(1分)	1. 考核期内本专业教师有主持校级以上科研立项（1分）	1. 立项批文
	4.3 社会服务(3分)	1. 本专业教师有主持校企合作的横向项目（含技术研究、开发、推广及为社会技能培训等），开展良好，效益明显(3分)	1. 校企合作横向课题协议书 2. 产学研成果佐证
	4.4 加分项(+12分)	1. 考核期间本专业与企业合作共建了技术开发中心或研发平台(4分) 2. 本专业教师面向社会开展技术服务或培训项目，具有显著经济效益(5分) 3. 本专业积极开展国际合作交流，在引进先进的职业资格标准、课程体系及课程标准、师资培训与培养等方面有实质性的进展(3分)	1. 校企合作协议 2. 技术服务合同或培训协议 3. 国际（境外）合作协议及其佐证材料
合计 80 分（48+32）			

二、基于工商管理专业的评价及诊断实例分析

根据以上评测点，从专业、学校、毕业生、用人单位、行业 5 个视角进行诊断，根据不同视角的评价情况，找出专业建设过程中需要改进的地方，采取有效措施，不断优化专业规范。

（一）专业自我诊断

该专业根据上述专业诊断综合评价表评价指标，参与了专业自我诊断。通过自我诊断，对应综合评价表 7-6 的 1.4（全部课程优先选用近 5 年内国家优秀或规划教材，考核期间有自编教材纳入国家优秀或规划教材

出版，或有省级以上精品资源课程）、2.1（教学实施与改革）、2.3［考核期间本专业有获得省市级以上教学改革成果奖；或专业核心课程利用企业真实项目（案例）教学比例达到80%］这3个方面均存在不足。在高质量教材编写及选择方面和精品课程建设方面需要加强；在教学实施与改革中实践性教学和企业真实案例的采用需要增大比例。总体来看，工学融合及教学做一体化方面需要进一步凸显。具体各项自评如图7-3所示。

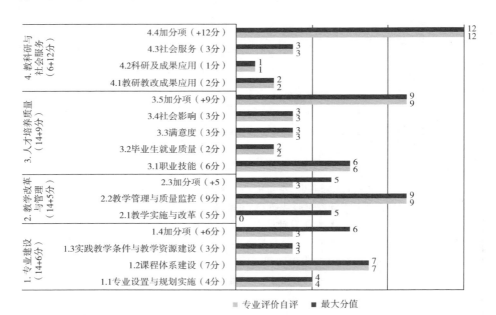

图7-3 专业自我诊断

（二）学校对专业评价

学校层面，邀请校内外专家对专业进行评价。与目标值对比可发现，在本专业建设过程方面，人才培养质量中的毕业生就业质量、科研及成果应用达到目标值，说明本专业达到了学校的培养目标和定位；在技术性服务社会服务方面，相对经管类其他专业做得较好；需要进一步改进的有实践教学条件与教学资源建设及教学过程监控方面、专业规划、技能竞赛方面。

总体来看，专业综合评价占目标值的66.25%，在专业建设方面得分率为62.14%，在教学改革与管理方面得分率为51.9%，在人才培养质量方面得分率为74.53%，在教科研与社会服务方面得分率为75.4%。其中，最薄弱的环节是教学改革与管理，应该引起专业重视，教学改革与管理是人才培养的核心环节，决定着人才培养质量。今后，专业建设过程中应该将教学改革与管理作为重点工作来抓。专业课程体系的完善、教学实施、教学资源建设、校企深度合作均需要加强，对照各项指标的目标值，均需要根据观测点的要求，不断地优化和改进，加强内涵建设，逐渐提升专业建设能力，培养符合社会需要的人才。具体各项评价见图7-4。

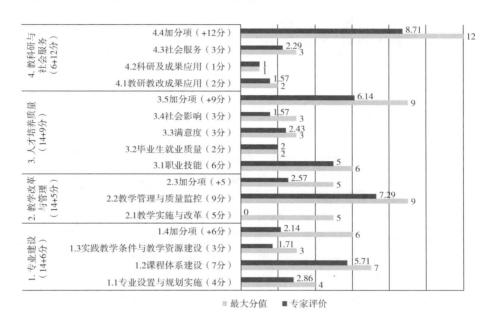

图7-4　学校对专业的评价

（三）毕业生对专业的评价

在本校2016届毕业生中，68%的毕业生认为学校在实习和实践环节方面最值得研讨和改进，53%的毕业生认为在调动学生学习兴趣方面还需要加强，认为课程内容不实用或陈旧的以及认为课堂上让学生参与不够的所占比例均为33%，学校也应对这两项内容进行改进，另外21%的毕业生认为课程考核方式不合理，也是需要改进的内容。（见图7-5）

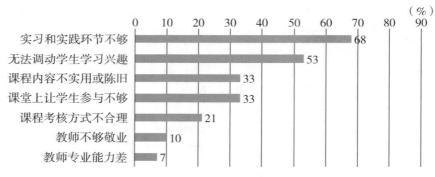

图7-5 毕业生对专业的评价

（四）用人单位评价

用人单位对本专业毕业生综合能力的满意度总体评价为93.22%，认可程度较高。其中，用人单位最看重的"敬业精神""团队精神"和"实践能力"在本次评价中分数也相对较高，分别占了88.67%、88.6%和88.56%；其次是"业务水平""组织管理能力"和"独立工作能力"。（见图7-6）但我们应该看到这6方面评价的分数仍有可上升的空间，在以后的教育教学过程中需要采取更多有效的方式方法去提升学生各方面的能力。

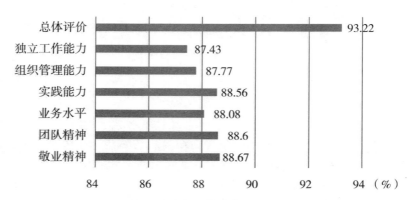

图7-6 用人单位对本专业毕业生综合能力满意度的评价

三、专业改进计划

通过专业诊断，找到本专业在建设过程中存在的不足及要改进的地方，在以下方面应逐渐完善。

（一）专业课程成果的调整

根据用人单位的反馈，应该在应用和协作学习维度、公民和全球学习方面进行优化，通过课程内容的调整，课程成果的调优，来满足用人单位的需要。

（二）专业社会服务能力的提升

评价显示，专业为企业解决技术问题的能力以及员工培训能力有待提高；专业教师在提升自我教科研水平的前提下，应与企业合作，提高为企业提供社会服务的能力。

（三）专业社会影响

专业建设过程中应当抓内涵建设，在提高人才培养质量的前提下，扩大社会影响力，提高社会知名度，在为社会培养高技术技能人才、满足各方需求的同时，不断提高专业的社会认可度。

专业诊断是一个系统性的工程，应该以"需求导向、自我保证、多元诊断、重在改进"为方针，建立常态化的内部质量保证体系和可持续的诊断与改进工作机制，不断提高人才培养质量。

第八章 基于 DQP 的课程设计

课程规范是基于 DQP 研究与探索的基础上引申出来的新概念，与俗称的"课程标准"内涵一致。不同的是，这里所提及的"课程规范"是基于成果导向理念设计的，是用来作为课程设计及实施的指导性文件。想要了解课程规范的含义、结构及意义，必须先明确其他一些教学指导文件的含义，包括教学大纲、课程标准等，并在理解其含义的基础上了解课程规范与它们之间的联系与区别。这里所提及的课程规范是基于美国学历资格框架（DQP）专业规范基础上所匹配的课程教学指导性文件。在后面的实务与案例分析中，我们还将提供黑龙江职业学院基于 OBE 理念的课程标准给大家学习参考。大家可以在这两种框架、模式的基础上参考、借鉴。

第一节 课程规范的内涵

一、教学大纲与课程规范

（一）教学大纲

教学大纲是指每门学科的教学纲要，包括教学目的、教学要求、教学内容以及讲授和实习、实验、作业的时数分配等。根据教学计划，以纲要形式规定一门课程教学内容的文件，应包括这门课程的教学目的、任务，教学内容的范围、深度和结构，教学进度以及教学法上的基本要求等。列入教学大纲的教材的广度和深度，一般应是学生必须达到的最低标准。教学大纲是编写教科书以及教师进行教学的主要依据，也是检查和评定学生学业成绩并衡量教师教学质量的重要标准。

（二）课程标准

课程标准是规定某一学科的课程性质、课程目标、内容目标、实施建议

的教学指导性文件。课程标准与教学大纲相比，在课程的基本理念、课程目标、课程实施建议等几部分阐述得详细、明确，特别是提出了面向全体学生的学习基本要求。

如上所述，教学大纲是对学生学习必须达到的最低标准做出了规定；课程标准对课程性质、目标及内容都做了相对详细的解释和说明，体现出对学习目标、学习内容、学生达到能力的基本要求。而作为 DQP 框架研究过程中引申出来的课程规范，则对课程学习目标、学习内容及学习成果有了更为详细具体、更高层次的要求，从课程总体目标的设计到课程预期学习成果的形成、考核方式的确定等都更加明确，能让教师与学生对课程学习要素及过程一目了然。

二、课程规范的概念

课程规范是基于 DQP 框架下，学校、教师、学生 3 个平等主体之间达成的一种基于成果导向理念设计的用于课程教学的指导性文件，与当前俗称的课程标准内涵一致。

根据此概念可以明确以下 3 点。

（1）课程规范是指导性文件，用于指导专业各科课程教学设计及教学实施，具有一定的规范性。

（2）课程规范必须在 DQP 框架指引下进行设计及应用，不能脱离 DQP 框架下的 5 大学习领域而单独存在。

（3）课程规范体现学校、教师、学生 3 个平等主体之间的关系，并具有一定的约束力。学校对专业人才培养的目标设定及培养过程，教师对课程内容的设计、实施与目标考核等，学生对课程预期学习成果（SOC）的理解与形成，都可以通过指导课程教学的课程规范来实现。

三、课程规范的特点

（一）制定模式统一，不分专业

课程规范具有统一的形式与结构，各个专业根据专业规范及每门课程的内容、特点、成果要求等制定课程规范。

（二）是与学生之间关于课程学习的契约关系

课程规范是用于指导课程教学的规范性文件，教师须在新学期课程开始前向学生明确解释课程规范的每一项内容与条款、每一个预期学习成果的对

应知识点、完成形式及时间、考核要求等。学生须在教师解释的基础上对课程规范有清晰的认知和理解,知道自己要学什么、要怎么学、要形成什么学习成果、学习成果将会被如何评价等。师生双方必须达成一致,方可进行课程实施。因此,课程规范对于教师和学生来说是一种关于课程学习的契约,课堂上的师生关系变为契约关系,课程规范对师生教与学的行为显示出一定的约束力。

(三)可根据课程预期学习成果(SOC)实现情况进行动态调整

课程规范虽有统一的形式与结构,其内容在一段时间内也需要保持相对的稳定性,但随着课程实施过程中教学内容的调整、学习成果更加精确的提炼、考核方式的变化等,需要对课程规范进行相应的动态诊断与调整,以求更加科学、合理。

第二节 课程规范的结构

课程规范的结构包括课程基本信息、课程总体目标(POC,也可称为"专业预期学习成果")、课程预期学习成果(SOC)、教学内容、教学方式与手段、考核方式、教学资源 7 个部分。每个部分的作用都不同,详见表 8-1。

表 8-1 课程规范的结构及其作用

序号	结构	作用
(一)	课程基本信息	让学生了解本课程的基础信息,包括学分、学期以及课程定位与作用等
(二)	课程总体目标(POC)	用来支撑专业规范中的 POC,主要反映学习本课程后学生能够掌握哪些专业技术技能
(三)	课程预期学习成果(SOC)	用来支撑课程规范中的 POC,主要反映学生在学习课程后需要形成哪些显性的学习成果
(四)	教学内容	根据课程规范中的 POC 及 SOC 设计学生需要学习哪些教学内容
(五)	教学方式与手段	教师采用何种教学方式
(六)	考核方式	对学生学习过程的考核与评价,包括考核方式与评价标准
(七)	教学资源	学习课程所借助的各种教学资源

一、课程基本信息

这部分内容包括以下 4 点：

（1）课程名称与课程类别（课程属于专业基础课、核心课、限选课、综合实践课的哪一类）。

（2）课程学分值及学习阶段（属于第几学期课程）。

（3）该课程的先修、共修及不可共修课程（用以明确课程地位及与其他课程之间关系）。

（4）课程的定位及作用。

课程的定位及作用是课程基本信息中最为重要的一部分，需要从专业人才培养的角度来分析为什么要开设这门课程，以及课程在学生将来的专业和个性发展过程中会产生什么影响或作用。

例如，"品类管理实务"课程规范中的基本信息见表 8-2。

表 8-2 "品类管理实务"课程规范中的基本信息

课程名称	品类管理实务
课程类型	专业核心课
学分值	4
所属学期	第 3 学期
先修的课程	市场营销学、消费者行为学、连锁经营与管理、统计实务等
共修的课程	企业采购管理实务、仓储与配送管理、企业流程管理等
不可共修课程	无
课程的定位及作用	该课程以连锁企业实施品类管理的 8 大步骤为主线，通过对品类管理相关概念、理论、流程和案例的教学，让学生树立品类管理理念、培养学生品类定义能力、品类角色定位能力、品类评估能力、制定品类目标和选择品类策略的能力，为科学实施品类管理做好知识和能力储备

二、课程总体目标（POC）

课程总体目标（POC）是课程的主旨，需要基于专业学情分析而制定，应体现目标对人才培养能力的支撑。课程总体目标（POC）的设计会影响后续学生预期学习目标（SOC）的选择与制定、教学内容的选择、考核方式的确定等，在指导课程教学中具有十分重要的意义。

课程目标是课程设计的出发点和归宿。成果导向课程目标设计是由学生

最终取得的学习成果决定的。学习成果蓝图的建构要从内外部需求调研开始，由需求决定培养目标，培养目标决定核心能力，核心能力决定能力指标，再由核心能力及能力指标确定课程体系与课程目标。课程目标是从某一门或几门学科的角度所规定的人才培养的具体规格和质量要求。能力指标的实现依托于课程目标的达成。课程目标设计的具体路径为：第一步，调研内外部需求，确定需求的主要向度及内涵，制定人才培养目标与核心能力。外部需求主体为国家、社会和行业、用人单位等，内部需求来源于教育教学规律、学校的办学思想与办学定位、教学主体（学生与老师）的需要等。培养目标主要由外部需求决定，核心能力主要由内部需求决定。第二步，根据核心能力确定能力指标。能力指标与核心能力应有明确的对应关系，并且这种对应关系具有不可逆性，即由一个核心能力发展出数项能力指标，但一项能力指标不可以对应多个核心能力。能力指标数量以核心能力的 2～6 倍为原则，至少由两部分构成，即行动动词与内容，行动动词的描述力求层次能充分呼应能力指标。第三步，根据核心能力及能力指标确定课程结构与课程目标。课程体系中的每门课程都应对学生的核心能力有确定的贡献，在核心能力权重分配中占据适切的比例。课程目标与能力指标互相呼应，课程目标可采取条目式表述，涵盖知识、技能、素养领域。多个课程目标可对应一个能力指标，一个课程目标不能对应多个能力指标。课程目标是教师引导学生必须达成的最低标准，因此应有超过 70% 的学生能够达成。

在设计课程总体目标（POC）的过程中需要注意以下几个方面。

第一，课程总体目标（POC）的设计主要应体现为学生通过课程的学习能够掌握哪些基本的专业技术技能。通过 POC 的描述可以让教师、学生对本课程人才培养的具体能力有非常清晰的认知。

以"企业行政管理实务"课程为例，其课程总体目标（POC）在专业学情分析过程中发现，学生毕业后基本不想（实际上也很少）去工厂就业，绝大部分是在中小企业（公司）从事办公性事务工作。因此，在课程目标设计方面会侧重于办公行政事务，较少设计后勤行政类事务（如宿舍、食堂、户外清洁、安全保卫等）。接下来，在课程总体目标的设计上就会侧重于办公行政事务处理能力的培养，具体表现为：

（1）描述企业行政管理领域涉及的事务职能及辨别其业务与管理特点，提供至少一个实例。（POC1.1；学分数：0.8）

（2）应用人力资源管理及企业行政管理领域的工具、技术和方法去解决企业日常行政事务管理工作中涉及的关键问题。（POC1.2；学分数：0.5）

（3）基本上无差错地完成企业日常行政事务管理工作中涉及的公文、制

度、方案、演示等内容。（POC1.3；学分数：1.2）

第二，在设计课程总体目标（POC）时，注意 POC 描述应该与专业规范中的 POC 描述相对应。

专业规范与课程规范属于"父与子"的关系，专业规范是指导各门课程规范制定的纲领性文件，专业规范中的 POC 是用来支撑整个专业人才培养能力的，但其 POC 的达成必须通过各门课程规范中详细具体的 POC 来实现。以"工商企业管理"专业规范中的 POC1.3 为例，其面向该专业学生能力培养的描述是"基本上无差错地做出市场调查、市场定位、商品采购、仓储配送、企业流程管理、商品管理、电子商务运营以及涉及企业人、财、物管理等领域的方案或计划，如制订商品采购计划、门店拓展计划等，并能够进行演说展示"。此 POC 明确说明工商企业管理专业学生能够准确、客观地做出本专业学习领域内的各类方案、计划并可以演说、展示，但具体要做什么、怎么做还需要课程目标来配合完成。工商企业管理专业课程"品类管理实务"就有相应的 POC 与之相对应。在该课程的 POC1.3 中，规定了学生学习课程后，能"基本上准确设计商品组织结构图和品类评估表等"。一方面，课程规范中的 POC 与专业规范中的 POC 有了明确的对应关系；另一方面，通过课程目标（POC）的设计，使学生更加明白自己具体应该做什么。

专业规范与课程规范中的 POC 对应关系见表 8-3。

表8-3　专业规范与课程规范中的 POC 对应关系（例）

专业规范的 POC1.3	基本上无差错地做出市场调查、市场定位、商品采购、仓储配送、企业流程管理、商品管理、电子商务运营以及涉及企业人、财、物管理等领域的方案或计划，如制订商品采购计划、门店拓展计划等，并能够进行演说展示
"品类管理实务"课程规范的 POC1.3	基本上准确设计商品组织结构图和品类评估表等

第三，在设计课程总体目标（POC）时，学分值的分配应明确。

学分值的大小意味着为某一个学习知识点所付出的努力程度。在某一知识点上付出的努力程度越高，这个知识点上所赋予的学分值就相对较高，反之亦然。在分配各个 POC 学分值时应该考虑两个方面。

（1）是否 DQP 的每一个学习领域、每一个专业规范 POC 都应该有学分分布？

这个答案是否定的，各门课程需要根据课程内容与目标来确定在哪些学习领域内有学分分布，在哪些专业规范POC中有学分分布。比如有些专业综合实训课，学分主要分布在专门知识领域、广泛和融合的知识领域、智力技能领域，而在公民和全球学习领域就没有学分体现。同样，在专门知识领域内，对应每一个POC的学分也不会平均分配，在POC1.1、POC1.2中就有分布，而在POC1.3中就没有学分等。

（2）每个课程总体目标（POC）能分配的学分值是多少？

通常，根据POC的要求与后期完成预期学习成果（SOC）所付出的努力来确定具体的学分值。按照18课时折算为一个学分来分配，根据每个SOC的教学时间来计算相应的学分值。

三、课程预期学习成果（SOC）

课程预期学习成果（SOC）是学生在学习完课程后形成的具体的、可视化的学习成果。这些学习成果的形式可以多种多样，例如设计方案、演示视频、实物或其他等。SOC直接反映学生对知识点的理解、掌握及应用程度。

对课程预期学习成果（SOC）的设计，需要考虑以下几个方面。

第一，必须根据课程规范中的POC来设计SOC。

SOC是具体的、可视化的学习成果，是对课程规范中POC强有力的支撑，每一项SOC都是学习能力与学习效果的体现，同时POC学习能力的达成需要通过SOC这样的载体或形式来展示。

但也需要明确，POC与SOC之间并不是一对一的关系。这意味着同一个POC可能会对应不同的SOC，同一个SOC也可能会对应不同的POC，具体对应关系可见图8-1。

第二，SOC的展示载体与形成方式可多元化。

SOC作为学生修习课程后的学习成果，其依托的学习、展示载体可多元化，例如通过项目、任务、学习情境、分组讨论、案例分析等方式来进行；其最终完成形式也可通过各类计划、方案、视频、PPT、情境演绎、实物作品等来表现，对比传统课程成果形式更能激发学生学习主动性与积极性。

第三，描述SOC时需要注意动词的选择。

根据美国当代著名教育家、心理学家布鲁姆提出的教育目标体系构成理论，教育目标被划分为认知领域、情感领域和操作领域3个领域，并把每个领域的教学目标由低到高分成几个层次，为进一步研究教学目标分类奠定了基础。在分析、借鉴的基础上，结合我国教学实际的目标分类，确定了学习水平与行为动词的基本要求，按照结果性目标与体验性目标来陈述，并确定相应的学习水平，规定了适当的行为动词，见表8-4。

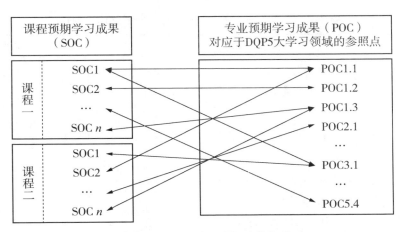

图 8-1　SOC 与 POC 对应关系

表 8-4　描述 SOC 时需注意选择适当的行为动词

	1. 编写认知目标可使用的动词
知道	举例、复述、排列、背诵、辨认、回忆、选择、描述、标明、指明……
领会	分类、叙述、解释、鉴别、选择、转换、区别、估计、引申、归纳、猜测……
应用	运用、计算、示范、改变、阐述、解释、说明、修改、制定……
分析	分类、比较、对照、图示、区别、检查、指出、评析……
综合	编写、写作、创造、设计、组织、计划、归纳、总结……
评价	鉴别、比较、评定、判断、总结、证明……
	2. 编写技能学习目标可使用的动词
感知能力	旋转、屈身、保持平衡、接住、踢、移动……
体力	提高耐力、迅速反应、举重……
技能动作	演奏、使用、装配、操作、调节……
有意交流	用动作、手势、眼神或脸色表达×××感情……
	3. 编写情感学习目标可使用的动词
接受	听讲、知道、看出、注意、选择、接受、赞同、容忍……
反应	陈述、回答、完成、决定、影响、支持、辩论、论证、判别、解释、评价……
组织	谈论、组织、判断、确定、建立、选择、比较、定义、系统阐述、决定……
价值与价值体系的性格化	修正、改变、接受、判断、拒绝、相信、继续、解决、贯彻、要求、抵制、认为……

表 8-5 "企业行政管理实务"课程部分 SOC(例)

编号	内容	学分	对应的 POC
SOC1	举例阐述企业行政管理中通常涉及的事务职能及自己对该事务职能特点的认知及评价	0.2	POC1.1
SOC2	举例阐述企业行政管理中的固定资产及其分类	0.1	POC1.1
SOC3	辨识企业办公室内外常用的绿色植物并举例描述各自的摆放特点	0.1	POC1.1
SOC4	举例阐述办公用品采购及报销流程	0.2	POC1.1
SOC5	阐述企业 eHR 系统的常用功能	0.2	POC1.1
SOC6	分析企业行政管理工作中的一些关键问题并提出解决方案(差旅费用管理问题、前台接待来访问题)	0.5	POC1.2

四、教学内容

教学内容作为课程的核心部分,是用以支撑课程预期学习成果(SOC)的具体学习内容,包括知识点、技能点及其他组成的模块或者单元。在 DQP 框架研究下的教学内容与以往传统的课程教学内容会有很大区别,这种区别不是源于教材的不同,而是在内容的选择上会充分考虑到课程学习目标与课程预期学习成果(SOC)的关系:既要充分实现 POC 与 SOC 的设计,又要在整个专业课程体系中与其他课程保持关联,存在学习逻辑关系。

首先,应该根据 POC 与 SOC 的内容来整合课程内容。从以往很多专业教学内容来看,有很多课程的内容具有一定的相似性或重复性,这在教学过程中很容易使学生产生迷惑:到底每门课程的学习核心知识点是什么?这就需要考虑课程规范中对这门课程的具体 POC 与 SOC 设计的问题,根据 POC 与 SOC 目标来进行教学内容的筛选,专业教师团队可以根据 POC 与 SOC 的归类来实现教学模块或单元的确定。这样既可以避免对学生教授重复的知识点,又可以突出每门课程的学习重点及学习目标。

其次,教学内容应该与 SOC 直接对应。SOC 是预期学习成果,学生所学习的一切都是为了在学习过程中形成课程规范中所设计的各个 SOC 成果。换言之,SOC 成果是整个学习过程的重点和中心点。因此,所有的教学内容都应该从 SOC 学习目标出发来进行选择，与 SOC 无关的内容就需进行删减处理。

最后，教学内容所匹配的课时数应当根据 SOC 学习成果的完成水平来确定。在每个学期每门课程的总课时数一定的前提下，每个模块或单元的教学内容到底应该匹配多少学时，并不是随意安排，而是要根据此教学知识点所支撑的 SOC 学习成果的完成水平来确定，包括 SOC 学习成果的完成时间长短、完成的难易程度、完成的具体形式等。以"企业行政管理实务"课程为例，具体的教学内容、课时分配及对应的 SOC 见表 8-6。

表 8-6 "企业行政管理实务"课程教学内容安排

编号	内容	课时	对应的 SOC
单元一	企业行政管理概述 ——企业行政管理的概念 ——企业行政管理的具体职能 ——企业行政管理涉及岗位的通用职责	4	SOC1
单元二	办公行政实务 ——公司前台接待的事务处理 ——办公设备使用及维修 ——办公室文书处理 ——证照与档案管理 ——办公费用控制 ——办公室绿化清洁 ——办公用品采购	24	SOC3 SOC4 SOC6 SOC7 SOC9 SOC10
单元三	5S ——5S 的概念与内涵 ——5S 管理操作示范	4	SOC8
单元四	固定资产分类与盘点 ——固定资产定义及分类 ——固定资产实物管理要素 ——固定资产实物盘点	8	SOC2 SOC11
单元五	企业 eHR 系统 ——企业 eHR 软件介绍 ——企业 eHR 软件简单操作	8	SOC5 SOC12

五、教学方法与手段

科学、合理的教学方法与手段是学生有效达成课程预期学习成果的重要组成部分。在教学过程中采用何种教学方式及手段应根据课程规范中设定的 SOC 学习目标的内容和要求来进行选择,同时并不拘泥于单一的教学方法。例如,对于体现理论知识理解或掌握的 SOC,主要采用讲授的方式,同时建议辅助案例作为支撑;对于体现知识点应用,解决实际问题的 SOC,主要采用问题导向的讲授方法,并配以情景模拟、角色扮演、现场实训等方式来增强学生的工作认知和应用能力;对于动手能力训练的 SOC,建议采用任务导向教学方法,并在学生完成任务过程中进行指导,在学生完成任务后进行点评,见表 8-7。

表 8-7 教学方法举例

预期学习成果	讲授	案例分析	任务导向	现场实训	分组讨论
SOC1	Y	Y	Y	Y	Y
SOC2	Y	Y	Y	Y	Y
SOC3	Y	Y	Y		Y
SOC4	Y	Y			Y
SOC5	Y	Y	Y		Y
SOC6	Y	Y	Y		Y

六、考核方式

基于 DQP 框架研究的课程内容、教学方式与手段确定后,就必须考虑制定对课程学习成果及效果的评价方式及标准。考核内容应涉及两个方面:一是常规的课堂管理,主要包括课堂出勤情况、课堂参与表现、纪律表现等。二是课程管理,主要指对预期学习成果(SOC)的评价。对 SOC 的评价应该先确定每个 SOC 的完成形式,并列明对 SOC 的具体评价标准。同时,每门课程因为对 SOC 的内容及完成水平不同,建议采用不同的评价方式及标准。

例如,"品类管理实务"SOC1 的评价方式及标准。

SOC1 的内容:合理设计商品组织结构表。

SOC1 的完成形式:为纸质版的商品组织结构图或结构列表。

(需结合校内产教融合基地真实项目训练才能完成)

评价标准:(1)能准确确定商品层级划分。(30%)
　　　　　(2)能分析门店商品结构的宽度和深度。(40%)
　　　　　(3)分析过程合理。(20%)
　　　　　(4)提出创新性的商品结构建议。(10%)

预期学习成果	书面作业	实训结果	讨论	总结报告	考试
SOC1	√	√	√		√

七、教学资源

这部分主要包括自行建设或选用的教材、软件、硬件等方面的教学资源,比如教材、参考资料、教学设备与仪器、各种教学工具及软件、信息化网络课程等。

八、实例

此处提供广东岭南职业技术学院殷明博士所制定的《公司概论课程规范》实例供大家学习、参考。

课程名称:公司概论
所属专业:人力资源管理
编制人:殷明
二级学院审核人:×××、××
二级学院审核日期:2018-10-10

"公司概论"课程属于广东岭南职业技术学院人力资源管理专业的专业基础课程。使学生理解与掌握公司有关基本概念、公司运行的基本要求、公司营运的一般组织分工等,为后续专业课程的学习打下坚实的基础。课程规范如表8-8所示。

表8-8 "公司概论"课程规范

课程编码	××××
课程名称	公司概论
学分值	3
程度	暂时不用

(续表 8-8)

先修的课程	无
共修的课程	无
不可共修的课程	无

主旨	学生理解与掌握公司相关基本概念、公司运行的基本要求、公司营运的一般组织分工等，为后续专业课程的学习打下坚实的基础 通过本课程的学习，要求学生具体能够： 1. 采用概念辨析的方式，阐述与"公司"有关的重要概念（POC1.1；学分数：0.3） 2. 应用《公司法》及其他相关法规，分析公司运作过程中涉及的问题（如公司设立与登记等），提出相应对策（POC1.2；学分数：0.4） 3. 完成相关文案编制、实施一个调查项目（如设计一份简要的虚拟公司章程、实施公司调研）（POC1.3；学分数：0.3） 4. 描述我国《公司法》的演变重点及意义（POC2.1；学分数：0.2） 5. 在公司治理与经营者激励和约束领域，描述一个关键性的争议问题，并用所学知识阐述自己对该问题的见解（POC2.2；学分数 0.4） 6. 在实操性任务中（实施项目调查），使用所学习的多个领域的公认方法，如依据的收集与评估、本课程中的一些知识、管理学中的一些原理等（POC2.3；学分数 0.4） 7. 就公司运作中的各种不法行为或恶意行为，举出两个真实的事例，进行分析并阐述自己的观点（POC5.2；学分数：1.0）

预期学习成果（SOC）	在完成课程后，学生将会		
	编号	具体内容	对应的 POC
	SOC1	能够描述我国《公司法》的演变重点及意义，并辨析与"公司"有关的重要概念，如企业、公司、个人独资企业、一人有限公司、有限责任公司、股份有限公司、公司法人、公司法定代表人等	POC1.1 POC2.1
	SOC2	能够结合模拟公司，阐述公司设立与登记的流程及相关手续及文件，以及可能遇到的问题	POC1.2
	SOC3	就公司运作中的各种不法行为或恶意行为，举出两个真实的事例，进行分析并阐述自己的观点，并应用《公司法》及相关法规的重要条款，提出相应对策	POC1.2 POC5.2

(续表8-8)

<table>
<tr><th colspan="2"></th><th colspan="2">在完成课程后,学生将会</th><th rowspan="2">对应的POC</th></tr>
<tr><th colspan="2"></th><th>编号</th><th>具体内容</th></tr>
<tr><td rowspan="3">预期学习成果(SOC)</td><td></td><td>SOC4</td><td>在公司治理与经营者激励和约束领域,描述一个关键性的争议问题,并用所学知识阐述自己对该问题的见解</td><td>POC2.2</td></tr>
<tr><td></td><td>SOC5</td><td>能够模拟撰写一份精简的《公司章程》,编制模拟公司的商业模式、组织架构与分工</td><td>POC1.3</td></tr>
<tr><td></td><td>SOC6</td><td>能够使用所学习的多个领域的公认方法,如依据的收集与评估、本课程中的一些知识、管理学中的一些原理等,实施一个真实公司的调查(公司形式、设立概况;公司治理结构、组织架构及工作职能;公司的商业模式与业务流程;经营者激励与约束等)</td><td>POC1.3
POC2.3</td></tr>
<tr><th rowspan="4">课程内容与安排</th><th>编号</th><th colspan="2">内容</th><th>课时</th><th>对应的SOC</th></tr>
<tr><td>单元一</td><td colspan="2">公司相关基本概念
——企业与公司
——公司分类
——公司法人
——公司产权</td><td>10</td><td>SOC1</td></tr>
<tr><td>单元二</td><td colspan="2">公司的运作
——公司设立与登记
——公司变更
——公司破产与清算</td><td>14</td><td>SOC2
SOC3
SOC6</td></tr>
<tr><td>单元三</td><td colspan="2">公司的组织与管理
——公司章程与治理结构:经营者激励与约束
——公司赢利模式与价值链业务流程
——公司组织架构与分工</td><td>24</td><td>SOC4
SOC5
SOC6</td></tr>
</table>

（续表 8－8）

<table>
<tr><th rowspan="9">与预期学习成果配对的教学方法</th><td colspan="6">课程采用讲解、问题导向、任务导向、案例分析、实体调研等方法。在课程中要求学生采用学习小组模拟公司的方式，以增强学生的参与感</td></tr>
<tr><th rowspan="2">预期学习成果</th><th colspan="5">教学方法</th></tr>
<tr><th>讲授</th><th>案例分析</th><th>问题导向</th><th>任务导向</th><th>实体调研</th></tr>
<tr><td>SOC1</td><td>Y</td><td></td><td>Y</td><td></td><td></td></tr>
<tr><td>SOC2</td><td>Y</td><td>Y</td><td></td><td>Y</td><td></td></tr>
<tr><td>SOC3</td><td>Y</td><td>Y</td><td></td><td></td><td></td></tr>
<tr><td>SOC4</td><td>Y</td><td>Y</td><td>Y</td><td></td><td></td></tr>
<tr><td>SOC5</td><td>Y</td><td></td><td></td><td>Y</td><td></td></tr>
<tr><td>SOC6</td><td>Y</td><td></td><td></td><td></td><td>Y</td></tr>
<tr><th rowspan="10">与预期学习成果配对的评核方法和评核标准</th><td colspan="6">评核方法有：
系列一：课堂出勤、课堂参与表现、课堂纪律行为
系列二：书面作业</td></tr>
<tr><th>评核内容</th><th colspan="2">评核标准</th><th colspan="2">评核方法</th><th>权重（%）</th></tr>
<tr><td>课堂出勤与参与率</td><td colspan="2">全勤
积极思考和回答问题
无违反课堂纪律行为</td><td colspan="2">点名
抽查问答
课堂监督</td><td>10</td></tr>
<tr><td>SOC1</td><td colspan="2">概念正确、清晰</td><td colspan="2">书面作业</td><td>20</td></tr>
<tr><td>SOC2</td><td colspan="2">流程无重大缺漏或顺序颠倒，配套的文件正确</td><td colspan="2">书面作业</td><td>10</td></tr>
<tr><td>SOC3</td><td colspan="2">应用相关条款匹配并正确</td><td colspan="2">书面作业</td><td>15</td></tr>
<tr><td>SOC4</td><td colspan="2">问题表述清晰，见解清晰，依据有逻辑</td><td colspan="2">书面作业</td><td>15</td></tr>
<tr><td>SOC5</td><td colspan="2">无重大缺漏，无违法表述</td><td colspan="2">书面作业</td><td>15</td></tr>
<tr><td>SOC6</td><td colspan="2">调查无重大缺漏
运用知识匹配</td><td colspan="2">书面作业</td><td>15</td></tr>
</table>

(续表 8－8)

与预期学习成果配对的评核方法和评核标准	对评核方法的详细解释： （一）学生课程及格的条件（以下条件必须同时达到或满足） （1）旷课不超过 6 小节（小于等于 6 小节） （2）在每一个 SOC 评核的加权平均得分达到评核满分（100 分）的 60% （3）每个 SOC 的个人成绩不低于 40 分 上述三个条件有一个达不到者，本课程不及格。若条件（1）未达到，课程成绩计 0 分；若条件（3）未达到，课程成绩按最低成绩 SOC 的分数计 （二）相关要求及解释 （1）评核系列一占总分的 10%（其中课堂出勤占 5%、课堂参与表现占 3%、课堂纪律行为占 2%）。迟到、早退一次扣 10 分，旷课一次扣 20 分。课堂参与一次得 10 分。发生一次违反课程纪律行为（如睡觉、吃东西、玩手机、打闹等）扣 10 分 （2）评核系列二占总分的 90%（原则上按每个 SOC 的成绩与学分值取加权平均） （3）四人组或六人组作业的成绩，由组员相互评分后，再加权平均计算每个组员的成绩 （4）每个同学若有一个 SOC 的原始分达到 90 分，则可获得一次本人 SOC 重做或迟交的机会 （5）具体考核任务与评分标准，课上讲授时介绍 （6）因旷课原因而造成的挂科，无补考机会，直接重修；其他原因造成的挂科，所有不及格的单项学习成果（SOC），每项重新提交一份"完成证据"，按照原有评分依据评分后，代入考核要求重新计算评核

预期的学生需要付出的努力	学习时间	
	1. 指导学习和实操（课上）	48
	2. 其他学习（课外）	
	（1）扩展实训作业	48
	（2）课前、课后查询相关专业资料	24
	（3）查询	24
	总数	144

参考文献和资料	本课程所用教材为：刘美玉编，教育部人才培养模式改革和开放教育试点教材：《公司概论》（第 2 版） 参考资料： 1.《公司法》及相关法规 2. 网络或报纸的案例

第九章 基于 OBE 理念的人才培养方案设计[①]

第一节 基于 OBE 理念[②]的人才培养方案设计指南

在大家认识了基于 DQP 背景的人才培养方案后，我们再向大家提供一个基于 OBE 的专业人才培养设计实例，大家可以对比分析，采集各自类型中的优点。关于美国学历资格框架（DQP），前面已经给大家做了比较详细的介绍，关于成果导向教育理念以及人才培养方案，在前面也做了详细的介绍，在这里不赘述，而是更多地引用实例予以分享。美国学历资格框架（DQP）是一个完整的学历资格框架，已经具备了成果导向教育理念和学分制基础，是一个比较完整的学历资格教育框架。而基于 OBE 理念的专业人才培养设计更多的是在成果导向理念的基础上阐述基于 OBE 理念的人才培养方案如何制订的问题。当然，在课程设置中也对应地匹配相应的分值，传统人才培养方案也一样配置分值，但是其分值更多的是基于学年学分制的基础来设计的，重点是明确和理顺学生在专业、课程学习中的能力描述、配置、逻辑等。在这里以某职业学院基于 OBE 理念编制的人才培养方案作为实例供大家参考。受时间和应用中不断创新的因素影响，材料以现有材料为准。

---

① 关于本章节所涉及 OBE 理念的专业与课程设计有关理论，可参阅王晓典等《成果导向高职课程开发》（高等教育出版社 2016 年版），本章更多的是以案例来说明。

② OBE 理念指成果导向教育理念，其理念与原理可参阅申天恩等《论成果导向的教育理念》（《高校教育管理》2016 年第 8 期）及其他有关材料。

第二节 基于OBE理念的人才培养方案设计实例

（以某职业技术学院市场营销专业2018年版为例）

一、专业名称和专业代码

专业名称：市场营销专业。
专业代码：630701。

二、入学要求

应、往届高中阶段毕业生。

三、修业年限

标准学制3年，实行弹性学分制，学习年限为2～5年。

四、职业面向

所属专业大类	所属专业类	对应行业	主要职业类别	职业岗位类别	职业资格证书
财经类63	市场营销类620401	农业、商贸流通业51	销售人员GBM4－1、商务专业人员GBM3－12	初始岗位：营销策划员、市场调研员、销售员和业务代表、客户服务、网络营销员；发展岗位：市场营销基层团队领导；迁移岗位：行政、客服、售后管理	助理营销师、职业店长等

五、培养目标和培养规格

（一）培养目标

市场营销专业立足广东，面向农业、商贸流通业等各类企事业单位，培养信念坚定，德、智、体、美、劳全面发展，具有一定的科学文化水平，良好的人文素养、职业道德和创新意识，较强的就业能力和可持续发展能力，并具有创新创业能力，具备营销策划、市场调研、客户服务与管理、推销谈

判、新媒体运营、品牌管理等知识，能胜任营销项目策划、市场开拓、企业经营、品牌管理、销售管理的高素质劳动和技术技能型人才。

（二）培养规格

1. 素质

（1）具备良好的职业道德、诚信品质、敬业精神和责任意识。

（2）具备良好的身体素质和健康的心理素质，能自我调控、建立和谐的人际关系。

（3）具备强烈的进取心，能树立积极的人生观和世界观。

（4）具备较高的文化品位和艺术修养，得体的仪态，正确的审美意识、审美情趣和美感。

（5）具备良好团队合作精神和创新意识。

2. 知识

（1）掌握接受职业技能教育和接受继续教育的文化基础知识。

（2）掌握市场营销学、管理学、经济学、财会、经济法等学科的基本理论和基本知识。

（3）掌握消费者心理、市场调查、市场营销、商务谈判、广告策划、客户服务与管理、推销技巧、品牌管理、网络营销、新媒体运营、农产品营销策划、农产品储藏加工与物流、农产品经济地理等基本理论和基本知识。

（4）了解与市场营销有关的法律、法规和政策。

（5）掌握一定的学科背景知识和一定的人文社科知识。

3. 能力

（1）专业能力。

a. 具备企业通用管理的基本能力。

b. 办公室自动化设备的使用与维护能力。

c. 商务接待能力。

d. 客户关系管理能力。

e. 商品销售能力、谈判能力、市场调查与分析能力、营销策划和市场推广能力、运用新媒体媒介、品牌管理、营销管理能力等基本能力。

f. 掌握资料查询、信息获取的基本方法。

g. 具备自我学习能力、数字应用与信息处理能力。

（2）社会能力。

a. 具备勤思、善问、明辨、躬行、诚实、守信、吃苦、敬业的基本职业能力。

b. 能了解本专业的理论前沿和发展动态能力。
c. 具有较强的创新意识和创业能力。
d. 团队协作和社会活动的能力。

（3）方法能力。

a. 能有独立完成岗位工作的设计建构能力。
b. 通过自学获取新知识和新业务的能力。
c. 不断总结提升，以满足岗位需求的能力。
d. 信息获取、加工与处理利用能力。
e. 计算机及电子商务应用的能力。
f. 语言和书面表达能力。

六、能力指标和权重分配

本专业所要求具备的能力指标如表9-1所示。

表9-1 市场营销专业能力指标

学校核心能力	商学院核心能力指标	市场营销专业核心能力指标
A. 沟通整合	A021 具备能创造良好的团队协作关系，进行有效的沟通与管理的能力	A0211 具备流畅的口头表达、文字表达的能力，能进行良好的营销沟通，规范撰写商业文书
	A021 具有现代服务业领域的资源整合的能力	A0212 具有团队合作意识，能进行团队管理
B. 学习创新	B021 具备能实时关注现代服务业变化与发展动态，分析并运用市场信息的能力	B0211 具备收集、整理和分析市场信息的能力，能够准确把握市场环境
	B021 具备创新意识与创业的能力	B0212 具备创新意识与创业的能力
C. 责任担当	C021 具备关怀他人、与人为善的态度和行为	C0211 具备人文关怀和独立思考的能力
	C021 具有自我激励、承担责任的能力	C0212 具有商业文化、人文艺术、信息安全等职业素养
D. 专业技能	D021 具备树立商业思维、掌握商业活动技能的能力	D0211 具备商业思维，掌握开展市场营销活动基本技能
	D021 具备运用知识与技能，按标解决商业活动中常见问题的能力	D0212 掌握企业市场营销的基本流程，具备各类营销策划能力，灵活运用各种媒介进行营销策划的能力

177

(续表 9-1)

学校核心能力	商学院核心能力指标	市场营销专业核心能力指标
E. 问题解决	E021 具备发现并分析经营管理过程中存在的问题的能力	E0211 具备精准定位、品牌管理的意识和基本能力
	E021 具备运用所学知识解决现实问题的能力	E0212 具备良好的现代服务意识,以及解决商业服务过程中的现实问题的能力
F. 职业素养	F021 具备遵守商业职业规范、诚实守信,自利利他的商道精神	F0211 具备遵守商业职业规范、诚实守信,自利利他的商道精神
	F021 具备适应现代职业服务业环境及岗位变迁的能力	F0212 具备适应现代市场营销环境,遵守商业法律法规及工作规范,较强的适应岗位变迁和抗压能力

学校核心能力权重分配如表 9-2 所示。

表 9-2 学校核心能力权重分配

核心能力	A. 沟通整合	B. 学习创新	C. 责任担当	D. 专业技能	E. 问题解决	F. 职业素养
校级核心能力权重	10.00%	15.00%	10.00%	35.00%	20.00%	10.00%
校级通识能力权重	20.00%	15.00%	25.00%	10.00%	10.00%	20.00%
校级通识课程比重	0.25	0.25	0.25	0.25	0.25	0.25
专业课程比重	0.75	0.75	0.75	0.75	0.75	0.75
专业能力权重	6.67%	15.00%	5.00%	43.33%	23.33%	6.67%

素质通识能力指标权重分配如表 9-3 所示。

表 9-3 素质通识能力指标权重分配

核心能力		A. 沟通整合	B. 学习创新	C. 责任担当	D. 专业技能	E. 问题解决	F. 职业素养
校级通识能力权重		20.00%	15.00%	15.00%	20.00%	15.00%	15.00%
通识能力指标侧重	指标1	10	10	10	10	10	10
	指标2	10	5	5	10	5	5
通识能力指标权重	指标1	10.00%	10.00%	10.00%	10.00%	10.00%	10.00%
	指标2	10.00%	5.00%	5.00%	10.00%	5.00%	5.00%

专业能力指标权重分配如表 9-4 所示。

表 9-4 专业能力指标权重分配

核心能力		A. 沟通整合	B. 学习创新	C. 责任担当	D. 专业技能	E. 问题解决	F. 职业素养
专业能力权重		6.67%	15.00%	5.00%	43.33%	23.33%	6.67%
专业能力 指标侧重	指标 1	6	5	7	4	5	4
	指标 2	4	5	3	6	5	6
专业能力 指标权重	指标 1	4.00%	7.50%	3.50%	17.33%	11.67%	2.67%
	指标 2	2.67%	7.50%	1.50%	26.00%	11.67%	4.00%

七、课程设置及教学安排

(一) 课程教学进度安排

本书略。

(二) 课程地图

(1) "呈现年级、类别及职业生涯发展"的课程地图见图 9-1。

图 9-1 市场营销专业课程地图

（2）"鱼骨型"课程地图见图9-2。

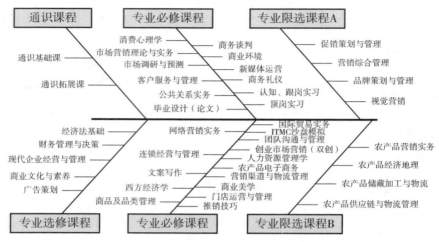

图9-2 市场营销专业课程鱼骨图

（三）课程学时

（1）学期周数分配见表9-5。

表9-5 学期周数分配

内容/周数/学期	教学	复习考试	机动	假期	全年周数
一	15	1	1	1	20
二	18	1	1	0	20
三	18	1	1	0	20
四	18	1	1	0	20
五	18	1	1	0	20
六	17	0	1	0	20

（2）课程结构比例见表9-6。

表9-6 课程结构比例

课程分类	学时及比例					
	总学时	比例	理论	比例	实践	比例
通识基础课程	668	24.50%	400	37.88%	268	16.05%
通识拓展课程	262	9.60%	112	10.61%	150	8.98%
专业必修课程	1156	42.40%	240	22.73%	916	54.85%
专业限选课程	192	7.00%	80	7.58%	112	6.71%
专业选修课程	448	16.50%	224	21.21%	224	13.41%
合　计	2726	100.00%	1056	100.00%	1670	100%

（四）实践教学环节要求

实践教学环节安排见表9-7。

表9-7 市场营销专业实践教学环节安排

序号	课程分类	实践教学环节（项目）名称	学时	学分	学期	周数	周次	地点	考核方式
1	通识课程	国防教育（军训、入学教育）	60	2	1	2	1、2	本校	考查
3	专业必修课程	认知、跟岗实习	150	5	5	5	寒假、暑假	实习基地	考查
		顶岗实习	390	13	6	13	5～18周		
4		毕业设计（论文）	120	4	6	4	1～4周	实习基地	考查
合　计			720	24	—	—	—		

（五）创新创业教育

本专业除了设置创新创业通识课程以外，还设置"创业市场营销"课程作为与专业结合的创新创业教育专业基础课程，并设立有"创业一条街"实践基地、模拟创业大赛等实训活动，并对接多项省级创新创业大赛。

（六）专业选修课程

1. 专业限选课程

本专业限选课程分为A模块、B模块，第四学期结束前，学生根据个人意愿选择其中一组专业限选课。专业限选课程开在第五学期。

A模块：品牌营销策划方向。学生通过学习"促销策划与管理""营销综合管理""视觉营销""品牌策划与管理"的课程，可以从事市场营销策划和管理的相关工作。

B模块：农产品营销方向。学生通过学习"农产品营销实务""农产品储藏加工与物流""农产品供应链与物流管理""农产品经济地理"的课程，可以从事农产品营销的相关工作。

2. 专业选修课程

第二至第五学期，学生在导师的指导下，按照教学进度表中所提供的专业选修课程中自主选修8～10门课程学习，课程选择应确保知识结构的合理性。专业选修课最低学分要求为28学分。专业选修课程逻辑关系如图9-3所示。

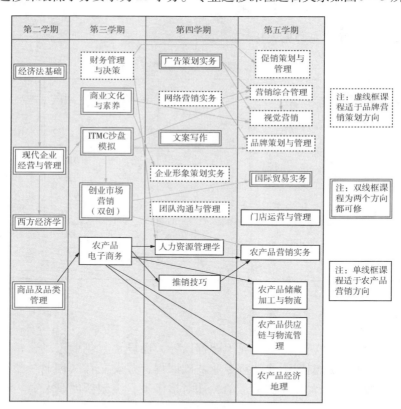

图9-3　专业选修课程逻辑关系图

（七）课程与核心能力关联表

表9-8为市场营销专业学习成果—核心能力课程权重支撑表。

表 9-8　市场营销专业学习成果—核心能力课程权重支撑表

课程类型	核心能力		沟通整合		学习创新		责任担当		专业技能		问题解决		职业素养		合计
			A		B		C		D		E		F		
	能力指标		A0211	A0212	B0211	B0212	C0211	C0212	D0211	D0212	E0211	E0212	F0211	F0212	
	序号	课程名称	学分												
通识基础课程	1	国防教育	2	10.00%	10.00%	0.00%	0.00%	30.00%	15.00%	10.00%	10.00%	0.00%	0.00%	10.00%	5.00%	100.00%
	2	"基础"	3	5.00%	15.00%	5.00%	10.00%	15.00%	10.00%	5.00%	5.00%	5.00%	5.00%	10.00%	10.00%	100.00%
	3	"概论"	4	5.00%	10.00%	5.00%	10.00%	25.00%	10.00%	5.00%	5.00%	5.00%	0.00%	15.00%	5.00%	100.00%
	4	形势与政策	1	5.00%	10.00%	5.00%	10.00%	10.00%	10.00%	10.00%	10.00%	5.00%	5.00%	15.00%	5.00%	100.00%
	7	大学英语	10	10.00%	10.00%	10.00%	10.00%	5.00%	5.00%	10.00%	5.00%	10.00%	5.00%	10.00%	10.00%	100.00%
B 模块核心能力权重（专业课）																

表9-9 市场营销专业学习成果—核心能力课程权重统计分析表（分模块）

课程类型	学分	沟通整合		学习创新		责任担当		专业技能		问题解决		职业素养	
		A0211	A0212	B0211	B0212	C0211	C0212	D0211	D0212	E0211	E0212	F0211	F0212
通识基础课程	35	8.29%	9.07%	9.50%	5.21%	13.79%	8.71%	6.50%	4.71%	5.50%	5.86%	11.50%	11.36%
通识拓展课程	12	11.25%	7.50%	5.42%	7.50%	17.50%	21.25%	6.67%	1.25%	4.17%	3.33%	3.33%	10.83%
专业选修课程	28	8.39%	6.29%	12.26%	7.26%	11.94%	2.90%	22.90%	38.39%	21.29%	19.03%	7.74%	2.90%
专业必修课程	52	8.55%	9.52%	8.55%	9.19%	8.06%	7.10%	32.74%	48.55%	14.68%	20.00%	8.71%	5.97%
专业限选课程	12	8.33%	6.67%	18.33%	5.00%	18.33%	3.33%	23.33%	15.00%	13.33%	8.33%	8.33%	5.00%
现有通识能力指标权重	35	8.99%	9.64%	9.64%	6.00%	11.64%	7.29%	7.57%	7.79%	8.36%	7.29%	9.14%	7.36%
预设通识能力指标权重	35	10.00%	10.00%	10.00%	5.00%	10.00%	5.00%	10.00%	10.00%	10.00%	5.00%	10.00%	5.00%
指标变化量		-1.01%	-0.36%	-0.36%	1.00%	1.64%	2.29%	-2.43%	-2.21%	-1.64%	2.29%	-0.86%	2.36%
现有通识核心能力权重	12	9.17%	8.75%	7.92%	7.08%	13.75%	9.58%	6.25%	7.08%	5.00%	7.08%	9.58%	8.75%

说明：限于篇幅，在此仅做示例，未全面展示该专业所有课程权重分析情况

八、实施与保障

（一）人才培养模式

以就业为导向，遵循人才成长规律，全面提升专业教学管理水平和人才培养质量，走产学研相结合发展道路，积极探索突出校企精准对接、精准育人的人才培养新模式。通过工学结合的专业教学指导工作，全面培养学生良好的政治思想和健康身心、良好的职业道德和坦诚、吃苦耐劳的品质和顽强的意志、强烈的成功欲望和团队合作精神、勤奋好学和勇于创新的竞争意识等十大基本素质；通过校企合作实训、实习基地建设，全面培养和训练学生沟通交际和客户服务、商务谈判和营销、市场调研和品牌营销策划、公共关系和市场开发、营销管理和企业管理等职业能力。

工学结合：建立由行业、合作企业和学校专业带头人组成的专业建设委员会，定期或不定期召开工学结合的专业建设委员会会议，加强校企双方的信息沟通与反馈。以工学结合专业建设委员会为平台，充分发挥专业建设委员会在人才培养目标定位、培养方案设计诊断、咨询和指导方面的作用，按职业人才成长规律，不断优化人才培养方案。

合作办学：以学校农产品商学院为基础，借力广东营销学会平台，充分发挥学校的广东农垦特色，通过与百果园集团、广东农垦企业、广东营销学会会员企业，开展市场调研、职业培训、产品营销、实习实训基地建设、订单培养等横向与纵向合作，与企业进行合作办学，达到优势互补、互利互惠。

合作育人：围绕订单培养、教学组织、市场调研、科研开发、产品营销、实训、实习基地建设等项目与企业建立起稳定紧密的工学结合合作关系。通过"请进来、走出去"，邀请企业岗位能手、业务骨干进课堂的方式，培养学生的专业意识和专业兴趣，使学生在感受职场氛围的同时达到专业意识和职业角色体验统一，素质培养与技能训练统一；通过工学交替、顶岗实习对学生进行素质培养和岗位技能训练，培养出合作企业和社会所需要的专业营销人才。

合作就业：积极开展订单培养、优秀毕业生推荐；通过与合作企业共同进行以职业岗位需求和实际工作过程为基点的教学组织规划，使学生在实习、实训一体化实践中加强职业岗位所需要的核心技能训练，为合作企业和社会培养出合格的营销管理人才。

（二）师资队伍

根据工学结合人才培养模式对学生职业能力培养的要求，建立校企合作专兼结合的"双师结构"教学团队，专职教师中双师比例高达100%。通过内培、外引、聘用，提高师资素质，改善师资结构。建立起一支由专业带头人、中青年骨干教师、企业兼职教师共同组成的，具有"工学结合教学设计能力"的过硬的专任教师组成的和相对稳定的兼职教师组成的教学团队。专任教师的要求是双师素质，及时更新教学内容，积极探索行动导向的教学方法，能根据行业企业岗位群的需要开发课程；兼职教师的要求是企业的营销骨干，能积极参与教学团队的课程开发、课程教学和指导学生实习。

（三）教学设施

按校企合作、工学结合人才培养模式的要求，校内实训基地、校外实习基地建设突出职业和实践两大要素，提高学生知识与技能培养的教学质量，满足本专业人才的职业能力培养。

1. 校内实训基地建设

校内实训基地建设要突出职业能力培养要求，配备有学生实习超市、创业实训室、营销策划实训室、商务沟通实训室等。如表9－10所示。

表9－10 实验实训条件

序号	实训室名称	培养的职业能力	需配置的设备
1	农产品营销中心	市场调查、客户关系管理	多媒体计算机、投影仪、CRM软件、叉车
2	商务谈判实训室	商务礼仪、商务谈判	多媒体计算机、投影仪、多功能谈判桌
3	营销策划实训室	营销策划、网络营销	多媒体计算机、投影仪、展柜、陈列架
4	商务沟通实训室	广告实务、商务沟通	多媒体计算机、投影仪、电话机、电话监听机、录音机
5	创业实训室	创业管理	多媒体计算机、投影仪、会议桌、办公隔、陈列架
6	企业经营管理实训室	现代企业经营管理实训、客户关系管理、团队管理	多媒体计算机、投影仪、沙盘桌、沙盘软件
7	商业连锁分销管理实训室	连锁门店运营与管理	多媒体计算机、投影仪、收银机、货架
8	学生实习超市	营销综合能力	货架、收银台、POS机、托盘等

2. 校外实习基地建设

按照巩固、拓展、新建、多元化建设理念，建成一个农垦企业、广东会展企业、广东省高职营销协会企业等区域经济和区域产业，面向电子、零售、农产品、乳业、食品、日用品等多个领域，具有多项功能的 30 家国内外大型连锁零售、国内外进出口商品交易会和专业会展的校外综合性实习基地群，承担学生顶岗实习、订单培养、教师挂职及顶岗实践任务。校企共同成立实训基地运行管理小组，建立"企业为主、学院参与、共建双赢"的管理运行机制，实现校企双方的深度结合。

（四）教学资源

选用优秀的高职高专规划教材：教材是实现人才培养目标的主要载体，是教学的基本依据。选用高质量的教材是培养高质量优秀人才的基本保证。在进行教材选用时应整体研究制定教材选用标准，选择反映高职教育特色的优秀教材、精品教材，使在教学中教材能明显反映行业特征。如高等教育"十一五""十二五""21 世纪高职高专教材"等国家级规划教材、教育部专业教学指导委员会推荐的教材或重点建设教材，以及其他一些具有时代性、应用性、先进性和普适性的教材。

网络资源：

（1）智慧职教 http://www.icve.com.cn/
（2）市场营销策略 http://www.marketing.com/
（3）梅花网 http://www.meihua.info/
（4）中国营销传播网 http://www.emkt.com.cn/
（5）营销创意与技能 http://fiverr.com/
（6）销售心理频道 http://sale.nlp.cn/
（7）网络营销论坛 http://www.warriorforum.com；http://www.wickedfire.com/
（8）派代网 http://www.paidai.com/

（五）教学方法

1. 任务驱动

将新的技能知识蕴含于新的任务中，任务的发布通常以贴近学生生活的"导入思考"的形式发布，以激发学生的学习兴趣。

2. 教学做一体化

采用教师"边做边教"，学生"在做中学"，引导学生完成各项"任务"。

3. 注重自主学习

提供网络资源，并设置某些功能模块，以"练习"的形式给出，并有实现提示，要求学生根据已习得的知识和技能，自行查找参考资料来完成。在巩固课堂知识的同时，也锻炼了学生的自学能力和自主解决问题的能力。

（六）教学评价

教师教学评价可以是通过从事课堂教学活动的教师本人和学生进行的评价，也可以是通过督导、学校领导、教务人员以及教师同行等不参与课堂教学活动的评价者对教师的课堂教学进行的评价。

学生考核评价方式可以由平时成绩、期末考试成绩、课程设计等部分构成。平时成绩主要包含出勤成绩、作业成绩、课堂表现成绩。具体比例分配由任课教师根据学情自行分配。

（七）质量管理

实施校、院两级的人才培养质量监控系统，突出全员监控，并针对教学环节的过程监控。学校内部的监控主体是督导室、学生信息员、学院；外部监控以社会用人单位、实习单位、毕业生为主体。

通过反馈机制持续改进。在每学年暑假以多种形式，如上门走访、电子邮件、聊天软件等方式开展毕业生跟踪调查及用人单位的调查，汇总调查问卷，撰写调查报告。

建立第三方的人才培养质量评价体系。根据包括毕业生就业率、专业对口率、企业满意度等在内的专业人才培养质量指标，对教学内容、课程体系、教学方法进行修订，优化专业核心课程内容，调整多个专业方向，并针对教学方面，完善对教师的考核机制，建立科学的质量评估体系，采用多种评价方式，如同行评价、师生座谈会、谈心式交流、教师工作述职等，保证评价过程的高效性和评价结果的公正客观。

九、毕业要求

（一）毕业标准

本专业学生毕业并取得学历证书须修满 140 学分，其中，通识课程须修满 47 学分。

标准学制 3 年，实行弹性学分制，学习年限为 2～5 年。

（二）证书要求

毕业证。（本书略）

十、附　件

附件1：市场营销专业课程教学进度表

附件2：市场营销专业课程标准

（说明：本人才培养方案与××××有限公司共同制订）

（附件本书略）

值得说明的是，当前我们在制订人才培养方案时应在参照国家专业教学标准和所在学校对人才培养方案等制订指导意见的基础上，参照本书上的一些思路式案例作为一种人才培养思路（观念）或方式方法的创新，做到既符合国家的要求又符合学校要求，同时符合教育教学改革创新的趋势与需求。

第十章 基于 OBE 理念的课程大纲设计

如前所述,在介绍了基于美国学历资格框架(DQP)背景下的课程规范后,在这里再向大家简要阐述基于 OBE 理念的课程大纲撰写,大家可以对比分析,根据自身的实际需要选择或采用适合自己的内容。

第一节 课程大纲主要结构

一、课程大纲主要结构及说明

结构	内涵	说明
第一部分 (含17项)	课程名称、课程类型、修读方式、授课教师、办公地点、联系方式、学时学分、教学助理、实践学时、上课地点、周学时、教学场所、学程课程、办公地点、联系方式、课外答疑时间	1. 注意将授课教师、办公地点、联系方式、课外答疑时间等内容展现给学生,便于学生出现问题时及时与老师取得联系
第二部分 (含5项)	A. 课程描述、B. 课程教学目标、C. 核心能力权重、D. 课程权重、E. 教材内容大纲	1. 撰写时呼应三级培养目标、核心能力及能力指标 2. 经课程委员会审定后,教师不能直接更改
第三部分 (含9项)	F. 教学方式、G. 学习评价、H. 进度表、I. 指定用书、J. 参考书籍、K. 先备能力、L. 教学资源、M. 注意事项、N. 成效分析	1. 赋予教师相对的教学专业自由。实施时,所有任课教师协商后,可以在教学单元统一的前提下适当调整授课进度 2. 具体内容应取所有授课教师填写项目的最大公约数

二、实例（样本）

××××职业技术学院　○○　分院专业课程大纲模板
2017—2018　学年度第　二　学期　市场营销　专业（　2016市销1　班）

课程名称	商务谈判						课程代号		2018×××××	
课程类型	□素质通识　　□专业统整　　□专业核心 □专业选修						授课教师		×××	
修读方式	□必修　　　　□必选　　　　□选修						学时/学分			
是否配备教学助理	□是　　　　　□否						实践学时			
上课地点	□校内　　　　□校外						周学时			
教学场所	□教室　　□实训（验）室　　□一体化教室　　□生产性实训基地 □其他（　　　）									
办公地点	××					联系方式				
课外答疑时间						分段教学		□是　　　□否		
A. 课程描述	1. 本课程旨在引导学生掌握商务谈判规则、流程及谈判策略（目的） 2. 通过案例分析、情景模拟等方式，掌握商务谈判知识和技巧，完成模拟谈判项目（历程） 3. 根据谈判目的需要，作出合理的谈判方案并解决谈判过程中遇到的实际问题，达到谈判利益最大化（成果）									
B. 课程教学目标（标注能力指标）	1. 能阐述谈判的主要类型和策略 2. 能清楚了解商务谈判的内涵与规则，撰写谈判方案 3. 能遵从商务谈判流程组建谈判团队，流畅演示谈判流程 4. 能应用谈判相关知识，规范完整地完成模拟谈判项目 5. 能解决谈判过程中遇到的实际问题，达到谈判利益最大化 6. 能习得商务谈判中的礼仪									
C. 核心能力权重	沟通整合（A）		学习创新（B）		专业技能（C）		问题解决（D）	责任关怀（E）	职业素养（F）	合计
	15		15		15		30	15	10	100%
D. 课程权重	A1	A2	B1	B2	C1	C2	D1	D2	E1　E2	F1　F2	合计
	15%	0%	10%	5%	15%	0%	15%	15%	10%　5%	10%　0%	100%
E. 学分数分配权重	数学及基础科学		专业与实务课程（专业/实务）		专业与实务课程（实验/实作）			通识		其他	合计
											100%

（续上表）

	章节教材内容	学时分配		
		理论	实践	合计
F. 教材内容大纲				
	合计			
G. 教学方式	□讲授　　　□讨论或座谈　　□问题导向学习　　□分组合作学习 □专题学习　□实作学习　　　□发表学习　　　　□实习 □参观访问　□其他（　　　）			

	成绩项目	配分	评价方式（呼应能力指标）	细项配分	说明
H. 学习评价	平时成绩				
	期中成绩				
	期末成绩				

I. 评量方式	纸笔测验：□小考　　　□期中纸笔测验　　□期末纸笔测验 实作评量：□作业　　　□实作成品　　　　□日常表现 　　　　　□表演　　　□观察　　　　　　□轶事记录 档案评量：□书面报告　□专题档案 口语评量：□口头报告　□口试 其他评量：□请说明：＿＿＿＿＿＿＿＿＿＿

（续上表）

	周别	单元名称与内容	能力指标代码	教学目标代码	教学方法	备注
J. 进度表						

K. 指定教材	杨群祥：《商务谈判》，东北财经大学出版社 2017 年版
L. 参考书籍	1. 齐玉兴、何静：《商务谈判》，经济科学出版社 2010 年版 2. 王军旗：《商务谈判：理论、技巧与案例》（第四版）（通用管理系列教材·市场营销），中国人民大学出版社 2014 年版 3. 王建明：《商务谈判实战经验和技巧——对五十位商务谈判人员的深度访谈》（第 2 版），机械工业出版社 2015 年版
M. 先修课程	
N. 教学资源	
O. 注意事项	

		平均成绩		及格率		修课人数	
P. 课程分析与评估	1. 学习成效分析						
	2. 核心能力检讨						
	3. 其他						

备注：1. 本课程大纲 A～F 项由所在部门和相关课程委员会编写并审核通过，教师不能自行更改

2. 本课程大纲 G～P 项同一课程不同授课教师应协同讨论研究达成共同核心内涵，教师不宜自行更改

3. 课程大纲的撰写格式为：正文宋体，五号；行间距为固定值，16 磅；其中□中选定时应用☑符号

第二节 课程大纲主要说明

一、课程概述

1. 例子

本课程旨在引领学生善用正投影理论,规范执行国家标准,准确操作物图转换(目的);通过模型制作建立良好的空间感,利用图形绘制养成严谨的工作习惯,借助典型部件拆装了解零件结构(历程);以实现中等复杂程度零件图和装配图的绘制(预期成果)。

2. 课程描述撰写原则

(1) 精简扼要阐述课程主要理念、目的或重要内涵。
(2) 建议叙述长度以 50～150 字为原则,非条列式表述。
(3) 保证让学生一看就懂,具有广告作用,吸引学生选读。

3. 说明

目的(学什么):正投影理论,国家标准,物图转换(善用、规范执行、准确操作)。

历程(怎么学):模型制作、图形绘制,典型部件拆装。

成果(会做什么):中等复杂程度零件图和装配图的绘制(程度:中等复杂;范围:零件图和装配图)。

课程描述要心动、质朴。心动在于要让课程有吸引力,让学生有想要学习的冲动;质朴在于要回归课程本身本质,要能切实可行地达到预期成果。

——陈京京

若能顾及课程主要理念、目标及重要内涵将更佳,然教学本就是一门艺术,教师可适切斟酌之。

——李坤崇(中国台湾)《大学课程教学计划之撰写》

二、教学目标(标注能力指标)

1. 例子

(1) 善用制图工具与软件,精通徒手、仪器和计算机绘图。(CJa1)
(2) 精熟图学符号,严格执行国家标准。(FJa1)
(3) 精通正投影理论,准确实现平面和空间的物图转换。(CJa1)
(4) 准确绘制专业图样,熟练表达设计意图。(DJa2)
(5) 准确识读图样信息,精准构思出机件原型。(CJa2)

(6) 遵守标准图绘制流程，养成严谨的制图习惯。（FJa1）

2. 教学目标撰写原则

课程教学目标是课程委员会设定的对各科课程的最低标准，即课程目标的低标。撰写教学目标要以实现"预期成果"为出发点和归宿，同时要兼顾两个向度：

（1）知识、技能、素养的层次向度。
（2）二级学院和专业能力指标向度。

3. 说明

（1）条目描述，学生中心：撰写以条目式为原则，叙述以学生为中心，勿以教师为中心。

以教师为中心的词语如：让学生、使学生、指导学生、帮助学生等。
以学生为中心的词语如：善用、具备、运用、说明、描述、区辨等。
例如：A. 指导学生运用简洁的语言文字撰写常用应用文。
　　　B. 向学生示范如何使用显微镜。
　　　C. 讲授酒店质量管理知识。

（2）清晰具体，有效可测：撰写要力求清晰、明确、具体，应是具体可测的预期结果，可直接作为评量目标。

例如：A. 善用酒店管理信息系统为客人提供预定、礼宾接待、入住登记、住店、结账离店等服务。
　　　B. 善用酒店管理信息系统为客人提供常规前厅服务。

（3）数量适中，涵盖多维：目标数量以 4～6 项为原则，尽量涵盖知识、技能及素养维度。

例如：
LO1 能理解传感器的工作原理、性能特点。（EDd1）
LO2 能分析被测量参量的性质，准确选择相应的传感器。（DDd1）
LO3 能制作传感测量系统。（EDd2）
LO4 能对传感测量系统评价，并进行调试与安装。（EDd1）
LO5 能编制传感测量系统说明书。（×××）

（4）精准动词，呈现高阶：精准掌握动词，突出能力化、高层次的用词。同一维度仅呈现最高阶动词。

备注：教学目标分三大类（KAS）：
　　　认知领域（Cognitive Domain）——知识（Knowledge）
　　　情意领域（Affective Domain）——素养（Attitude）
　　　技能领域（Psychomotor Domain）——技能（Skill）

例如：

A. 认知领域（Cognitive Domain）——知识（Knowledge）

1.0 记忆、2.0 理解、3.0 应用、4.0 分析、5.0 评价、6.0 创造

B. 情意领域（Affective Domain）——素养（Attitude）

1.0 接受、2.0 反应、3.0 评价、4.0 组织、5.0 形塑品格

C. 技能领域（Psychomotor Domain）——技能（Skill）

1.0 知觉、2.0 定势、3.0 引导反应、4.0 机械化、5.0 复杂的外显反应、6.0 适应、7.0 创作

（5）呼应指标，对应能力：尽量呼应专业能力指标，但应"对应到应用的能力"，而非仅对应到知识。

说明：

A. 目标撰写要应用知识，而非记忆、理解知识。

B. 一个课程教学目标只对应一个专业能力指标。

C. 多个课程教学目标可对应同一个能力指标。

（6）控制外延，避免重叠：正确处理课程与课程的关系，不延展或缩小本课程边界。

例如：

A. 能够用中英文与客人进行有效沟通并进行团队内部的协作和部门之间的合作。

说明：团队内英文有效沟通的比例能达到70%。（难以达成）

B. 能够用中英文与客人进行有效沟通。

说明：只要求与客人实现英文沟通。（难度还是大）

C. 善用中英文和酒店管理信息系统为客人提供常规前厅服务。

说明：与基本专业技能结合，因皆是提高学生的专业能力（工具类）。（善用，难度还是大）

D. 善用酒店管理信息系统为客人提供常规前厅服务。

说明：英文目标与"酒店情景英语"课程目标重复，要横向整合。不能扩大本门课程的外延。

三、能力指标与教材

1. 能力指标

（1）课程能力指标权重要充分呼应教学目标，与目标数量成正比。

（2）课程能力指标权重大于10%时，教学目标中至少要列出一项对应的专业能力指标。

（3）课程能力指标权重超过10%未满30%时，教学目标中要列出一至两项对应的专业能力指标。

（4）课程能力指标权重大于30%者，教学目标中至少要列出两项对应的专业能力指标。

（5）课程能力指标权重分配时，需体现某项关键能力指标的主轴作用（建议大于50%），不应平均分配。

2. 教材内容大纲撰写原则

（1）以条列式为原则。

（2）具体呈现各单元主题名称，可活化主题名称，但不宜偏离原意。

（3）一学期18周的教学内容，教材大纲以6～12项为原则。（教材大纲应直接呼应教学目标）

（4）教材大纲是同一课程授课教师的最大公约数。（教材大纲比教学进度表内容大，不宜太小或明确，应给不同教师留下发挥的空间）

四、教学方法选择原则

（1）教学方式可以采用以学生为中心、以教师为中心或师生共同经营的不同策略。

（2）依据课程目标，参照教材内容属性、学生特质以及教学资源情况、选择适合的教学方法或策略。

（3）参考方式：讲授、讨论或座谈、问题导向学习、分组合作学习、专题学习、实作学习、发表学习、实习，还可填写其他方式。

（4）精准把握教学法，建议至少勾选两项以上，力求教学多元化。

五、学习评价撰写原则

（1）学习评价配分应力求正确、合理及周延，说明应力求详细。对学生公告后具有契约效力，不应随意更动。

（2）评量方式可采用笔试（期中考、期末考或平时考）、档案评量（书面报告、专题档案）、口语评量（口头报告、口试、课堂讨论）、实作评量（日常表现、表演、实作成品、作业、观察、轶事记录）、资格证书或其他方式。

（3）评价人员除教师外，建议适切纳入同侪评价或小组长评价。评价历程应善用形成性、诊断性及总结性评价。

（4）纸笔测验需附"双向细目表"；档案、口语及实作评量需附"评量规准"。

第三节　课程教学单元设计

成果导向的课程教学单元设计，目前有多种呈现方式，没有所谓的优劣，因为设计本身是一种思路，而思路又取决于所拥有的资源以及教学经验等因素，但是大致框架还是要遵行一定规则的，下面提供3种类型供参考。

一、以黑龙江职业学院曹立志老师的"计算机网络应用技术"课程为例

教学单元设计的是"计算机网络应用技术"课程的"组建双机互联网络"单元，授课类型为理实一体型。

（一）学生学习条件分析

1. 起点分析

具备计算机网络基础知识；了解常用的传输介质和网络设备；掌握网络拓扑结构；具备上网浏览网页和查找信息的能力。

2. 重点分析

制作双绞线跳线、双机互联。

3. 难点分析

实现双机互联。

（二）教学方法和手段

1. 教学方法

问题法、课堂讨论法、实作法。

2. 学习方法

分组合作学习、解决问题学习、自主学习、行动学习（设教学助理、学习组长）。

3. 教学手段

多媒体录屏、多媒体设备。

（三）教学资源

出版社资源、学校资源、一体化教室、多媒体实训室、网络资源。

（四）能力指标及课程教学目标

组建双机互联网络，能正确规划网络IP地址并测试网络的连通性。

（五）单元教学目标

1. 知识

能在虚拟机中安装操作系统；了解以太网相关知识，学习安装网卡。

2. 技能

能熟练制作双绞线跳线；能组建双机互联网络；能测试网络连通。

3. 素养

培养学生职业精神、职业兴趣、职业能力和合作态度。

（六）教师课前准备

准备好多媒体机房和计算机实训室；提供机房需要有局域网实验环境；准备好操作系统光盘映像文件；准备好制作双绞线跳线的工具和材料；准备好授课 PPT；设计学生要完成的任务单；设计好教学环节。

（七）学生课前准备

（1）预习教材第二单元及查阅资料。

（2）查阅资料，预先学习和了解什么是虚拟机，如何制作双绞线跳线，连接对等网。

（3）准备好操作系统光盘映像文件。

（八）活动历程

整个活动历程分为准备活动、发展活动和整合活动 3 个部分。本单元共 8 学时＝360 分钟，分为 30 个活动，采用多媒体教学。

1. 准备活动（问题导入）（30 分钟）

（1）介绍本单元的学习活动历程、教学目标、学习任务、重点、难点及学习过程的注意事项（20 分钟）。

（2）分发材料单，准备学习资源（10 分钟）。

2. 发展活动（具体历程）（240 分钟）

问题引导、自主学习、学生汇报、问题讲解、分组合作实践学习。设计思路。将学生分组，各选派一名组长负责协调小组工作，采用问题引导、问题讲述、小组合作等方式完成教学内容的教学过程。

任务一：制作双绞线跳线（120 分钟）。

（1）抛出问题，激发学习动机（10 分钟）：同学们了解传输介质吗？知道双绞线吗？使用过双绞线吗？

（2）小组自学以下问题（100分钟）：传输介质种类；双绞线的种类和结构；568A和568B线序排列。实操要点提示：制作双绞线RJ45接头，排列线序，各小组成员分工合作，展开实操直通线和交叉线，亲历学习过程。

（3）小组总结自学情况，教学点评。

（4）小组实操并观察学生实操情况，及时解答学生分组学习时遇到的问题。

（5）小组分享实践成果。

（6）教学总结并解决学生实践中遇到的问题（10分钟）。

任务二：组建双机互联（120分钟）。

（1）抛出问题，激发学习动机（10分钟）：你了解网络吗？组过网吗？双机互联的用处是什么？如何解决在网络连接中遇到的问题？

（2）小组自学以下问题（100分钟）：了解什么是虚拟机？如何在虚拟机中安装操作系统？如何建立网络连接？

（3）小组总结自学情况，教学点评。

（4）小组实操要点提示：（Win 7和Win 7互联）①Win 7控制面板→管理工具→本地安全策略→本地策略→用户权利指派→从网络访问此计算机→添加来宾账户→拒绝从网络访问此计算机→删除来宾账户。②Win 7控制面板→管理工具→计算机管理→系统工具→本地用户和组→用户→Guest→右键→账户已禁用。③设置资源共享和映射网络驱动器。

（5）观察学生实操情况，及时解答学生分组学习时遇到的问题。

（6）小组分享实践成果。

（7）教学总结并解决学生实践中遇到的问题（10分钟）。

3. **整合活动（90分钟）**

（1）本单元内容总结、归纳，再现本单元设计重点及难点（10分钟）。

（2）撰写报告（70分钟）。重新领取任务，要求按小组每人完成一份总结报告；小组讨论，报告分析，写出本单元学习的重点和难点及注意事项；确定实习报告终稿，组内成员角色互换加以校验；报告收取，教师检查，选出最优。

（3）布置下个教学单元的内容（10分钟）。总结性评量本单元教学效果；查阅资料、布置下个教学单元内容。

（九）教学后记

1. **目标或能力指标达成度**

全班85%学生达到了教学目标和能力指标。

通过课前任务的布置，学生按要求完成任务单，课上教师提出问题，学生通过分组讨论，解决问题，同学们对网络互联知识有一定基础，任务完成较快。

2. 教学内容评价内容充实，难易适中，设计合理

（略）

3. 教学方法和学习方法评价

教学方法和学习方法恰当，部分细节和时间分配需要调整。

4. 教学资源使用情况

学生按小组总结本单元学习情况，教师点评，指出存在的问题及解决方法，做好资料积累工作。对学生操作中出现的问题，纳入多媒体教学课件中，以便对下一年度的学生操作指出注意事项。

二、以广东农工商职业技术学院王林老师的"创业基础"课程为例

课程名称：创业基础。

教学单元设计的是"创业基础"课程的"尝试发现创业机会"单元，授课类型为参与式研讨型。本教学设计参照 BOPPPS 教学设计思路设计。

（一）学情分析

通过前期主题的学习与思考，学生基本能够对双创活动有详尽的了解；并能够通过主动思考与讨论，发现创新；能够实现不一样、与众不同……同时，能够满足需求或降低运营成本。学生要进一步观察生活细节，发现新的机会。

（二）教学内容分析

本教学主题以发现创业机会为主。通过前两个学时的学习，使学生能够开阔眼界，发现不同之处。通过本主题的学习能够使学生进一步识别创新意识与现实之间的关系，重点是教会学生掌握创业机会发现的几种具体的方式与方法，从而使学生能够脚踏实地地联系社会实际需要。

（三）教学目标

（1）了解创业机会的特征。
（2）知道创业机会的来源。

（四）教学重难点

重点：发现创业机会的特征。

难点：发现创业机会的方法。

（五）教学方法与过程

教学过程	时间（课时）	教学内容		
B	2	导言： 课程回顾引子 10 分钟； 以小组为单位，经过评比与讨论后，选出小组中一致认为最好的创业机会，在课堂进行表述，教师与其他团队共同完成评价		
O		学习目标（尽可能量化和具体）： 1. 能够理解创业机会的特征 2. 能够发现创业机会的来源		
P		前测方式： 通过提问的方式，了解学员对共同完成的评价创业机会的过程，并收集有异议的意见		
P		参与式学习：		
		时间	教学者活动	学员活动
	5		1. 通过异议的收集后，与学生共同总结出创业的特征 2. 讲述创业案例后，展开集体讨论并在形成共识下一起发现创业机会的来源途径	观看 PPT 及案例小视频，在老师的引导下，开展独立思考与小组讨论； 在老师的引导下，将自己或小组思考、讨论的结果进行呈现
P	2	后测方式（运用有效方式，了解学习者的学习成果）： 1. 分组进行讨论后，回答课中分享的创业机会最重要的来源是什么 2. 经过创业机会来源的讲授后，请学生进行思考，课前任务中发现的创业机会都来源于哪些类型		
S	1	摘要/总结（帮助学习者统整、反思，并延伸应用教学内容）： 总结课程讲的内容；通过反思课后任务，引导学生发现隐藏任务，布置下次课后任务，思考在评选创意过程中为什么选择课堂展示的创意		

（六）教学反思

通过教学检验、观察与听取学生的反馈，发现学生对知识的理解基本到位;下一步要对创业机会来源及特征进行更进一步的了解,即在生活、学习等过程中,要更多地引导学生留意细节及过程,熟悉讲授的发现创业机会的方法,使学生能够开阔眼界与思路,发现商家所忽略的需求或机会,从而获得更多的创意及创业机会。

第四节 课程大纲编写指南

一、基于 OBE 课程大纲编写

在这里我们只是提供一般意义的撰写思路和模板,事实上,要写好一份基于 OBE 理念的课程大纲,所要涉及的面较为广泛。大家在学习现有材料的基础上,还需要继续多查阅相关的资料,以便进一步理解和丰富内容。我们在这里无法完全将一些感性和理性结合的思路列举出来,只能是抛砖引玉。

二、常见的教育目标领域词表

1. 认知领域目标可用词举例

向度	认知领域目标可用词举例
1.0 记忆	记忆、记得、认得、再认、确认、界定、描述、复制、重复
2.0 理解	了解、说明、诠释、翻译、释义、理清、转释、转换、举例、列举、分类、归属、归类、摘要、总结、萃取、摘述、推论、建立通则、推算、插补、预测、比较、对照、配对、解释、阐述
3.0 应用	应用、执行、实行、实践、进行、运用、使用、善用、利用、绘制图表、计算、操作、列表、速写、解决
4.0 分析	分析、解析、区分、区别、区辨、辨别、选择、挑选、聚焦、细分、拆卸、测试、组织、重组、统整、统合、寻找、发掘、联结、归因、探究、深究、解构
5.0 评价	检查、检核、检视、监视、协调、批判、判决、判断、评选、评析、评价、评估、赏析
6.0 创造	产生、建立、组装、计划、规划、设计、制定、撰写、创作、建造、制作、开发、发明、建构

2. 动作技能领域目标可用词举例

向度	动作技能领域目标可用词举例
1.0 感知	听到、看到、观察、摸到、触摸、尝到、闻到、感觉到、指出、转换、联结
2.0 准备状态	预备、准备、预定、感知
3.0 引导反应	指导、引导、模仿、探索、尝试、试误练习、复习
4.0 机械化	机械化操作、准确地操作、不假思索地正确操作
5.0 复杂的外在反应	纯熟、效率、流畅地操作、熟练、自动表现、善尽
6.0 适应	调适、调整、解决、应变、适应、统合、统整
7.0 独创	创造、创作、设计、建构、制作、独创

3. 情感领域目标可用词举例

向度	情感领域目标可用词举例
1.0 接受	接触、倾听、觉知、感受、体会、接纳、接受、忍受、选择性注意、密切注意、深究、喜欢
2.0 反应	顺从、服从、默从、听从、自觉、自愿、主动参与、积极参与、关怀、快乐、满意
3.0 评价	价值判断、导向教学评价、接受、接纳、喜好、追求、欣赏、坚信、确信、承诺、说服、宣扬、推荐
4.0 组织	组织、重组、合并、综合、整合、融合、关联、类化、调整、和谐
5.0 形塑品格	养成（习惯）、建立（一致信仰、人生观或人生哲学）、秉持（做人处事原则）、建构（理念）、形塑（观念）、塑造（人格）、涵养（一致态度、负责尽责态度或情操）、展现（一致的行为）、发展（某种信念）

第二编　设计与应用

第十一章　基于 OBE 理念的教学设计

教学设计是根据教学对象和教学目标，确定合适的教学起点与终点，将教学诸要素有序、优化地安排，形成教学方案的过程。教学设计通常要考虑 3 个问题：一是学生为什么学，即确定学生的学习需要和教学目标；二是学生学什么，即通过哪些具体的教学内容才能达到教学目标；三是学生如何学，即采用何种教学方法与教学辅助资源。理论上，教学设计的核心是教学目标。但在实践中，教学目标往往侧重于知识点或技能点本身，而且比较抽象化，容易造成教师心里明白教学目标但学生却不太理解甚至没有兴趣理解的"困境"。

为了更好地让大家认识和理解基于成果导向的教学设计与实施，本章我们将以美国学历资格框架（DQP）视角下的教学设计为理论依据，阐述殷明博士（2017）和邹吉权教授（2018）等学者的研究成果和具体教学案例。

第一节　成果导向的教学设计思路

一、对预期学习成果的解读

基于成果导向教学模式的一个主要特征就是，在课程整体设计时，会依托教学目标编制好课程的预期学习成果。任课教师在进行具体的教学设计或单元设计时，要对预期学习成果进行解读。尤其是当任课教师之前未曾参与课程整体设计时，该项工作就更为重要，必要时应该与课程整体设计的编制者进行沟通，深入了解编制课程预期学习成果的出发点以及课程各预期学习成果之间的关联。

由于任课教师对课程知识点和技能点已经非常熟悉，因此对预期学习成果的解读不是对知识点和技能点的解读，而是对行为动词、应用要求、思路这 3 个要素的解读。下面以高职人力资源管理专业"社会心理研究"课程中的一个预期学习成果为例来具体说明。该预期学习成果描述为"应用态度及其形成、说服等相关理论尝试改变他人的态度",提交学习成果与考核的方式为"书面报告"。

1. 对预期学习成果中行为动词的解读

预期学习成果的编写应该使用相对规范的行为动词(如布鲁姆教育目标分类学中的行为动词)来标明学生如何具体地展示其"真的知道与真的能做"。同时,行为动词应描述成可分离的活动,是可直接观察与直接评核的活动或行为。任课教师应该要理解预期学习成果描述中的行为动词的具体含义,并明晰该行为动词所处的教育目标层次(在认知、情感、运动技能3个领域)及相应的要求。在示例预期学习成果描述中,行为动词为"应用",属于认知目标中的"应用"层次下的使用。其要求为,把一个或更多个理论或程序应用于一个陌生任务(解决问题)。

2. 对预期学习成果中知识(技能)应用要求及对应能力的解读

高等职业教育培养应用型人才,倡导应用型学习,在课程预期学习成果设计中要求体现出学生对所学知识(技能)的不同层次的应用。预期学习成果一般采用"行为动词+概述性任务"来描述。任课教师需要对该描述中所蕴含的应用要求进行解读,明晰其中所涉及的知识、能力与素质要求。在示例预期学习成果"应用态度及其形成、说服等相关理论尝试改变他人的态度"的描述中,应用要求是"应用相关理论来完成一项任务",涉及的理论包括态度的概念、态度的形成、概念改变、说服模型、说服影响因素等;学生需要完成的任务是改变他人的态度,这就需要学生站在他人的立场来思考;学生完成任务主要是通过口头表达的方式,涉及学生的表达沟通能力;学生需要用书面报告对其任务完成情况进行汇报总结,涉及学生自我反思能力与书面表达能力。

3. 对完成学习成果思路(方法)的解读

在高等职业教育应用型学习模式中,还有一个重要的学习领域就是如何应用知识的学习。这主要涉及学生如何完成预期学习成果,即从教材上的知识点(技能点)到完成预期学习成果这一过程如何实现,通过什么样的思路或者哪些方法可以有效地将这两者进行联结。授课教师还要考虑如何教会学生掌握与应用这些思路或方法。在示例预期学习成果"应用态度及其形成、说服等相关理论尝试改变他人的态度",上述联结主要体现在"制定具体的说服策略"上。因为,说服策略是实施说服的依据;同时,说服策略的制定过程又体现了学生对理论的应用。

二、预期学习成果的情境化

情境是指问题（任务）的物理的和概念的结构，以及与问题（任务）相关的活动目的和社会环境。情境一方面对构建学习任务与学习者经验之间产生有意义的联系，另一方面促进知识、技能和经验之间产生连接。任课教师对课程预期学习成果深入解读后，需要将预期学习成果的要求转化为具体的学习任务。其中的关键就是构建具体的学习情境，包括学习成果的任务情境、教学情境、教学辅助材料，以及在任务情境基础上进一步将考核评价标准明细化。学习情境是与学生所学知识及技能相关的、包含问题的生活事件或者现实（或虚拟、或案例）的职场与工作事件。教师构建学习情境的一个有效的方法就是教师自问自答：每一个预期学习成果，如果"我"来完成会怎样？"我"曾经完成过类似的预期学习成果吗？或者有过类似的经历与体验吗？现在"我"会怎么做，怎么完成这一预期学习成果？"我"做出来的成果会是什么样子？由此可以有助于教师构建具体的学习情境。但这些"答"还停留在以教师为中心的理念阶段。在此基础上，教师需要再将自己代入学生的角色，从学生的知识能力结构与认知模式进行分析，围绕"学生适合度"对学习情境进行优化。

对于示例预期学习成果"应用态度及其形成、说服等相关理论尝试改变他人的态度"，任课教师先回顾自己是否曾经有效地应用相关理论真实地去说服他人改变态度，教师也可以回顾自己的亲身说服经历（无论作为说服者还是被说服者）或者他人的替代性说服案例（无论是成功说服还是说服失败），分析其中的过程与细节，找出与理论配合的环节。以此为基础，完成围绕该学习成果的学习情境构建。在此基础上，教师构建任务情境。预期学习成果要求"尝试改变他人的态度"，这意味着说服他人改变态度是一项实施性任务，要求"真实"地说服他人。"应用理论""尝试"这两个词则表示学习成果的重点不在于是否说服的成果，而是在于如何在真实的说服中应用理论，设计说服策略并实施。由此，设计具体的任务情境，并通过评分权重突显考核学生"应知应会"的侧重点。另外，该学习成果要求采用书面报告的形式提交，故学习成果任务中又增加了说服后的反思与总结这一要求。图 11-1 为该预期学习成果所对应的学习任务书示例。

> **学习任务书**
>
> 　　寻找一位对某事或某人有着某一态度（或偏见）的同学或亲朋，分析其态度（或偏见）的表现（应用态度 ABC 理论描述）以及产生的原因，制定说服策略，对其进行说服（不要虚拟，要真实）。如果找不到说服对象，就来找老师，老师有态度需要被说服。
>
> 　　要求：
>
> 　　1. 每人撰写一份书面报告，内容包括：
>
> 　　（1）说服对象的态度（或偏见）的表现（基于态度 ABC 理论）及原因分析（20 分）。
>
> 　　（2）进行说服的策略及策略的社会心理学理论依据（40 分）。
>
> 　　（3）具体的说服沟通过程（20 分）。
>
> 　　（4）说服成功与失败的经验总结（哪些策略成功，哪些失败，各自原因）（20 分）。
>
> 　　2. 不要虚拟，要真实。否则在成绩分数上扣减 50 分。
>
> 　　3. 所制定的说服策略，必须在具体的说服沟通过程中有一一对应的体现。
>
> 　　4. 字数不限。但要求结构清晰，排版规范。
>
> 　　5. 提交时间：第十周周一前交 Word 电子版与纸质版。

图 11-1　学习任务书示例

三、对教材结构的重新编排

　　教材结构是指教材各部分之间的组织架构及内在关系，即教材框架结构、体系，教材结构反映了编写者的思想与思路。传统教材一般是从知识学科体系进行知识点的编排，具有较强的认知逻辑体系，这有利于学生阅读教材时的认知理解，也在一定程度上培养了学生的逻辑思维。但在成果导向教学模式下，强调应用型学习，需要在授课过程中以预期学习成果为导向、以应用为主线展开。建构主义也强调，教学要尽可能地按照知识应用的方式来教学生学习。很多教材尽管在章节末尾会安排一些复习题，但这与学习成果的要求相差较大。因此授课教师在教学设计中，需要在教材原有结构的基础上进行修订性编排。

　　仍以高职人力资源管理专业"社会心理研究"课程中的"应用态度及其形成、说服等相关理论尝试改变他人的态度"这一预期学习成果为例。该预期学习成果对应教材中的"社会态度"这一章节（单元）。教材编排结构为：态度概述、态度的形成、态度改变、说服模型、偏见。授课教师按这一结构讲授知识点后,若直接向学生提出"尝试改变他人的态度"的任务要求,则部分学生可能会茫然。因为学生刚刚接触到相关知识点,还没有很好地消化与吸收,较难按照教师本人的知识体系与思维模式进行思考,较难将知识点与完成学习任务进行有机的联结。因此,授课教师就需要对教学顺序进行重新编排。首先,以预期学习成果为导向。教师在开始讲授"社会态度"这一章节(单元)之初,就告知学生该章节所涉及的预期学习成果及相关任务要求,并以此为导向展开教与学。其次,以应用为主线。在教学过程中,教师以"如何才能完成学习成果"的思路为主线,围绕这一主线的各个环节联结相应的知识点。这样有助于学生在学习每个知识点时就明晰该知识点如何应用。图11-2显示了对教材结构重新编排的示例。

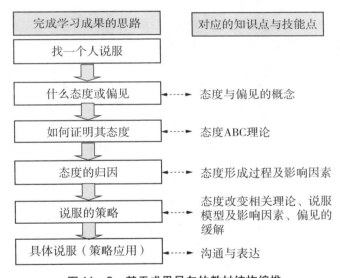

图11-2 基于成果导向的教材结构编排

第二节　成果导向的教学实施理念[①]

传统教学实施主要是以书本为中心,以教师为主导。教师给学生讲授的主要是理论知识,学生主要通过记忆的方式掌握知识。在教学形式上,一般是教师讲,学生听。在一节课45分钟时间里,教师讲授的时间占90%左右。

[①] 殷明:《基于成果导向教育(OBE)的高职课程教学实施理念与步骤》,《广东水利电力职业技术学院学报》2017年第15卷第2期。

在教学目标上，传统教学实施偏向注重认知目标的实现，强调学生的记忆学习，而学生并没有具体明确的学习目标，只是单纯跟着教师的讲课、复习、考试。在交流方式上，传统教学实施主要是教师讲课，学生听课，学生完成作业或考试后就基本上扔在一边。信息传递过程往往是单向的，虽然有些互动，但也是被动的。

基于成果导向教学认为，教学设计和实施的目标是学生通过教育过程所取得的学习成果。它的理念是打破传统的以教师为中心的教学模式，强调学生的主体地位，指出课程教学的目标是让学生具备相应的能力，教师所从事的一切教学活动都是为达到教学目标而采取的手段。

高等职业教育领域以培养应用型人才为主，基于成果导向的教学实施过程主要依据下列 5 大理念。

1. 理念一：知识学来是为了用的

英国哲学家培根曾说过"知识就是力量"，但知识要转变为生产力就必须得到有效的运用。基于成果导向的教学强调学生的应用型学习，教学重心不再偏向于知识本身，而是侧重于知识的应用。从学生视角分析，如果学生在学习时不清楚所学知识对其有何作用，他们的学习热情将会受到影响。因此，课程预期学习成果应该在一定层次上体现对知识的应用。在教学实施过程中，授课教师不但要强调所学知识的应用之处，更要以应用型学习成果为出发点，围绕如何应用知识展开教学。

2. 理念二：学生明确知道学完这门课要提交哪些学习成果（包括考试）

在传统课程实施中，教师往往在考试复习阶段给学生"划重点"。为避免泄露考试题目，教师也往往要在考题的基础上扩大"重点"的范围。这既可能造成从侧面培养部分学生"押题"的不良投机心理，也在一定程度上限制了学生的思维（只要背熟考点就行了）。

在基于成果导向的教学模式下，任课教师会在课前明确告知学生课程的预期学习成果，包括预期学习成果的内容、提交成果的方式（无论是书面作业，还是通过表演、展示等方式，甚至采用考试的方式）及评核成果的指标，并且这一"告知"被视为教师与学生之间的非正式协定，不能随意变更。这样，学生的学习目标更加明确，学习路径更加清晰。同时，校方也无须担心教师告知学生课程预期学习成果后的"泄题"影响。因为，尽管学生已经知道预期学习成果（即所谓的题目），但完成这些预期学习成果并没有简单、机械的答案。学生往往需要自己总结提炼所学知识，自行思考解决问题，或者自己亲手操作，才能完成预期学习成果。

3. 理念三：教师关注学生完成学习成果，而非抽查学生学习结果

在传统课程实施中，教师通常是通过期末考试检测学生的学习情况。该模式一般带有 4 个特征：一是试卷出题带有抽查的性质，通过一些具有代表性的题目来检测学生是否掌握了课程的全部知识点；二是学生往往在课后没有及时复习，而是在期末考试前突击复习，故难以形成长期记忆；三是学生考完试后开始放假，意味着学生基本看不到（甚至根本不关心）答题的正确性以及错误的纠正；四是教师（甚至包括校方）与学生都聚焦于考试成绩这一综合性学习结果，甚至一部分学生只关注 60 分及格线。

在基于成果导向的教学模式下，学生被要求完成课程的所有预期学习成果，学习评价不再带有抽查性质。同时，各个预期学习成果并非在期末统一提交，而是随着每个预期学习成果所对应的教学内容，在课程学期过程中分阶段地完成与提交。这样，一方面学生可以通过对所学知识的及时复习与应用尝试来巩固与加深对知识的理解与掌握，另一方面学生有机会看到授课教师对其所提交学习成果的评阅情况，进而可以修正完善学习成果。对教师（及校方）而言，其关注核心在于学生如何不断提高所完成学习成果的质量，而非只是学生的最终成绩。

4. 理念四：学生完成学习成果的过程，不仅仅是巩固和验证的过程，更是学习的过程

笔者曾经访谈过学生"作业与考试是为了什么"，大多数学生的回答是"为了得到一个成绩分数"，也有少部分学生的回答是"为了评价学习掌握程度"或者"为了巩固所学知识"。这些回答在一定程度上体现了"灌输式"的教学理念，也催生了部分学生"为评价/成绩而学"的功利性思想。

在基于成果导向的教学模式下，学生完成学习成果的过程，不仅仅是巩固和验证的过程，更是学习的过程。这主要是源于预期学习成果没有现成的答案，学生很难通过简单的记忆或机械的模仿来很好地完成学习成果。在完成学习成果的过程中，学生需要自己总结提炼所学知识、自行思考解决问题，或者自己亲手操作，这些过程往往包含着对知识的应用（在应用型学习理念下，如何应用知识的能力也是学生的学习重点），以及多次的修正（学生在完成学习成果过程中的每一次修正，都是一次有效的学习体验）。

5. 理念五：教师关注学生是否学会，而非关注给学生多少分的评价

目前，很多学校要求教师在编制试卷时提供答题参考答案，并要求教师尽量在教师评阅学生试卷时尽量依照得分点给出"小分"，再累加成题目的总分。这一做法虽然在避免教师评阅试卷的主观随意性以及增强评分的公平性方面具有积极的作用，但其不足之处在于还是将关注点停留在学生的成绩分数评价上。究其原因，主要还是停留在"以教师为中心"的教学理念上，即"教师已经认真授课后，学（考）得好或者学（考）不好是学生自己的事"。

在基于成果导向的教学模式下,教师不仅要关注自己如何教,更重要的是,还要关注学生是否学会其"应知、应会、应做"以及学生如何才能更好地完成其"应知、应会、应做"。教师在评阅学生试卷及作业时,不但要给予学生客观、公正的成绩评分,更重要的是指出学生的错误原因,并给予进一步修正与完善的建议。

上述 5 大基于成果导向的教学实施理念之间并非独立存在,而是相互关联,其核心是对"以学生为中心"理念的具体贯彻(见图 11-3)。首先,通过成果导向,以学习成果衡量学生在完成学习后的"应知、应会、应做"。将每个预期学习成果都明确告知学生,但每个学习成果的完成都蕴含着对所学知识的应用,且均没有直接给出答案,学生必须通过自己的努力完成所有预期学习成果。这一过程中,教师应积极关注、指导学生不断修正完善学习成果。

图 11-3 基于成果导向的教学实施理念

第三节 成果导向的教学实施步骤[①]

在基于成果导向的教学实施理念下,在整个课程教学过程中可以按照下列 8 个步骤(5A3R 模式)开展。

1. 达成协议(Coming to An Agreement)

课程第一节课,任课教师向学生讲解《课程规范》,并发电子版给学生,

---

① 殷明:《基于成果导向教育(OBE)的高职课程教学实施理念与步骤》,《广东水利电力职业技术学院学报》2017 年第 15 卷第 2 期。

要求学生打印出来夹在教材里。

以往在课程第一节课上，只是单纯介绍课程主旨和内容，学生都不太在意。一方面是由于学生认为不太重要，另一方面可能是由于学生较难清晰地理解。《课程规范》是基于 DQP 成果导向而编制的，不但明确了该课程在整个专业人才培养课程体系中的性质与定位，也明确了课程的主要教学目的与内容，更重要的是明确了课程的预期学习成果以及考核评价方式。这是学生较为关注的内容。同时，任课教师在介绍预期学习成果时，对于其中涉及的一些课程术语可以进行简单的介绍，以激发学生的学习兴趣。

因此，在课程的第一节课，任课教师和学生围绕《课程规范》与课程预期学习成果进行沟通，对这门课要求学生应知应会些什么、如何教、如何学、如何考核评价等达成共识。《课程规范》则相当于任课教师与学生之间关于该课程教与学的非正式协议文件。学生将《课程规范》打印出来夹在教材里，既可以作为日常学习的参考，也可以用来检查教师是否按照《课程规范》进行教学，同时也可在一定程度上培养学生的"契约精神"。

2. 围绕学习成果的教学（Revolving around Learning Outcome）

任课教师讲授每个单元前，再次强调本单元涉及的预期学习成果，以及学生达成预期学习成果的情境、教学的方式和考核的形式（可以提醒学生从教材中将《课程规范》打开来对照阅读）。

在讲授过程中，知识点与技能点围绕预期学习成果及其如何完成来讲。基于成果导向的教学模式与教材的知识体系有较大程度的差异。前者要求以学习成果为中心、以应用为目标展开教与学的过程，后者则多以研究型学科体系的认知逻辑顺序为主进行编排。因此，任课教师在进行课程单元设计时，要在对教材内容理解透彻的基础上，围绕"学生如何完成学习成果"这一主题重新编排，并在课程讲义中呈现出来。同时，任课教师有必要向学生解释课程讲义编排与教材内容的异同和联系，以便学生能更好地参考教材，进行自我学习。

3. 发布正式的学习成果要求（Layout Assignment）

每个单元授课结束后，任课教师发布正式的预期学习成果要求（此时预期学习成果已经融于具体的学习任务情境中，示例见图 11-4、图 11-5），并进行答疑。

1．阐述企业在制定及实施"员工奖惩制度"时的注意点（至少8个）；（40分）（SOC5）

2．举例阐述企业员工满意度、员工工作士气、员工归属感的概念。（30分）（SOC6）
每个概念解释5分，每个概念举例（员工的什么态度或行为显示了员工具有较高或较低的满意度／工作士气／归属感）至少1个，每个5分。

图11-4　以闭卷测验为考核方式的学习成果要求发布

单元二　作业

1．以岭南一位教师或宿管员为例，撰写一份"入职通知书"；撰写为该"入职通知书"配套的手机短信。（40分）
　（1）相关背景情境，自行假设后填写。
　（2）采用word格式，注重排版等格式要求。

2．以岭南职院为例，编制一份员工"离职面谈表"（格式化空白表格）。（20分）
　（1）采用A4纸手写编制。

3．以岭南一位教师为例，编制一份"劳动合同续签通知书"。（40分）
　（1）相关背景情境，自行假设后填写。
　（2）采用word格式，注重排版等格式要求。

评分标准：
　每小题的：作业完整、未偏题（**40%**）、行文及格式正确（**20%**）、符合人力资源管理的特点与要求（**40%**）。

4月25日上课前交电子版与纸质版给学委。

单元二　劳动关系手续办理

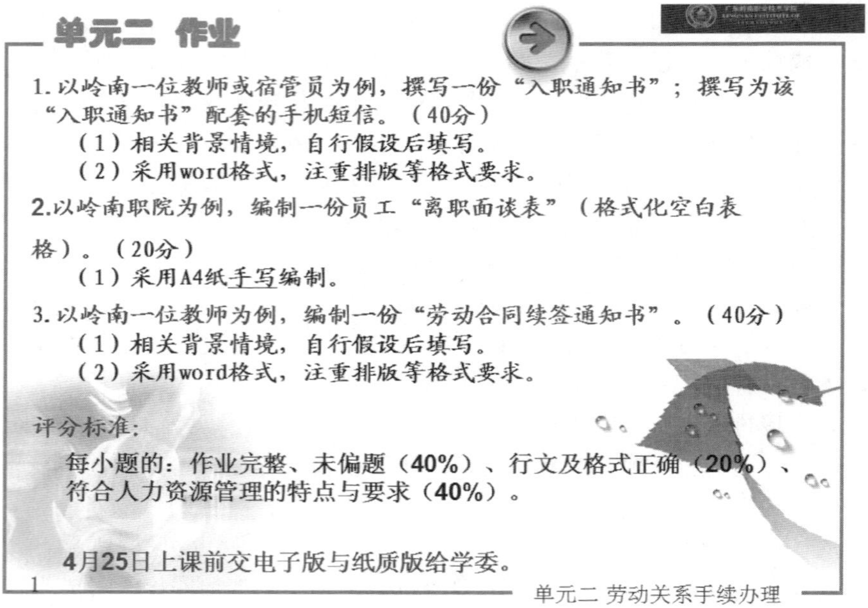

图11-5　以书面作业为考核方式的学习成果要求发布（资料来源：殷明制作）

发布，不是简单地告知，而是任课教师应给予必要的讲解，以便学生明确并理解具体的要求。这是因为教师与学生的知识基础、认知模式及思维结构有较大的差异。教师一看就懂的，学生不一定懂，或者不一定能正确理解，尤其是教师基于自己的知识体系所编制的要求。

4．答疑与辅导（Answering Questions and Tutoring）

在学生完成学习成果期间，任课教师应给予学生必要的指导。教师可以与学生约定见面答疑的时间、地点，也可以通过微信、QQ等工具进行在线答疑。当教师发现某一个学生提出的疑问可能成为全班大多数同学的疑问时，可以在班级微信群发出提示或者在课堂集中讲解。教师在答疑时，应注意重点在于引导学生思考，而不是直接告知答案。

在基于成果导向的教学模式下，教师还可以利用导生对学生进行辅导。如美国导生引导式团队学习教学模式（Peer-Led Team Learning，PLTL）就是由同一教师在同一课程教材下教出来的高年级优秀学生作为导生，通过团队学习的方式，担任学生在学习上的引导者和指导者。团队学习研讨的主题恰好就是学生如何更好地完成各项学习成果。该教学模式在广东岭南职业技术学院人力资源管理专业"劳动法与员工关系管理"课程试点应用实践中顺利实施并被证明具有较好的效果。大多数学生通过一学期的"导生引导式团队学习"，在学习热情激发、学习过程与学习内容理解帮助、思维与表达能力帮助、课程成绩等方面，收到了积极的效果。

5．**学习成果评价与改善**（Assess and Improvement Suggestion）

任课教师依据《课程规范》或具体学习任务书上的评价标准对学生提交的学习成果（书面作业、实操、测试等）进行批改，注释错误的原因以及需要改正的意见或建议，然后发回给学生阅读。若有发现共性问题，则可以在课堂上统一讲解。

学生可以根据教师批阅的建议或者参考（不是抄袭）其他学生的学习成果，对学习成果进行修正与完善，再次提交教师批改。为激发学生的修改积极性，可以以修改稿的成绩为准。

6．**及时的过程反馈**（Response in Process）

每次学习成果的评改成绩，会及时录入《课程过程成绩统计表》（见表11-1）中，并向全班同学公布，以利于学生及时了解学习效果进展并自己掌控学习努力程度。

7．**总结性回顾**（Summative Review）

学生完成课程的各项学习成果，是在学期过程中随着课程教学进度的展开而逐步完成的，这有点类似于形成性评价。为了避免学生"过后就忘"，增强学生对所学知识的长期记忆，在课程结束时有必要要求学生对已经完成的各项课程学习成果进行一个总结性的回顾。针对每项预期学习成果，学生要思考并回答下列几个问题：你完成该学习成果的主要收获是什么？描述你是如何在该学习任务中让自己做得更好的？通过该学习任务，你学会了哪些关于"如何学习和做事"？通过该学习任务，你认为在今后职场或生活中可以有哪些应用？这次学习经历是否使你产生一些新的兴趣点或观念，为什么？对于该学习成果，你认为还有哪些更好的考核方式，为什么？表11-2是高职社会工作管理专业"社会心理学"课程中学生提交的一份总结性回顾的示例。

表 11-1 课程过程成绩统计表（例）

序号	学号	姓名	评核系列二（占总成绩的 90%）						
			书面作业占 36%			课堂汇报占 33%		课堂测验占 21%	
			SOC2 社会认知偏差 12%	SOC5 社会态度 12%	SOC7 人际交往 12%	SOC6 用社会行为与社会影响分析职场员工关系 18%	SOC8 心理保健项目及课堂汇报 15%	SOC1 定义与理论 9%	SOC3、SOC4 社会印象管理与三维归因理论 12%
1	15635040101	林××	64	55			89	90	85
2	15635040102	杨××	77	50			90	66	70
3	15635040103	林××	91	80			94	88	99

表11-2　学生完成课程学习成果后的总结性回顾示例

预期学习成果内容	应用三维归因理论分析日常事件	应用社会态度相关理论改变他人的态度
考核方式	课堂测验	书面作业
你完成该学习成果的主要收获	对三维归因有了新的认识，比如行动者、刺激物、环境因素等归因角度	学习了说服的模型以及很多不同的说服因素
描述你是如何在该学习任务中让自己做得更好的	在学习之后，喜欢跟同学们一起归因一件事物的缘由，比如在宿舍里和舍友一起聊事情时，会从各个角度找事物的原因，很有趣	通过课堂老师的讲解，课后对理论的温习，再加上运用自身真实的例子来分析，提高了学习的效率
通过该学习任务，你学会了哪些关于"如何学习与做事"	学习了三维归因理论，学会了怎样从不同的角度去看问题，找原因	了解了说服一个人应该从哪些方面入手，而且知道不同的人会因为不同的性格特质影响说服结果，懂得在说服之前先对对方做人格分析
通过该学习任务，你认为对今后职场或生活可以有哪些应用	对于今后的职场，可以很好地应用三维归因理论分析作为我们社会工作者对求助者或是我们的案主的问题归因	在今后的案主辅导或是小组活动中，知道要如何先对案主做分析，要从哪几方面对案主进行说服，成功率更大
这次学习经历是否使你产生了一些新的兴趣点或观念，为什么	兴趣点就是，喜欢开始问为什么，找事物的原因，从你我角度，从环境因素多方面探讨。感觉就像是侦探，发现的角度越多，有趣的东西出现得越多	兴趣点在说服的过程，以及对人的分析。因为让自己全面地了解说服一个人要从说服者的角度以及被说服者的角度，还有说服的环境入手，整个过程都很有意思
对于该学习成果，你认为还有哪些更好的考核方式，为什么	我觉得考核方式还可以换成课堂交流形式，因为该阶段涉及的理论需要灵活运用。比测验更好的一点是可以了解他人的角度和自己的角度的不同，同时加上老师的点评，会比试卷更加深刻	我个人认为要考核学生对说服的理论学习掌握程度，不是从书面的作业可以了解得到的。我认为可以通过拍视频的方式，可以直观地了解说服与被说服以及环境因素等整个过程

从表 11 - 2 可以看出，学生对之前课程学习成果完成情况进行总结性回顾，既可以巩固所学知识点与技能点，促进学生所学与所用之间的联结，还可以培养学生的自我反思习惯。另外，该总结性回顾还从学生的视角对课程预期学习成果设计进行了评价与建议，为任课教师对该课程诊断与改进提供了有效的参考。

8. 记录（Record）

对所有学习成果的展示，任课教师要求学生提供纸质版和（或）电子版（如电子文档、照片、视频、程序等），以备存档。存档的作用一方面是便于学校管理层或第三方的鉴定评价，另一方面也可以作为教师进行课程调优的参考。如邀请用人单位对学生学习成果进行评价，了解用人单位对学习成果质量的评价标准及评价尺度，同时听取用人单位对学习成果设计的意见与建议。因此，在基于成果导向教学实施中，所记录的不只是学习成果本身，也不只是成绩，更重要的是教师对学生学习成果的言语性评价。

第四节 成果导向高职教学设计与实施的逻辑路线[①]

一、成果导向教学设计步骤

成果导向的教学设计以立德树人为根本，坚持逆向设计原则，如图 11 - 6 所示。

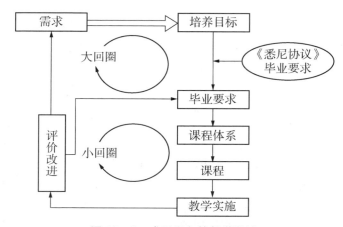

图 11 - 6 成果导向的教学设计

---

① 邹吉权、刘晓梅、牟信妮：《高职成果导向的教学设计与实施》，《中国职业技术教育》2018 年第 20 期。

第一步,需求调研。

需求是确定培养目标的依据,因此需要全面、准确地调研内外部需求。外部需求包括国家教育方针、政策以及相关法律法规,行业、产业发展及职场需求,学生家长及校友的期望等;内部需求包括学校定位及发展目标,学生发展及教职员工期望等。

第二步,根据需求确立培养目标。

培养目标是对学生毕业后 3～4 年能够达到的职业和专业成就的总体描述。

第三步,根据培养目标确定毕业要求。

毕业要求也叫毕业生核心能力,是对学生毕业时所应该具备的知识、技能、态度的具体描述,是学生完成学业时应该取得的学习成果。

第四步,根据毕业要求构建课程体系。

课程体系必须完全能够支撑毕业要求的达成,涵盖所有的核心能力。

第五步,根据课程体系设计课程。

毕业要求的实现最终要落实在每一门课程上。因此,针对该课程所覆盖的核心能力系统设计课程大纲、教学内容、知识呈现的方式及顺序、教学策略、教学组织方式以及评价方式。

第六步,教学实施。教学实施是成果导向教学的核心环节,实施过程中必须坚持以学生为中心,坚持任务驱动和问题导向,让学生在真实的情境中学习。

第七步,评价与持续改进。

评价是成果导向教学的关键环节,是持续改进的依据。评价包含从培养目标到课程的每一个环节,既有宏观层面的,也有微观层面的。宏观层面主要指教育目标和毕业要求,其评价指标为符合度和达成度,评价的方式为直接评价和间接评价相结合。

培养目标的符合度是指它是否与需求一致,毕业要求的符合度是指其与培养目标的符合程度,此二者可通过重要程度指标衡量;培养目标的达成度是指是否实现了预期的教育目标,学生毕业 3～4 年后是否达到了相应的专业和职业能力,毕业要求的达成度是指应届毕业生是否具备了相应的核心能力,此二者可通过课程评价及应届毕业生调查来评价。

二、成果导向的教学设计实施流程

(一)成立相关机构

首先需要成立校、院、专业三级"成果导向教育咨询委员会",以推动成果导向的教学实施。校级委员会的校内代表应包含校领导、教务管理人员和教师代表，校外代表应包含行业企业专家、校友代表以及教育专家，而二级学院和专业的咨询委员会代表包含教师代表（含学院领导和教研室主任）、行业企业专家、校友和同行专家。代表的人员构成见表11-3。咨询委员会负责培养目标的确定、毕业要求的制订、课程体系的审核、教学条件的配备以及教学实施过程的监控。

表11-3 成果导向教育咨询委员会人员构成

	人数	人员构成					
		校领导	教务管理人员	教师代表	行业企业专家	校友代表	教育专家
校级	19	2	2	8	4	2	1
院系	13			8	3	1	1
专业	7			3	2	1	1

（二）培养目标的确定

培养目标是对学生毕业3～4年后能够达到的职业和专业成就的总体描述。培养目标要描述精准、内涵明确、条理清晰。校级咨询委员会根据需求调研结果，初步确定学校培养目标，之后在学校师生、校友、行业企业中广泛征求意见，经民主评议，最终形成学校的培养目标。学校培养目标确定要以立德树人为根本，基于学校的办学理念、办学定位和办学思路，符合教育教学规律。既要考虑学生当前就业需要，又要考虑学生长远发展；既要考虑教育的社会性，又要考虑教育的人本性；既要符合党和国家的教育方针、政策，又要适应国家和区域经济社会发展。学校层面的培养目标更关注学生的通用知识、社会能力、道德修养的培养，由学校统一规划通识课程。二级学院的培养目标主要从专业群的角度考虑，要体现专业链和产业链的对接，并根据学院培养目标规划专业群平台课程。专业培养目标重点关注行业、企业、用人单位、校友等群体的需求。

确定培养目标的关键是做好需求调研，需求调研的形式包括调查问卷、访谈、论坛、研讨等，也可以委托第三方机构进行调查。在确立培养目标的过程中要做好痕迹管理，将相关材料和会议记录存档。

（三）毕业要求

确定毕业要求需遵循两个原则：一是毕业要求要能支撑培养目标的达

成；二是毕业要求要全面覆盖《悉尼协议》认证标准要求。参照我国台湾地区的高校，毕业要求一般包括知识、技能和态度3个模块，含8～14条，通过调研和民主评议确定每条权重。若毕业要求条目数较少，也可在每条下再设2～3个指标点。在对毕业要求进行描述时，尽量选择较高的认知层次，即多选择"应用""分析""评价""创造"这4个层次，尽量不用"记忆""理解"这两个层次。

专业的毕业要求除满足培养目标外，还要覆盖《悉尼协议》规定的12条毕业要求（见表11-4）。《悉尼协议》这12条毕业要求给出了毕业生能力结构框架，各专业应该根据各自的培养目标和定位逐条落实，将其列出的毕业要求变为可评价、可测量的学习产出，将"程度"描述具体化。例如，《悉尼协议》毕业要求第3条"设计/开发解决方法"，需描述清楚什么是"广义工程""解决方案"的复杂程度如何、"特定需求"指什么、"适当考虑"的程度等，只有这样才能将毕业要求变得具体化、可测量。

表11-4 《悉尼协议》毕业要求

序号	类目	毕业要求
1	工程知识	能够将数学、科学、工程基础知识及某个特定专业的工程知识应用于确定的、实用的工程流程、程序、系统和方法
2	问题分析	能够运用适用于所属学科或专业领域的分析工具，定义与分析广义的工程问题，检索相关文献，并得出实证性的结论
3	设计/开发解决方法	能够设计广义工程技术问题的解决方案，设计满足特定需求的系统、部件或过程，并能够适当考虑公共健康、安全、文化、社会以及环境等因素
4	研究	能够对广义问题开展研究；从规范准则、数据库及文献中检索并选择出相关数据，设计并进行实验，以得出有效结论
5	现代工具的应用	能够针对广义工程活动选择和应用适当的技术、资源和现代工程及信息技术工具，包括对广义工程活动的预测和建模，并能够理解其局限性
6	工程师与社会	能够理解专业工程实践和广义工程问题解决方案在社会、健康、安全、法律及文化诸方面涉及的因素与应承担的责任
7	环境与可持续性发展	能够在社会和环境大背景下，理解和评价解决广义工程问题的工程技术工作的可持续性和影响
8	职业道德	能够恪守伦理准则，理解和遵守工程实践中的职业道德、责任及规范，履行责任

(续表 11-4)

序号	类目	毕业要求
9	个人与团队	能够在具有多样性的团队中作为个体、成员或负责人有效地发挥作用
10	沟通交流	能够就广义工程活动与同行以及社会公众进行有效沟通,包括理解和撰写报告、设计文档、做现场报告、理解或发出清晰指令
11	项目管理和财务管理	能够认识和理解工程管理原理,并将其应用于工作中,即作为团队成员和领导者,能够在多学科交叉的环境下进行项目管理
12	终身学习	能够认识在专门技术领域进行自主学习和终身学习的必要性,并具备相应的能力

(四)课程体系构建

1. 课程体系

基于成果导向的高职课程体系构建,既要考虑当前行业状况和人才需求情况,又要面向未来产业转型升级和技术创新;既要注重技能,又要强调技术;既要重视学生当前就业,又要考虑学生今后发展;既要强调职业性,又要重视高等性;既要强调专业能力,又要关注人文素养。要处理好各门课程之间的前后衔接,科学制订各门课程的学分,同时还要重视第二课堂和隐性课程对学生知识、技能和态度的培养。

毕业要求(核心能力)的知识、技能和态度培养必须通过构建科学合理的课程体系来实现。因此,课程体系要能够完全支撑毕业要求。毕业要求与课程体系的对应关系一般用课程矩阵表达(见表 11-5),要详细说明每门课程支撑哪些毕业要求,并要确定各自的权重,每条毕业要求必须有 3 门以上课程支撑(含 Capstone 课程,翻译为顶石课程、顶点课程、整合课程等),而 Capstone 课程必须覆盖所有或绝大部分毕业要求,放在表格最后。

表 11-5 课程矩阵

课程	学分	毕业要求 1	毕业要求 2	毕业要求 3	毕业要求 i	合计
预设权重		a1%	a2%	a3%	ai%	100%
课程 1	Cre1	√		√		100%
课程 2	Cre2		√			100%
…						

(续表 11-5)

课程	学分	毕业要求 1	毕业要求 2	毕业要求 3	毕业要求 i	合计
预设权重		a1%	a2%	a3%	ai%	100%
Capstone 课程	Cre$n$	√	√	√		100%
实际权重	∑Cre$i$	b1%	b2%	b3%	bi%	100%

应用课程矩阵对原有课程体系进行改造,重新构建后的课程体系应满足毕业要求预设权重,即 bi% 应接近 ai%。

2. 课程地图

成果导向的课程体系需要给学生提供一个清晰的学习路径,使学生能够根据自己的职业生涯规划去选择就业岗位,同时需要知道该岗位应具备哪些核心能力、修习哪些课程、修课顺序以及各课程之间的关系,这就需要课程地图。第一,课程地图的首要功能是指引学生学习。学生根据自己的能力专长、兴趣爱好和职业生涯规划,按课程地图指引的路径修完高职 3 年的全部课程,及时进行自我评估,检视自己获得了哪些核心能力,存在哪些不足。第二,课程地图促进课程体系的优化。课程地图清晰地呈现出课程间的纵向和横向关系,教师能够明确所授课程在课程体系中的地位和作用,根据学习成果要求来更好地组织教学;教师依据课程地图,查找教学计划、课程内容之间是否存在遗漏和重叠现象,以便及时增加或删减相应内容。第三,课程地图是相关人员进行教学管理和评估的有效工具。课程地图绘制是成果导向教学设计的重要环节,它涉及学校、学院、专业、专业方向、就业岗位各个层面,内容涵盖教育目标、核心能力、课程体系、课程大纲、授课进度、教学组织方式等。它是一个十分庞大的系统工程,但核心是专业课程地图。若要使课程地图更加具有生命力,关键是要满足学生多样化、个性化需求,有更多的职业方向供学生选择,开设更多的课程供学生选修。同时,充分调动教师的积极性,将课程体系规划的所有课程相关资料(课程覆盖的核心能力、课程资讯、课程大纲、授课进度等)进行完善,去充实课程地图。

(五)课程教学设计

1. 课程大纲与单元设计

成果导向的课程大纲包含课程性质与定位、教学目标、教学内容、情境创设、教学评价等内容,编写课程大纲要紧紧围绕其所支撑的毕业要求进行。课程性质与定位要描述清楚其在课程体系中所处的位置,与前置课程和后续课程的关系，培养学生哪些核心能力。教学目标是课程大纲的核心，是其他教学环节设计的依据，所以，教学目标必须明确、具体、可测量，同时，教学目标与毕业要求要有明确的对应关系。教学内容的设计重点是教学内容的选择和顺序安排。内容选择要保证课程目标的实现，各部分内容与课程目标及毕业要求应有明确的对应关系；顺序安排要符合教育教学规律和学习者的认知规律，由浅入深、由简到繁、循序渐进，并分配好各单元的学时。根据建构主义理论，知识、技能和态度的培养必须在特定的职业情境中开展。因此，教师对学习情境的创设至关重要，教师应为学生创设真实的职业情境，体现"教学做"一体，理论与实践相结合，同时激发学生兴趣。课程教学评价是判断学生是否实现了该课程的教学目标，应将终结性评价和过程性评价结合起来，以便随时改进教与学，并实现个性化教学。

单元设计包括学生特征分析、单元教学目标、教学内容、教学策略等。学生特征分析是做好单元设计的前提，教师要全面了解特定班级学生的学习状态、认知特点以及知识基础，之后才能制定相应的教学策略，做到因材施教。单元教学目标包括知识、技能、态度（素养）3个方面，并要明确其支撑的课程目标和毕业要求指标。一般将教学活动内容和教学策略结合起来进行设计，其实就是为教学活动设计一个详细的脚本，整体考虑内容顺序安排、学习者活动与组织、教学活动、媒体活动、时间分配等。

2. Capstone 课程

1998年，美国卡内基教学促进基金会发表了著名的《博耶报告》。该报告针对美国本科教育知识学习的碎片化等问题，呼吁大学教育要开设Capstone课程。至今，美国70%的大学都将Capstone课程设置为必修课。国际工程教育认证协议也要求将Capstone课程设置为必修课。设置该课程至少要实现以下3点目标：①将过去所学碎片化知识进行整合，强化知识的应用能力，促进专业教育的系统化和综合化；②以学生为中心，学生在真实情景中应用所学知识、技能解决实际工程问题，促进学校教育与就业岗位的有效衔接；③评价毕业要求（核心能力）的达成度。Capstone课程强调综合性、职业性、实践性、技术性、创新性，必须覆盖全部或绝大部分毕业要求（核心能力）。Capstone课程基本特征为：需要用较深的综合知识或技能解决一个实际问题，而这个问题没有显而易见的解决方法，需要创新应用专业基本原则及实务才可能解决；问题本身是多面的，在技术、经济、社会影响等诸多层面可能存在冲突，需要考量现实条件的诸多限制，如人力、成本、设备、材料、资讯及技术等。Capstone课程项目来源可以是企业真实项目、教师科研课题、教师自拟项目等。课题的形式可以是产品设计、产品制造（加工、制作）、加工工艺编制、技术分析、调查分析、专题策划、商业计划、创业规划、研究论文等。Capstone课程不仅要提升学生的专业能力，还要重视学生通用能力的培养，如以小组合作的形式培养学生的团队合作、沟通交流、职业素养等。总之，Capstone课程就是培养学生将所学知识、技术应用于广义工程实务的能力，尝试解决一个相对复杂且整合性的工程问题。

Capstone课程特别强调教师的指导作用，教师作为学生学习任务的设计者、学习环境的创设者、学习过程的促进者及学习结果的评判者，是课程能否取得预期效果的关键因素。因此，拥有一支专业水平高、认真负责、来源广泛的师资队伍至关重要。Capstone课程强调不能用毕业设计（毕业实践）代替，必须在校内进行，建议在第五学期开设。根据其他国家和地区的经验，Capstone课程为3～9学分，占总学分4%左右为宜。可以集中授课，也可以分散进行，教学组织上尽可能让学生以分组合作的方式进行。

Capstone课程评价强调全面性、多元性和过程性。全面性是指对课程覆盖的所有核心能力分项打分，并给出权重，最后对各项核心能力得分进行统计，统计结果作为持续改进的依据。多元性是指评价主体的多元。将学生自我评价、同伴评价、指导教师评价、企业人员评价等各种评价结果综合考虑，最终得出总体评价，使评价结果更客观、更公平、更全面。过程性是指将评价贯穿于课程实施全过程。采用中期汇报等形式，时时关注课程进程，并进行及时指导，促进学生反思自身的不足，做出修正。最后，对学生的中期报告、最终报告、答辩结果以及作品综合考虑，给出最终成绩。

三、以学生为中心的课堂教学

以学生为中心强调以学生的发展为中心、以学生的学习为中心、以学生的学习成果为中心。建构主义理论认为，世界是客观存在的，但对于世界的理解和所赋予的意义却是由每个人自己决定的，人们以自己原有的知识和经验为基础来建构和解释事实。建构主义学习理论强调以学生为中心，学生是信息加工的主体，知识意义的主动建构者。这就要求教师要由知识的传授者、灌输者转变为学生主动建构意义的帮助者、促进者，并创设真实情景。学习者在教师的组织和引导下进行讨论和交流，学生之间互相合作，追求教与学的合作化，共同建立起学习群体。

高职院校面临的普遍问题是，学生的基础较差，学习积极性不高，翘课、上课玩手机、睡觉、发呆、不做笔记、考试作弊、大面积不及格，这是普遍现象。我们不能因此而抱怨，职业教育的使命正在于此，就是让这些学生通过我们的教育使其得到全面发展，成长为对国家、对社会有用的人。如

何才能做到这一点？关键是教师要深入研究高职教育教学规律和人才成长规律，坚持以学生为中心，要清楚了解学生现有基础，加强与学生的情感沟通。经常进行教学反思，不断追问自己讲的内容是否是学生所需要的；讲课的节奏和知识结构安排是否符合学生的认知规律，是否能被学生所接受；在课堂上如何更多地让学生参与，调动学生学习的主动性和积极性；如何把学生的惰性知识激活，强化学生的知识应用能力；总之，要根据实际情况不断改进教学方法和教学组织方式，坚决摒弃教师"满堂灌"的做法，采用项目化教学、问题导向教学法，增加更多的实践机会，给学生更多的思考机会，实现从"以教师为中心"到"以学生为中心"的转变。

以学生为中心是一场教育理念变革，说起来容易，实施起来难，涉及教师观念的变化和大量精力的付出。因此，必须从学校层面实施，重点做好以下 3 个层面工作。

1. 调查统计分析

对学生的学习状况和课堂表现进行全校调查，如出勤率、上课状态、考试情况等。之后通过问卷调查、座谈会等形式全面了解产生问题的原因，倾听学生和教师的想法，使以学生为中心的教学改革有的放矢。

2. 教师的培训

近年来，高职院校更加重视对教师专业技能的培训，而教育学、心理学的培训较少。然而高职院校教师绝大部分并非师范院校毕业，因此对于教学教法的了解非常有限，对于高职教育规律和学生的认知规律也没有深入的研究和反思。相比专业能力，他们的教学能力可能更欠缺。因此，实施以学生为中心的教育教学改革，教师的培训显得尤为重要。教师的培训可分两个层次进行：一是邀请国内外教育专家培训教育理念、教育规律、教学方法；二是邀请国内外教育专家、名师培训课堂教学，现场示范。

3. 以学生为中心的课堂实施

学校出台实施"以学生为中心"的教学改革文件，教师按自愿原则进行课程改革申报。学校成立课改评价小组，对课改实施过程和最终效果进行评价，通过后给予教师相应的奖励和待遇。以点带面，全校铺开。

四、评价与持续改进

国际工程教育认证协议《悉尼协议》遵循以学习成果为导向、以学生为中心和持续改进 3 大理念，主张通过持续不断地改进提高教育质量，保证教育目标的实现。高职院校应健全质量管理机构，建立全面质量管理体系，按照 PDCA［计划（Plan）—执行（Do）—检查（Check）—处理（Action）］

循环管理教育教学全过程，使教学质量管理形成一个闭环。

如图 11-7 所示，持续改进包括内部和外部两个回圈。内部回圈调查毕业要求的符合度和达成度，调查对象主要是应届毕业生，可利用毕业答辩学生集中返校的时间进行。毕业要求的符合度主要看其是否能够很好地支撑培养目标，否则要修改毕业要求；毕业要求的达成度主要看学生毕业时是否实现了核心能力的达成，否则要改进教学活动，使其更好地支撑毕业要求的达成。外部回圈主要调查教育目标的符合度和达成度，调查的对象主要是雇主和校友（毕业3年以上）。若教育目标符合用人单位和校友的需求，不做修改，否则修改教育目标；若教育目标的达成度不满足要求，则需要不断改进毕业要求和教学活动，使其更好地满足内部和外部需求。

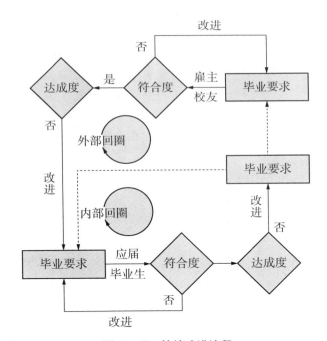

图 11-7　持续改进流程

教学活动包括课程体系、课程、教学过程、师资队伍及实训条件等诸多方面，这也是持续改进的重点。这就要求专业建立一种具有"评价—反馈—改进"反复循环特征的持续改进机制。教师在授课过程中不断进行教学反思，不断改进教学内容、教学组织方式和教学策略，将知识课堂变为学问课堂，将句号课堂变为问号课堂，将灌输式教学转变为研究型教学，着重培养学生的应用能力和实践能力。从而实现教学活动、毕业要求以及培养目标的持续改进，以保障培养的学生达到应有的专业和职业能力，满足产业和社会需求，并实现人的全面发展。

以成果为导向、以学生为中心和持续改进是成果导向教学3大核心理念。在实施过程中应时时追问：我们想让学生取得什么样的学习成果？为什么要取得这样的成果而不是那样的成果？我们如何采用有效措施帮助学生取得这些成果？我们如何评价学生是否取得了预期成果？特别强调这些成果应是内化于心的；强调学生对知识的应用能力；强调成果不仅仅是专业知识或职业技能，还应该包括学生的价值观、工程伦理、社会责任以及情感等。不但要教会学生"以何为生"，还要使学生懂得"何以为生"。

第五节　成果导向的教学效果比较[①]

为更好地研究教学方法与教学质量、教学效果之间的关系，本节研究针对同批学生的不同课程采用两种不同教学方法进行授课，即包括成果导向教学法及传统教学方法，分析两种不同的教学方法对课堂学习行为、学习效果的影响以及存在的差异。

为了更清晰地分析"成果导向教学"在高职课程的实践及效果，本研究提出以下假设：

假设 H1：成果导向教学法下的课程教学效果与传统方法教学课程效果相比具有显著差异性。

假设 H2：成果导向教学法相比传统教学方法对学生课堂行为及学习效果的影响更大。

一、研究设计

（一）参与者

本研究以广州某民办高职院校的人力资源管理专业课程为研究对象，被试课程分为两类共 4 门。第一类是成果导向教学下的课程（企业行政管理、基于 Excel 的 HRM），第二类是传统方法教学下的课程（基础会计、市场营销）。两类课程采用相同的调查问卷。共发出问卷 130 份，回收问卷 125 份，回收率 96%。其中有效问卷 125 份，有效率 100%。

---

① 翟树芹、殷明：《基于 OBE 成果导向的学习成果分析与评价的研究》，《太原城市职业技术学院学报》2018 年第 3 期。

（二）设计过程

对于传统教学方法，在研究过程中基本未加以干涉，教师仍旧沿用其原先的教学方式方法。对于采用成果导向教学的课程，其教学基本设计是：①预设该门课程涉及的学习成果及其要求，包括学生达成学习成果的情境、学习方式、考核形式与评分标准，在课前与学生沟通并达成共识。②教学内容及过程围绕预期学习成果，激发学生朝着完成预期学习成果方向思考与努力。③及时修改及反馈学生学习成果。对学生提交的学习成果（如电子作业、实操、测试等）进行批改，注释需要改正的意见或建议，对部分共性问题将会在课堂上讲解；同时，针对每次预期学习成果的评改成绩尽早向全班同学公布，以利于学生及时了解学习效果进展。

本案例参考广东省2014年深化教育领域综合改革试点项目"基于DQP体系的高职学分制教学"，并对一些教师进行沟通访谈，得出本研究的调查问卷。调查问卷有4个维度，即课前兴趣、教学方法、课堂学习行为以及学习效果。将课前兴趣作为控制变量，研究教学方法、课堂学习行为以及学习效果之间的关系。共9个题项组成（见表11-6）。每个题项采用4级量表形式。其中1为非常不同意；2为较不同意；3为比较同意；4为非常同意。因为问卷内容主要针对被试者对自身利益的个人主观评价，具有较高的敏感性，所以被试者采用匿名回答。问卷回答采用被试者主观认知评价的形式。

表11-6 问卷的各个维度及测量构面

维度名称	测量构面（1~4为非常不同意—非常同意）
1. 课前兴趣	在上这门课之前，我对这门课是有兴趣的
2. 教学方法	我清楚知道该课程的学习目标（应知应会）
	我清楚知道该课程学习所需要付出的努力与时间
	我清楚知道该课程如何才能及格或获得高分
3. 课堂学习行为	我在该门课上认真听讲，积极参与互动
	我能够认真完成该课程的作业或考试
4. 学习效果	该课程的教学方法有助于我对知识和技能的理解及掌握
	该课程结束时，我认为自己的确学到了知识和技能
	该课程学到的知识和技能能够有助于我今后解决实际问题

（三）测量工具

本研究使用 SPSS 17.0 进行统计分析，采用 Cronbach's Alpha 系数来检验问卷分量表的内部一致性信度。检验结果为：学生对成果导向教学法信息源量表的 Cronbach's Alpha 系数为 0.945，学生对传统教学法信息源量表的 Cronbach's Alpha 系数为 0.933，均具有可接受的内部一致性水平。

二、数据分析

（一）主要测量的描述性统计分析

表 11-7 呈现了本研究中主要测量的描述性统计结果。两种教学方法中，成果导向教学课程所有维度的平均值均高于传统方法教学课程。

表 11-7　主要测量的描述性统计分析

		N 值	最小值	最大值	平均值	标准差
成果导向教学	1. 课前兴趣	125	1.00	4.00	3.316 0	0.610 84
	2. 教学方法	125	1.00	4.00	3.341 3	0.568 30
	3. 课堂学习行为	125	1.00	4.00	3.346 0	0.559 72
	4. 学习效果	125	1.00	4.00	3.360 0	0.554 55
传统方法教学	1. 课前兴趣	125	1.00	4.00	3.040 0	0.661 74
	2. 教学方法	125	1.00	4.00	3.053 3	0.604 86
	3. 课堂学习行为	125	1.00	4.00	3.128 0	0.572 92
	4. 学习效果	125	1.00	4.00	3.018 7	0.638 59

其中，课前兴趣为 3.32 VS 3.04，教学方法为 3.34 VS 3.05，课堂学习行为为 3.35 VS 3.13，学习效果为 3.36 VS 3.02。就表 11-8 数据分析发现，4 个维度中教学效果差距最大。

表 11 - 8　两类教学法不同维度绝对平均值的比较

维度	成果导向（OBE）教学（绝对平均值）	传统方法教学课程（绝对平均值）	绝对平均值差
1. 课前兴趣	3.32	3.04	0.28
2. 教学方法	3.34	3.05	0.29
3. 课堂学习行为	3.35	3.13	0.22
4. 学习效果	3.36	3.02	0.34

（二）成果导向教学与传统教学方法下学习效果的差异性分析

本研究对两类课程的课前兴趣、教学方法、课堂学习行为以及学习效果进行配对样本 T 检验。表 11 - 9 数据表明，课前兴趣、教学方法、课堂学习行为、学习效果的 $Sig.$（双侧）均为 0.000（< 0.05）。我们认为不同的教学模式下教学方法、课堂学习行为、学习效果均存在显著差异。由此说明成果导向教学下的课程对传统方法教学课程的教学效果具有显著差异，研究假设 H1 得到验证。

表 11 - 9　两类教学法不同维度的差异显著性检验（配对样本 T 检验）

	t	df	$Sig.$（双侧）
1. 课前兴趣	4.732	124	0.000
2. 教学方法	6.870	124	0.000
3. 课堂学习行为	6.069	124	0.000
4. 学习效果	7.209	124	0.000

（三）成果导向教学法相比传统教学方法对课堂学习行为、学习效果的影响

（1）主要测量之间的相关性分析。

从统计结果看，课前兴趣与课堂学习行为具有相关性（$r = 0.645$ VS $r = 0.545$，$P < 0.01$）、课前兴趣与学习效果具有相关性（$r = 0.687$ VS $r = 0.648$，$P < 0.01$）、教学方法与课堂学习行为具有相关性（$r = 0.817$ VS $r = 0.754$，$P < 0.01$）教学方法与学习效果具有相关性（$r = 0.828$ VS $r = 0.741$，$P < 0.01$）。

表 11-10 数据呈现了两种不同教学方法下的课程在 4 个维度即课前兴趣、教学方法、课堂学习行为以及学习效果之间均具有强相关。

表 11-10 主要测量之间的相关性

		1	2	3	4
成果导向教学	1. 课前兴趣	1	0.692**	0.645**	0.687**
	2. 教学方法		1	0.817**	0.828**
	3. 课堂学习行为			1	0.795**
	4. 学习效果				1
传统方法教学	1. 课前兴趣	1	0.754**	0.545**	0.648**
	2. 教学方法		1	0.754**	0.741**
	3. 课堂学习行为			1	0.774**
	4. 学习效果				1

注：**表示在 0.01 水平（双侧）上显著相关

（2）进一步分析成果导向教学相比传统教学方法对课堂学习行为和学习效果的影响。数据在同一样本下两种不同教学方法在学生课前兴趣变量的情况下采用多元逐步回归分析研究其影响（见表 11-11）。

表 11-11 两类教学法的不同维度变量间的预测力检验（多元逐步回归）
（自变量 X；因变量 Y）

教学方法	X：课前兴趣 Y：课堂学习行为		X：课前兴趣 Y：学习效果		$X1$：课前兴趣 $X2$：教学方法 Y：课堂学习行为		$X1$：课前兴趣 $X2$：教学方法 Y：学习效果	
	X 对 Y 的回归		X 对 Y 的回归		控制 $X1$，分析 $X2$ 对 Y 的回归		控制 $X1$，分析 $X2$ 对 Y 的回归	
	$\beta13$	Sig	$\beta14$	Sig	$\beta23$	Sig	$\beta24$	Sig
成果导向课程	0.591	0.000	0.624	0.000	0.701	0.000	0.441	0.000
传统方法课程	0.472	0.000	0.609	0.000	0.753	0.000	0.184	0.706

从数据显示来看，成果导向教学、传统方法教学的两类课程的课前兴趣对课堂学习行为和学习效果均有显著影响（$Sig.<0.05$）。

同时，对于成果导向教学，在控制学习兴趣的条件下，教学方法分别对课堂学习行为（$Sig.<0.05$，$\beta23=0.701$）和学习效果（$Sig.<0.05$，$\beta24=0.441$）具有显著影响。而对于传统方法教学课程，教学方法能对课堂学习行为产生影响（$Sig.<0.05$，$\beta23=0.753$），但教学方法对学习效果不产生显著影响（$Sig.=0.076.>0.05$，$\beta24=0.184$）。因此在控制学习兴趣的条件下，两种教学方法对课堂学习行为都有影响，传统教学方法对学习效果不产生显著影响。也就是说，成果导向教学对学生课堂学习行为及学习效果的影响更大，研究假设 H2 得到了验证。[1]

三、结论与建议

两类不同教学方法下的课程在课前兴趣、教学方法、课堂学习行为、学习效果之间存在正相关。成果导向教学法下的课程对传统方法教学课程具有显著差异性。成果导向教学法相比传统教学方法对学生课堂行为及学习效果的影响更大。

为了进一步做好成果导向教学模式的开展，将成果导向教学模式更好地渗透到高职课程教学之中，我们应该对高职课程教学进行改革，以成果为导向，以项目为主体，以任务为驱动，让成果导向教学模式得到更好的发展。具体的改革方案如下：

第一，在成果导向教学模式下，合理设计教学内容。

对高职类课程教学进行改革，在成果导向教学模式的指导下，教师必须为学生树立一个明确的学习目标，并要求学生对所要达到的学习成果及其社会价值有所认知。通过这个过程，学生就会产生强烈的求知欲望，从而更好地掌握相应的知识和技能。因此，以成果为导向的教学模式，其教学改革的第一步是制定相应的学习成果，而所制定的学习成果尽量能够紧密地围绕工作实践，进而使学生能熟练地掌握实际工作中的应用能力。

第二，在成果导向教学模式下，选择合适的教学方法。

在成果导向教学模式下，我们通常采用体验式教学法与任务驱动教学法两种模式，让学生能够在真实或模拟项目中体验工作业务流程，处理不同的工作业务，并且利用在实践过程中的各种感知，提高其自身对相关业务知识

---

[1] 陈水斌、殷明：《"成果导向教学（OBE）"在高职课程的实践及效果的比较研究》，《广东水利电力职业技术学院学报》2016 年第 14 卷第 2 期。

的掌握与应用。这两种模式能够很好地将学生置于教学的主体地位，并能够实现以成果为导向的教学设计。

第三，设计全面、标准的评价系统和反馈机制。

成果导向教学模式主要是以学习成果为核心，让学生用已经掌握的知识去完成一个项目或任务，通过完成项目或任务来展示自己的知识、技能以及运用知识和技能的能力，所以在课程设计中必须创建基于学习成果的课程考核评价标准，强化过程化考核，以任务为核心，考核和评价项目必须从项目或任务出发，以项目或任务为基础，评定学生完成项目或任务的表现。同时建立相应的反馈机制，针对学生完成学习成果的表现进行反馈，以便学生了解学习成果的进度和完成程度。

综上所述，通过对成果导向教学模式的探讨，我们更坚定地意识到，这种教育教学模式的应用与开展，更有利于激发学生的主观自主学习能力，提高教学活动的效率。成果导向教学作为一个全新的教育教学模式，其对提高教育教学活动有着十分重要的影响。因此，做好成果导向教学模式的研究具有十分重要的现实意义，值得广大教育工作者深入研究和探讨。

第二编　设计与应用

第十二章　学分制的人才培养设计

人才培养方案是以人才培养目标为导向，是人才培养质量的抓手，严格来讲具有很强的指导性、科学性、权威性、全面性和可操作性。无论是体现成果导向的人才培养还是体现学分制的人才培养，在教学设计上两者之间没有冲突，在形式和导向上也没有区别，两者本就是相互依赖和促进的整体，但需要注意的是，在实施时要与相应的人才培养方案要求相适应。实际上，实践中比较理想的状态是以学分制为基础来谈学生学习成果的呈现或评量更有意义。但鉴于当前我国高职院校中还有很多学校没有实行学分制管理模式，因此，大家在提及课程改革的时候往往会把成果导向与学分制管理模式相对孤立来对待或看待。事实上，我们期待大家在经过一段时间的探索和实践后，能把学分制管理模式与学生学习成果的改革创新结合起来，探索出具有中国特色的"以学生为中心、以成果为导向"的高职学分制管理模式。因此，大家在应用成果导向理念对当前创新型人才知识、能力、素养评量指标设计的时候，要兼顾好学分制的改革创新。

本章在借鉴周清明等专家学者的有关理论、实践的基础上提供两个设计与安排思路，供大家在构建人才培养方案和教学设计时做参考。

第一节　弹性学分制的人才培养方案[①]

弹性学分制的全面运行，是以各专业的人才培养方案为基本依据的。要真正将弹性学分制落到实处，必须在教学计划上下功夫，而科学的教学计划制订的关键在于构建各专业有机合理的知识结构和能力体系。

---

① 周清明：《中国高校学分制研究——弹性学分制的理论与实践》，人民出版社2008年版，第139—143页。

一、知识结构本底分析

知识结构（Knowledge Framework）是一种典型的层次结构，对应目前的教育体制，至少有初等教育知识结构、中等教育知识结构和高等教育知识结构3个基本层次（学前教育不追求知识结构）。实际上，高等教育还应分为专科、本科、硕士研究生、博士研究生4个层次。每一个层次的知识结构都是在前一层次知识结构基础上的提升，呈递进关系。因此，知识结构的设计应对前一层次的知识结构具有一个准确的把握，通过反复研究和分析，从而构建出本层次的知识结构。

高等教育是在中等教育的基础上来实施的，大学生知识结构的构建，首先应对其中等教育阶段所形成的知识结构进行科学的本底分析（Background Analysis），充分把握学生的知识结构背景，为构建本层次的知识结构提供科学依据。

针对目前我国高等学校的生源现状，构建知识结构时至少应考虑以下知识结构本底差异：①学生来源的地区不同，中学阶段教育所形成的本底知识结构存在较大的差异；②学生来源的学校不同，如来自普通高中、职业高中、中等专业学校、中等技工学校等的不同学生，其知识结构差异很大；③除普通高中所形成的知识结构具有较大的共性外，其他中等教育所形成的本底知识结构因专业不同而表现出很大的差异性；④学生群体中的不同个体具有不同的本底知识结构。在本底调查的基础上，对本底资料进行综合分析和聚类，从而构建高等教育阶段的知识结构（见图12-1）。

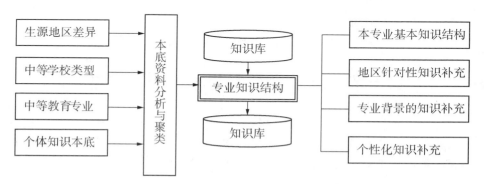

图12-1　知识结构的本地分析与多样化补充

二、面向对象的目标特征分析

弹性学分制强调，在自主选课的前提下形成的人才规格多样性方面培养的人才要体现个别差异，形成个性化的知识结构；同时，不同学生个体要求有不同的培养途径和教学过程，以真正实现因材施教。

1. 充分考虑毕业生去向的分化趋势

总体说来，高等教育属于职前教育，但就专科和本科层次来说，却明显地分化为就业和升学两大群体。笔者认为，在保证实现培养目标的前提下，应适当考虑这两大群体的培养过程差异需求，以形成个性化的知识结构和能力体系。当然，校方不可能将学生分为升学和就业两大群体，但多数学生自己心中有数，校方只需在设计知识结构时考虑这两大群体的需求差异，并提供相应的可供选择的课程体系和恰当的引导培养。

目前我国高等学校所开设的各类专业，主要考虑专业领域的知识构成，从而形成以专业领域为对象的知识结构。这种知识结构在高等教育的精英教育时期曾发挥重要的作用，也积累了丰富的经验。但是，随着高等教育大众化进程的推进，以专业领域为对象的知识结构的社会共同价值已引起教育理论界的关注。目前看来，大学专科层次主要培养应用型人才已基本形成共识，但大学本科是培养研究型人才还是培养应用型人才，有待进一步探讨。笔者认为，针对高等教育的职前教育特征，面向对象的目标特征分析重点在于学生毕业后的职业岗位群。为此，在构建各专业的知识结构时，应以职业岗位群所需要的最佳知识结构为目标，通过进行全面的职业岗位群实用知识需求分析，能力体系所需要的配套知识需求分析，自我发展的知识需求分析，来科学设计知识结构。

职业岗位群的实用知识是专业知识结构的主体。所谓职业岗位群，是指某一专业领域的若干种职业岗位的集合。随着社会的发展和时代的进步，职业岗位的分化日益细化，每一专业都需要面对本专业领域的科研、生产、管理、教学等多种方向的不同职业岗位，势必需要一个庞大的知识库，这是在有限的教学时间之内无法实现的。因此，在进行职业岗位群实用知识需求分析时，一要考虑知识的通用性，加强本专业领域的通识教育；二要考虑知识的使用频率和效率，尽量将使用频率和效率较高的内容纳入知识体系；三要重视知识的趣味性，保证知识结构的时效性。

能力体系（Craftsmanship System）所需要的配套知识是培养对象的能力体系形成必不可少的基础和依托。所谓能力体系，是指教育全程中培养的基本技能和专业技能的体系，包括表达能力（汉语和外语的口头表达及文字表达能力)、思维能力、决策能力、社交能力等基本素质与能力,本专业所需要的各种基本能力和基本技能以及本专业的某些扩展领域所需要的技能和能力。能力体系的形成必须依托相应的知识结构主体。因此,构建各专业的知识结构时,必须将能力体系所必需的配套知识纳入其中,为能力体系的形成打下良好的基础。

在高等教育的价值取向问题上,社会本位和个人本位的价值取向争议由来已久。进入21世纪以后,我国的高等教育价值取向原则上应该是协调整合社会本位和个人本位的关系。因此,高等学校应充分考虑学生的自我发展需求,将学生的自我发展作为构建知识结构的重要指标和参数。

2. 充分考虑学生的个体差异

因材施教是最基本的教学原则,也是教育成功与否的重要指标。早期的教育和传艺采取的是"师带徒"的教学方式,既不分学年,也不分班级。虽说其教育效率较低,但在因材施教上确有其特色。1632年,捷克教育家夸美纽斯提出了采用班级授课制的主张,这在很大程度上提高了教育的效率。然而,班级授课制采用集体授课形式,统一教学进程和教学材料,任何教师都很难说其真正做到了因材施教。

因材施教可以理解为根据教育对象来设计和实施教育方案。由于教学中的主体——学生是多样化的,要做到因材施教,就必须有多样化的教学方案和教学过程,这在班级授课制教学中实际上是无法实现的。弹性学分制条件下的教学体系,淡化了原有的班级概念,在自主选课前提下的人才培养方案也表现出更大的弹性、多样化和灵活性,为因材施教创造了基本条件。现在的问题是,人才培养方案本身是否是合理的,或者对于教育对象(学生)是否是有针对性的。

学生的个体差异是多种多样的,首先表现在智力因素的差异,这种差异导致教学过程中的认知能力的差异。不同的学生,其记忆能力、观察能力、想象能力和思维能力表现出很大的差异,既存在能力特长领域的差异,也存在能力程度方面的差异,从而使其在认知过程中表现出相应的差异性。为了达到扬长避短的效果,面向对象的因材施教应该有个性化的教学方案。这种个性化的教学方案建立在学生的理性选课基础上;作为校方,则是在科学的教学计划中提供可供选择的"菜单式"的多种备选方案,为构建个性化的知识结构提供物质基础。

学生个体间的非智力因素差异也非常明显。人们对非智力因素在智力活动中的作用的认识由来已久。中国古代就有一句名言:"非不能也,是不为也。"意思是说,不是不会做,而是不肯做。其中"能"是指"会不会",

即智力因素;"为"则是指"肯不肯",即非智力因素。虽然目前对智力因素和非智力因素尚无统一定义,但一般认为,智力因素由观察能力、记忆能力、思维能力、想象能力等基本因素构成;而非智力因素则包括动机、兴趣、情感、意志、气质、性格等基本因素。在智慧活动中,非智力因素的诸多基本要素各自发挥着独特的作用。"天才在于毅力",强调"力"(意志)这种非智力因素在智慧活动中起着决定性作用;"天才在于勤奋"是说"勤奋"(性格)在智慧活动中起着决定性作用;"天才在于入迷"是说"入迷"(兴趣)在智慧活动中起着决定作用;"熟能生巧"则强调动机在技能型智慧活动中的重要意义。

三、构建宽口径、大容量的专业人才培养方案

在目前的学分制实践中,许多学校的培养计划设计成3层框架结构:通识教育基础、专业基础、专业及专业前沿。每一层均由必修课和选修课组成,即使是必修课也有不同规格可供选择。这种框架结构,强调了知识的层次性与一般递进关系,但忽视了知识之间的某些固有联系。学生在选课时,可以按照校方的要求在每一层次均选足学分,但并不意味着所选课程能构建合理的知识体系。尤其是在目前专科层次教育的"大专业小专门化"教学改革实践中,"大专业"中的某些知识之间的固有承接关系并不一定能够在学生选课时被准确把握。此外,选课中过多的限制条件既不便于操作,也不能真正实现学习自由。

从高等教育大众化进程来看,研究生教育重在培养研究型专门人才,而专、本科层次则趋向于专业领域内的横向拓宽与纵向拓展。在这种拓展中的庞大知识体系内,学生也许只对某一个领域或方向具有浓厚兴趣和从业意向。例如,在生物类专业中,实际选了动物、植物、微生物3大研究方向,同时还有宏观(分类学、生态学等)和微观(细胞生物学、分子生物学等)研究层面问题,学生也许对这些领域中的某一个方向具有从业意向,但由于对这些领域所需要的相关专业基础课和专业课缺乏必要的了解,从而导致选课凌乱,缺乏系统性,不利于构建科学的知识结构。为此,笔者认为,除通识基础教育的有关课程以外,专业基础和专业及专业前沿方面的课程,应将相关密切的课程设计成课程群组(Curricula Group),学生选课时以群组为单位,从而保证相关课程的系统性和知识结构的完整性。

良好的知识体系内部结构,是知识结构产生高效能的基本前提。在学分制条件下如何形成知识结构的有序性,是教育家们所共同关注的问题。知识体系内部结构的有序性,是通过学习若干门课程来实现的,课程选择是否合

理,是构建合理的知识结构的关键。对于这一问题,可从两个方面来解决:一是教学计划尽可能体现科学的内部结构,并通过科学的课程群组体系来实现知识体系的系统性;二是选课中实行辅导员制或导师制,对学生选课给予必要的指导,减少学生选课时的盲目性和避难就易等现象。

在构建弹性学分制下的专业人才培养方案时,还必须考虑课程设置中各类课程之间可能产生的边缘效应(Marginal Utility)。知识体系中的边缘效应是一个很复杂的问题。现代科学技术迅速发展,任何两门学科都可能产生交叉点,也可能出现意想不到的方法迁移和思维开拓,这也正是学分制成功的重要原因之一。在学生选择课程时到底应该给予多大的自由度,或者说是不是需要给予过多的限制,有待进一步探讨。事实上,目前我国高等教育中的专、本科层次毕业生,就业时的专业对口程度也在日益下降,用人单位更重视人才的教育经历和层次。从某种意义上说,人才的中后期发展和创新成果,更依赖于其知识结构中的边缘效应。因此,学分制条件下的专业教学计划,应有一定数量的可供自由选择的课程,以便这些知识在个体的知识结构中产生不同作用的边缘效应。

总之,在制定弹性学分制下的专业人才培养方案时,要以宽口径、大容量课程体系应对学生的选课要求,对其中相关性较强的课程要以课程群组为选课单位,为构建学生个性化知识体系打下良好的宏观框架基础。

第二节 学分制下导师制的基本要求

与学年制相比,学分制从教学管理体制上来说是改革较为彻底的一种教学制度,该教学制度的一个重要配套措施就是实行导师制。讨论学分制下的教师与学生问题,必然要涉及导师制问题。学分制下的导师(Tutor)对学生负有教学和辅导的责任。学生入学后,在课程的选择、课程的修读顺序、课程的考试准备等方面均可求教于导师。每一位导师一般指导4~10名学生。导师在一定程度上也兼有对学生的生活行为、品德方面的指导。

学分制是教学体制上一个重要的根本性的改革。学分制不再固守原有专业学科教育的狭窄框架,特别是不再固守陈旧的专业知识以及单纯传授知识的教学模式,在教学的结构和内容上有所突破,在授课者和听课者之间形成了一个动态的双向选择机制。学分制是逐步形成促进学生主动学习的教学模式。与以往学年制条件下的教学方式相比,学分制这一改革显然对教师提出了更高的要求。

一、教师必须努力改善自己的知识结构[①]

随着社会经济的发展，知识的更新日新月异，许多教师的知识结构可能已经老化。无论采取什么样的教学体制，作为一名高校教师，不断更新自己的专业知识是社会、经济发展的必然，学分制使得这种知识的更新显得尤为突出。学分制的实施要求教师多开选修课，拓展专业面。这就迫使教师要不断地扩展自己的知识领域，不断更新陈旧的知识，跟上当前科学技术发展的步伐，大力开展新理论、新技术、新材料、新工艺、新设备的研究，开拓边缘学科、交叉学科的新领域，使教学成为有源之水。只有这样，教师才能做到原有课程常讲常新、推陈出新，而且根据自身的研究方向，不断开出新的选修课程，增加选修课的总量，使学生的选修机会得以增加，可供选择的范围得以扩展。

学年制改为学分制后，一般要求教师在开设一门主要课程之外还要开设一些相关的选修课程，以体现教师对该学科研究的深化和扩展。如果一位教师总是局限于教授一门课程，显然跟不上学分制的要求。学分制条件下，随着专业面的拓展和加深，以及学生选择要求的增加，需要教师开设出越来越多的选修课程，甚至随着课程研究内容的细化，同一门课程还要多个教师开设。因此，一些缺乏创造能力和实践能力、很少或根本不搞科学研究的教师必然会出现种种不适应症状。要改变这一状况，教师就必须改善知识结构，不断提高自身的业务素质。

二、教师必须不断努力提高自身的业务能力

由于学分制的本质之一就是因材施教培养各具特色的合格人才，因而要求教师具有较强的业务能力，真正做到因材施教。但是在学年制情况下，教师已经形成按部就班的教学习惯，习惯于统一的教学计划、统一的教学进程、统一的培养规格，这样省心省力。学分制则要求教师打破这种一成不变的传统习惯，适时地根据学科的发展以及学生的情况调整教学计划、教学进度等，使教学活动始终能够适应学生和学科的发展情况。首先，教师要制订好适合学分制的柔性的教学计划，这个计划在保证学生的基本质量和专业特色的前提下，让学生有较多的选修余地，使学有余力的学生更好地发挥学习的积极性和主动性；其次，教师要搞好课程建设，把学年制下的单门课程扩

[①] 陆长平等：《学分制管理理论与实践指南》，江西人民出版社2009年版，第39—40页。

建成课程组、课程群，使学生在自由选课中形成一个有机的知识组合；最后，教师还被要求具有使课程系列化、规范化、模块化的能力。因此，在学分制条件下，教师的业务能力必须有较大幅度的提高。

第三节 美国大学学分制的特征与启示

一、美国大学学分制模式的主要特点[①]

（一）选课形式的多样化

美国学分制中的选课形式主要包括以下 4 种。第一种是全开放选修（也称自由选修）。这是美国在学分制实行初期的一种选课形式，目前只有少数高校仍在实行。这种形式除了一般只规定英语和现代外语为必修课外，其余均为选修。第二种为半开放式选修。这种形式一般在美国工科院校实施，通常规定选修课比例在 20%～40%，其比例相对于自由选修学分制要小得多。第三种为主辅修课程并行式学分制。这种形式将学生应选修的课程划分为主修课与辅修课，且主修课所占比例大于辅修课。例如，加州大学规定的主修课比例为 70%～75%，辅修课则为 25%～30%。第四种是分组选修学分制。这是一种专业课与基础课并举的方法，强调低年级学生要通选不同系、专业的基础课程，广泛涉猎，其目的在于拓宽学生视野，使学生接受不同思维的训练。目前，美国大多数高校都实行这种选课方式，反映了其重视基础知识及培养通才的教育理念。

（二）学制的弹性化

与学分制配套的是，美国大学入学时间具有弹性，可在 1、6、7、9 月申请办理入学手续，但不同学校可根据诸如课程设置之类的具体情况有所区别。学校对学生没有严格的年级与班级划分，一般按照所修学分数决定所属年级。24 学分为一年级，25～55 学分为二年级，56～89 学分为三年级，90 学分或以上为四年级。此外，美国大学的教学计划也富有弹性，学生可以根据自己的兴趣、能力水平等安排个人的学习计划，即允许学习有困难的学生延长毕业年限，也允许学生提前毕业。只要修满规定的最低毕业学分，就

---

① 周建民、茹阳：《美国大学学分制模式的主要特征及启示》，《东北大学学报（社会科学版）》2007 年第 9 期。

不明确规定修业年限。通常本科生在校期间必须修满 120～180 学分，每学分至少要修 16 周（包括课内与课外作业时间）。学校还规定了学生每学期应修的学分数不得少于 12 学分。如超过 17 学分，则需多交费用。通过以上规定，学校可将学生在校年限基本控制在 3～5 年。

（三）学业评价的绩点制

对学生学业状况的评价，美国大学采用学期绩点平均值（GPA）来衡量。学期绩点平均值根据学生成绩、绩点和总学分数来计算。其中，学生成绩的等级和绩点的对应情况见表 12－1，学期绩点平均值的公式为：GPA =[（4.0×得 A 的学分数）+（3.0×得 B 的学分数）+（2.0×得 C 的学分数）+（1.0×得 D 的学分数）]/总学分数。而且，学校还规定学生的学期绩点平均值不得低于 2.0，否则就降为试读生。若学生试读一年后的学期绩点平均值仍低于 2.0，则予以淘汰。

表 12－1　学生成绩的等级与绩点的对应关系

分级	定义	绩点
A	优秀	4
B	良好	3
C	中等	2
D	及格	1
E（N/C）	无学分	0

此外，有些学校规定，学生考试成绩若低于 C 或 D，也需重修该门课程。实施绩点制，对于促进学生努力攻读学校开设的课程，保障大学的教学质量可以起到积极的作用。

（四）学习过程的指导性

注重学习过程的指导，是美国大学学分制的又一显著特点。美国大学学分制在保证学生选课自由度的同时，以导师制的形式来加强对学生学习的指导。新生入学时，学校给新生安排指导教师，每名指导教师一般负责 12 名新生。进入三年级后，学生的指导教师换成专业指导教师，每名专业指导教师负责 10～40 名学生。指导教师的职责是帮助学生制订教学计划，安排学习进程，指导学生注册选课。此外，学校还规定指导教师每学期必须和学生见面交谈 3 次，并允许他们遇到问题时，与指导教师自由约定时间解决。指导教师的产生通常由师生之间双向选择形成，其工作情况与学生反馈意见密切相关，并列入学校对教师的考评之中。例如，在欧柏林大学，教师一年内除了要完成学校规定的教学（通常 5 门课程）、学术和各种社团活动等任务之外，还要担任指导教师，其考评结果决定着教师职称晋升、是否聘用或增加工资等。若学生对教师工作不满意，其意见直接决定着教师的考评结果。

（五）学分转换的认可性

美国是一个高流动性国家，一些学生经常在一所大学开始学业，然后转至另一所大学。于是，美国大学采取学分转换的方式，大学之间的学分相互认可，使美国高等教育机构"不同系统"之间的流动成为可能。它提供了评价学术工作的普遍通行的标准。在任何一所大学，学校都为学生保存学生成绩副本（学校对课程及学分等级的记录）。如学生转到另一所大学，该大学将会对其成绩副本进行审查，据此评价学业数量并在某种程度上衡量学生的学业质量，承认其中的有效学分并将之计入学生总学分中。美国大学这种不同学校学分转换的机制，便于学生对大学的选择。

（六）文、理、工渗透的通才教育

美国高校历来倡导"通才教育"，即培养具有广博和坚实的基础知识，适应社会发展变化的通用型人才。通才教育思想也是美国社会的基本教育理念。美国大学的一、二年级通常不分专业，所有学生都修读文理课程。即使三、四年级自主选择了主修专业后，依然强调文理教育。这类课程通常占学士学位课程总量的 1/2 左右。例如，若要获文学学士学位，则一般要求在 120 总学分中至少必须有 10 学分诸如数学、物理、计算机和化学之类的自然科学必修课程，以及 50 学分的自然科学选修课程。同时，学生若修满了 2 个专业规定的学分总数，则还可获双学士学位。美国大学学分制实施中的这种规定，体现了其文、理、工相互渗透的通才教育理念。

以上就是美国大学学分制的主要特征，从中可以看出美国大学教育以极大的灵活性、实用性服务于美国社会经济的发展。

二、美国大学学分制的几点启示

（一）确立学习者本位的教育理念

尊重个性是当今世界各国教育改革的主旋律。美国大学学分制模式的上述主要特征，从不同侧面体现了这一时代要求，充分尊重了学习者的个性发展。这是美国大学学分制模式得以成功的重要原因。与美国不同，中国大学

的新一轮学分制改革，是在沿用苏联学年制的基础上得以展开的。这种教学管理模式凸现的是教师在课堂教学中的中心地位，强调的是教学管理的共同性与统一性，忽视的是学习者的个性差异以及教学管理的灵活性。当然，导致这种状况出现的原因十分复杂，但从根本上说与学习者本位的教育理念尚未真正确立密切相关。因此，若要保证中国大学新一轮学分制改革取得成效，就需借鉴美国大学学分制模式的经验，在广大教学人员、教学管理人员、教辅人员和其他服务人员心目中真正树立起学习者本位的教育理念。这是从美国大学学分制模式主要特征中获得的启示之一。

（二）增加选修课程资源

没有选修课程就没有学分制，能否开设数量充足的选修课程是学分制得以实施的前提条件。美国大学学分制模式之所以呈现出选课形式的多样性特征，与其学分制实施中大量选修课程的开设密切相关。相比之下，我国目前大多数高校选修课程在总课程中所占比例则明显偏小。相关资料表明，当前我国不少高校学生自由选修课程的比例都徘徊在15%左右；国外许多高校的选修课程不仅基本上都属于自由选修课程，而且一般都占到总课程比例的40%左右，有的甚至更高。由于我国国情和高校本身的资源有限，我们事实上不可能也没有必要完全模仿发达国家的学分制形式，但增加选修课比例，打破必修课一统天下的局面则是学分制的本质要求。笔者认为，要在现有条件下保证选修课程资源，应做到以下3点：一要保证自然科学、社会科学、人文科学课程比例相对均衡；二是除开设一些自然科学、工程技术课程外，还要有一定比例的新兴学科、边缘学科、交叉学科方面的课程；三是要建设好一批综合学科课程，打破专业、系科甚至学校之间的界限，实现教育资源共享，优势互补，增加选修课程资源。尽管仅仅依据选修课程开设数量还难以判断学分制实施的成效，但它却是衡量大学学分制实施的必备要素。这是从美国大学学分制模式主要特征中获得的启示之二。

（三）建立科学的学业评价体系

建立科学的学业评价体系是实行学分制的关键环节，对保障大学教学质量有着积极作用。美国大学学分制中的绩点制，可供我国大学新一轮学分制改革借鉴。结合我国国情，笔者认为我国大学若要实施绩点制，应当遵循以下原则：一是量与质相结合的原则。众所周知，学分制是以学分作为衡量学生学习质量的依据。但是，仅用学分并不能完全衡量出学生学习质量的优劣。因此，这就需要结合学分绩点来衡量学生学习情况。二是统一性和灵活

245

性相结合的原则。统一性是指要求学生必须参加课程的正常教学活动，并且考试（考查）合格即可获得该课程的学分。每次考试（考查）不合格者，允许参加一次统一组织的补考，补考合格的给予学分认定。灵活性是指如果学生在校期间获得过省级、国家级各种专业比赛的名次，学校就可相应折算学分。在省部级以上各种知识技能及文体比赛中获得奖励的，可按选修课内容酌情认定学分。这两个绩点制实施中所应遵循的原则，是从美国大学学分制模式主要特征中获得的启示之三。

（四）不断完善导师制

大学学分制实施的出发点之一在于调动学生学习的主动性、积极性，但这并不意味着否定教师指导作用的发挥；相反，意味着将教师指导作用的发挥作为保证学生求知有效性的一个必要条件。美国大学学分制就是以导师制的方式充分发挥教师对学生学习过程的指导作用。这一方式不仅对指导教师的工作数量、责任等有着明确具体的规定，而且将其作为教师业绩考核的一个十分重要的指标。相比之下，我国大学新一轮学分制改革中实行的导师制，无论是在指导教师工作职责、数量等内容上，还是从其考核指标、结果上，都难以与美国大学学分制中的导师制相比，未能真正发挥教师对于学生学业的指导作用。因此，不断完善我国大学学分制改革中的导师制，增强其实施的力度，就成为从美国大学学分制模式主要特征中获得的启示之四。

（五）逐步完善与学分制改革配套的教学内部管理体制

学分制改革并非一蹴而就，而是一项复杂的系统工程，需要确立一种相互配套的教学内部管理体制。美国大学学分制模式主要特征表明，美国大学已经建立了一种与其学分制实施相适应的教学内部管理体制。无论是选课形式、学制，还是学业评价、学分转换等，均围绕着有利于学分制实施的基本原则予以设计。相比之下，我国大学新一轮学分制改革还或多或少保留着学年制的痕迹。无论是学生学籍管理，还是弹性学分制实施等，都与学分制要求的教学内部管理体制不完全配套，制约着我国大学新一轮学分制改革的全面实施。因此，就目前我国大学新一轮学分制改革而言，亟须加大教学内部管理体制改革的力度，尽快完善学籍管理制度。当前，笔者认为应做好以下工作。第一，放宽转学、转专业的限制，可考虑由国家或企业设立高额奖学金，保证特殊专业有足够的人才。此外，可采用经济手段调控转学、转专业的人数。第二，严格考核，把住出口，保持一定的淘汰率。对于一些有特色的课程，难以用一张试卷来衡量学生学习成绩的好坏，就必须改革考核办法，建立新的评价体系，可以采用口试、社会调查、现场制作、现场操作等方式进行考核。第三，实行弹性学分制。允许学生自主选择学习内容和学习方式，让学有余力的学生提前毕业；学习能力较差或经济困难的学生则可根据需要放慢学习进度，延缓毕业。例如，欧柏林大学给每个学生申请一个固定信箱，并配备固定选课卡，学生持卡上机选课。同时，允许学生提前毕业、停学创业和保留学籍。在条件许可的情况下，还允许申请转换专业等。只要达到毕业要求的学分值即发给毕业证书，允许毕业。但考虑到我国大学生入学起点较高，供需矛盾较突出等实际情况，不能照搬美国的做法，在原定修业时间内未能完成学业的学生，其延缓毕业的学习时间以不超过3年为宜。逐步完善与学分制改革配套的教学内部管理体制，培育出与学分制改革相配套的教学内部管理制度环境，这是从美国大学学分制模式主要特征中获得的启示之五。

（六）改革学分认定制度

学分是学分制实施中的核心要素，反映的是学生修读课程所需的社会必要劳动时间。美国大学学分制在采用学期绩点平均值（GPA）衡量学生学业状况的同时，还实行相互认可的学分转换方式。这不仅便于学生在不同高校之间的流动、选择，而且也在不同高校之间确立了一种值得信赖的评价学术工作的普遍标准。这是美国大学学分制成功的原因之一。有所不同的是，我国大学正在进行的新一轮学分制改革尚未建立这种学分认定制度。这种情况的出现尽管有其客观原因，与我国高校层次、规模、类型的多样性和地区之间高等教育发展水平不平衡等因素密切相关，但却不利于为学生提供更多的学习机会和更加灵活的学习途径，进而妨碍我国大学学分制改革的深入。因此，笔者认为必须做好以下两方面工作：一是加快学分认定制度的改革，并建立相对统一的学分标准和转换方式，实现不同学校之间学分的认同；二是建立权威机构，负责校际交流过程中各项标准的制定和工作的开展，构建不同类型教育相互沟通、相互衔接的教育体制。改革学分认定制度，建立相对统一的学分标准和转换方式，实现学分在校际的相互认可，是从美国大学学分制模式主要特征中获得的启示之六。

三、美国职业教育改革的新动向[①]

自20世纪90年代以来，在全球经济一体化和国际竞争日益激烈的背景

[①] 刘春生、高玉鹏：《美国职业教育改革的新动向及启示》，《外国教育研究》2004年第9期。

下，社会对人才的需求已由过去单纯的专门型向复合型人才过渡，这使得美国的职业教育也要适应社会和市场的需求，及时调整培养方案和教学计划。

（一）重视学术教育

由于世界经济一体化进程加快，国际间的合作与竞争与日俱增。人们发现，传统的职业教育方式已不能适应当今社会的需求，主要表现在以下两个方面：一是仅仅具备专业技术的学生很难适应雇主的需求。许多人抱怨从职业学校毕业的学生缺乏数学、英语等基本技能，缺乏良好的工作习惯，不肯安心工作，缺乏沟通能力、适应能力等。二是中等职业学校的入学率近几年开始下滑。美国《职业教育研究》杂志（JVER）在 2003 年年初就曾指出，相当数量的学生不愿进入中等职业学校，原因之一就是很多人对职业教育的角色以及目的感到茫然。这样的后果是学生生源数量普遍下滑。出现这种现象的一个主要原因在于，传统的职业教育并没有重视学生的学术教育培养。从短期来看，职业教育对直接参加工作的学生来讲，的确有着积极的影响。但它对学生学术成绩的提高或进入高一层次教育领域方面却没有发挥什么作用，满足不了大多数学生和家长的期望。正如美国职业教育评估协会（NAVE）在 2002 年度报告中指出的那样，"职业教育在 20 世纪 90 年代初的时候依然非常传统，并且基本没有看到学术能力的重要性"。

从职业教育的角度讲，只有重视学生职业教育的执行情况、重视学术教育，提高学生的基础理论素养，职业教育才会有更大的发展。从 1997 年起，职业教育界开始改变其传统的职业教育模式。在中学阶段，要求普通教育与职业教育相结合，通过基础课程来培养宽泛的基本技能，如阅读、写作、数学、听力和演讲；而且也需要培养技能思维，如做出决策、解决问题、学会学习等；同时要求具备个人品质，包括责任心、社会交往、自我管理、正直、诚实等。

职业教育改革的目的可以概括为两点：一是使主修职业课的学生结合职业性课程完成相应的学术性课程的学习，使职业教育从狭窄的、针对具体职业岗位的技能本位培训的模式，变为宽泛的、针对岗位的个性本位学习模式。同时，应注重基础理论学科中的特别应用学科，如几何、代数在电力上的应用，生物、化学在健康职业上的应用等。二是使主修普通课的学生结合学术性课程完成相应的职业性课程的学习，以使学生为毕业后就业或进入高一级学府打下良好的基础。

（二）职业针对性更加明确

据美国劳工统计局（BLS）预测，到 2006 年，美国的就业结构将会发生

重大的变化。主要来说有两点：一是管理、工程技术、市场营销、服务等专业化行业将会在就业份额中占据更大的比重，其中教师、图书情报员、律师、医生等专业化行业所占就业份额比例是最大的；二是在美国，劳动者一生平均要换 6~7 份工作，频繁的职业转换必然要求其职业的适应能力以及职业敏感性的加强。

在培养专业技术人才方面，美国政府制订了专门的培养方案，目的是使职业教育的针对性更明确，使学生未出校门以前就对就业有较明确的认识。即学生不光学习到扎实的专业技术，还要掌握将来在工作岗位上遇到棘手的问题时运用所学知识解决问题的能力，同时还要培养学生的合作意识，适应能力等。

1. 职业专业方案

职业专业方案（Career Cluster，或称职业群），是根据广泛的工业基础或职业类型而划分的职业组合。它通过更加宽泛和持久地关注学生对职业的准备情况，从而为学生未来的工作开辟出一条职业路径。简单地说，学生在学校中学习到职业群知识的同时，心里也会渐渐明确未来的工作道路的走向。而这种学习与职业明显挂钩的方案直接促进了学生更加积极的学习态度和更加严格的学习过程。

职业专业方案由州主管部门、学校、教育者、雇主、工业组织以及相关资金拥有者共同制订职业专业方案中的课程体系、学术和技术标准、评估体系以及职业发展规划等环节。到目前为止，美国一共划分出 16 种职业专业方案，这 16 种方案直接反映了当地劳动力市场的变化，并从高中课程乃至社区学院、大学等高等教育结构中得以体现。这 16 种职业专业方案是农业及食品、建筑、艺术与交流、经济管理、教育与培训、金融、行政管理、健康科学、旅游、服务业、信息技术、法律、制造业、市场营销、自然科学、运输与物流。每个州根据自己的实际情况使用不同的职业专业方案来培养学生，而且不同的职业专业方案在不同的州，其具体内容又不尽相同。以艺术与交流这个方案为例，在俄勒冈州，这个职业群包含表演艺术、人类学和交流学 3 个部分；而在俄亥俄州，这个职业群则更复杂一些，包括娱乐表演、艺术教育、广告学、媒体与杂志、出版与印刷。可以看出，俄勒冈州培养的艺术与交流方向的学生大多会从事表演艺术，而俄亥俄州的学生更多的是从事与艺术制作相关的职业。可见，职业群是具体环境的产物。这种"实际性"恰恰为学生的未来指明了方向。

职业群组织为每一个学生提供职业专业方案，学生自愿进行选择。与此同时，联邦和州一级大力推崇职业专业方案。为此，教育部和各州在国会命令下建立"责任制系统",要求学生至少在10年级之前选择"职业专业"。

2. 职业准备方案

近十年来,美国在教育改革方面取得的一项重大突破便是推行从学校到工作（School to Work,简称STW）运动。这一改革的主旨在于促进学生对知识、技能的提升,使他们迅速地适应现代化的信息社会。一方面使学生能为未来高技术、高薪水的职业做准备,另一方面也增强了学生愿意接受继续教育的意识。

密歇根州是最早执行STW法案的8个州之一。在7年多的时间里,密歇根州利用5000万美元的政府资助将STW发展成适应本州特点的职业准备系统（CPS）,后者在活动的范围、参与者和培养目标方面又比前者更加宽泛和实用。事实证明,实行STW或CPS后,职业教育在自身发展和培养人才方面均有了明显的提高。以佐治亚州贝林县为例,实行CPS后,学生在数学与科学以及职业教育的学习人数上有很大的增长（见表12-2）。

表12-2 实行CPS后佐治亚州贝林县职业教育的发展

人数	1997年	2001年	增长率（%）
职业学校入学	895	5554	621
参加数学辅导	686	2080	303
参加科学辅导	769	2389	311
升入大学或社区学院	62	299	482

可以看出,职业准备系统为学生在就业准备以及升入高等学校方面产生了非常积极的影响。

（三）注重就业和失业人员的就业培训工作

进入20世纪90年代以来,美国就业市场面临着新的困难和更严峻的挑战。劳动力的特点较以往产生了根本性的变化,导致本国失业人口增加等诸多问题出现,使得美国政府不得不重新审视美国的就业培训工作。

就业和再就业培训由州、地方政府、企业和个人配合进行,各个部门分工不同,各有侧重。联邦政府主要为再就业培训工作提供资金,用于就业培训计划的拨款每年都在增加：劳工部负责为失业工人制订培训计划,如成人就业培训计划、青年活动计划等。

具体培训工作由州、地方政府和私人机构甚至慈善机构共同合作组织。它们根据当地的失业和劳动力市场需求情况进行培训项目的开发和管理。失

业工人可在这些计划范围内，根据自己的选择，免费接受课堂和现场培训以及基础教育，以掌握新的技能，从而适应新工作的需要。

实践证明，美国的再就业培训取得了较好的成效。据有关材料显示，在经济情况比较好的前几年，参加就业培训计划的失业者中，约有70%的人找到了新的工作。可见，再就业培训工作不仅可以更好地帮助劳动者解决工作问题，同时也为国家解决失业问题与缓解就业压力开辟了一条行之有效的道路。

进入21世纪以来，美国更加重视就业和再就业的培训。2001年美国劳工部提出了《20世纪劳动力计划》。此计划对市场变化、职业需求趋势和如何适应新的市场特点做了深入的探讨与分析，在时任总统布什提出的年度预算计划里，政府大大加强了对就业培训的财政支持。从2002年10月1日开始，政府可用于就业和再就业培训方面的款项高达90多亿美元，比2001年度增加了50%左右。

（四）启示

1. 重视基础教育，加强普教与职教的联系

20世纪对劳动力的需求已不仅仅局限于单纯工种与单一技术的要求，而是上升到兼具技术、管理、服务与创新设计的水平上来。而培养高素质的劳动力需要扎实的基础知识，在相关专业的培训方案中，要将基础教育放到培养方案的重头戏中，更多地涉及与该专业密切相关的基础理论知识。这对培训高素质的劳动者有着至关重要的意义，能改变传统的职业教育培养观念。把培养学生的模式由外延型向内涵型方式转变；由随着环境被动改变劳动技术转变为面对未来复杂的工作环境，利用已有基础知识，主动对当前劳动技术进行创新。同时，加强普教与职教的联系，改变以往普教与职教互不相交的"平行线"形式，充分发挥各自资源优势，互通交流，尽可能多地实现资源共享，使培养的学生能够最大限度地从中受益。

2. 加强同企业的联系，以便早日熟悉企业工作环境

实现学校与企业之间的"零距离"，有利于学校培养更多优秀的技术人才，提高学校办学质量，同时也有利于企业吸纳人才、降低成本，这是一种双赢的观念。政府部门、工会、社区以及民间组织，都应该为缩小学校与企业的距离牵线搭桥，使培养的学生能够直接走出校门，进入厂门，减少人力资源的浪费，为社会创造更多的财富。

第十三章 学习与专业评量设计与应用

教学诊改的运作动力,主要来自高职院校建立内部质量保证体系的自我需要。一方面,高职院校以提高教学质量为核心,依据质量生成规律,强化学校内部各层级、各管理系统间的质量依存关系,形成一个相互协调、相互促进的全要素、全覆盖的有机整体;另一方面,高职院校以人才培养工作状态数据管理系统为支撑,自主开展多层面、多维度且互动性强的诊断与改进工作,逐步建设成覆盖全体成员、贯穿全部过程、纵横有效衔接的常态化诊断与改进制度体系,发挥学校教育教学质量保证主体作用。

而教与学过程的评量(评价)是诊断和改进的主要依据。教学评价一般包括对教学过程中教师、学生、教学(学习)内容、教学方法手段、教学环境、教学管理诸因素的评价,但主要是对学生学习效果的评价和对教师教学工作过程的评价。它也是依据教学目标、学习目标(预期学习成果)对教学过程及结果进行价值判断并为教学决策服务的活动。如何科学合理地实施学习与专业评价是我们一直探索的问题。在这里提供几个案例与大家一起学习、参考。

第一节 成果导向学习成效评量实践[①]

一、学习成效评量的基本概念

(一) 评量目的

成果导向评量的目的是根据学校目标和课程预期目标,采取适切的学习

---

① 韩开绯:《成果导向学习成效评量理论与实践研究》,《职业技术》2017 年第 16 卷第 10 期。

成效测量与方法，收集真正达到的学习成效数据等资料，决定需要采取哪些行动来改进学习，间接反馈学校培养目标。

（二）评量内涵

成果导向评量要直接连接学习成效。从教师的角度来讲，教师要先问自己：我想要学生做什么？想要学生达到什么能力？教师必须将学习成效的评量以合同的形式明确地告知学生，学生也能明确自己将要做什么，这些能力就是预期的成果。评量的内涵必须呼应学校培养目标，学校培养目标衍生出学院培养目标和专业培养目标，确保评量内涵切题，同时也合乎学校培养目标。

（三）评量方式

学习成效评量包括直接评量和间接评量，利用多元化的资料获得质化和量化数据。正式、持续的评量既帮助学生建立发展档案，了解自己的进步或发展情况，同时又让学生的父母等了解其发展情况。非正式、持续的评量可运用学生自我评量、学生相互评量、教师非正式评量、家长评量等，从多方面、多角度评析学生的学习成效。

（四）评量情境

因学生个体差异，应采用多元评量方式、情境来评量学生，教师依据评量目标、学生特性等采取最适合学生表现的评量方式，让学生获得最佳的学习成效。

（五）评量时机

教师应持续观察学生并予以评量，可以是正式的，也可以是非正式的，善于发现每个学生的进步，并根据学生情况给予学生额外的支援或延伸活动。

（六）评量记录

评量应以事实为根本，用学生学习成效来检核评量目标的达成程度，进而检核学校与课程目标的达成程度。

（七）评量结果呈现

成果导向评量结果的呈现以数字、文字和表格等为主。

二、构建学习成效三级评量机制

在此以某职业学院为例,他们借鉴现有成果导向课程发展模式,提出具有"需求先导、成果中心、连贯统整、持续改进"特点的成果导向"三循环"课程开发与学习成效评量模式(以下简称"三循环"模式)。图13-1为"三循环"课程开发与学习成效评量模式。

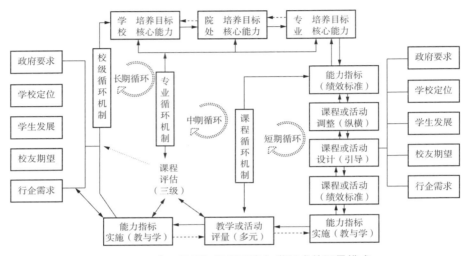

图 13-1 "三循环"课程开发与学习成效评量模式

(一)"三循环"模式内涵

学校培养目标是对毕业生在毕业后3～5年能够达到的职业和专业成就的总体描述。核心能力衍生自培养目标,是毕业时的学习成果,是学生未来获得成功所必备知识、技能和素养的整体行动能力。能力指标是对核心能力逐条分解、细化,形成若干更为具体、更易落实、更具可测性的指标,是考量核心能力实现程度的绩效标准。培养目标和核心能力的建置原则都应把握学生中心、清楚聚焦、高度期许、赋予时代意义与展现特色、三级纵向连贯、横向整合相关单位、发展能力指标、民主与审议程序、沟通凝聚共识这9项原则。建置路径都应遵循专题培训、形塑理念、定义需求、调查研究、民主研议、学术委员会决定等一系列严谨的程序和步骤,并进行科学的论证分析。确立三级培养目标、核心能力与能力指标之后,二级学院和相关处室、专业要为达成核心能力与能力指标进行课程调整。

（二）"三循环"学习成效评量机制

1. 校级学习成效评量机制

校级学习成效评量机制是对校级培养目标及核心能力持续改进的长期循环，执行周期一般为 3～6 年。其目的在于不断调整和改善学校的培养目标与核心能力，保障办学与人才培养质量。学校循环机制参酌政府要求、行企需求、学校定位、学生发展、校友期望 5 个向度的内部和外部需求，以及三级课程评估的结果来研究制定和不断完善学校培养目标与核心能力。三级课程评估的可靠性、有效性与结果直接影响三级培养目标与核心能力及学生就业升学表现，间接影响内外需求的 5 个向度，而就业升学表现、行企需求二者直接相互影响。

2. 专业学习成效评量机制

专业学习成效评量机制是对三级培养目标与核心能力持续改进的中期循环，执行周期一般为 1～3 年。中期循环持续运作的目的在于维持学校、学院和专业良好的教学成效，并确保学生毕业时能获得应具备的能力。专业循环机制由拟定的三级培养目标与核心能力开始，发展可直接评量的能力指标；之后以能力指标来调整、设计课程及规划配套措施，实施课程的教学及评量；然后，实施三级课程评估，并将评估结果直接回馈就业升学表现，间接修订三级培养目标与核心能力后再次进入中期循环。由于第一次执行中期循环，专业循环机制需要花费较多时间和精力沟通协调，因此执行周期可能会超过 3 年。

3. 课程学习成效评量机制

课程学习成效评量机制是对能力指标持续改进的短期循环，执行周期一般为 1 学年或 1 学期课。目的在于维持专业适宜的能力指标，并确保学生能展现应具备的能力。课程循环机制由拟定可直接评量的能力指标（绩效标准）开始；之后以能力指标来调整、设计课程及规划配套措施，实施课程的教学及评量；最后，将教学或活动评量结果用来回馈能力指标、微调评量指标，以再次进入短期循环。由于第一次执行课程循环机制需要更多沟通协调历程，因此执行周期可能超过 1 学年。学生学习成效评量是一个持续改善课程的循环周期，是记录学生成功的过程。可证明学生某个时间点与课程预期学习目标的差距，了解学生的能力达成度，并对于未达成的目标提出修正的策略。这种持续改进的机制需要 6 年完成一个完整周期。

三、评量表的构建与应用

评量表的构建与应用是一个非常复杂的工程，因为评量表的使用领域很宽泛，目的也不尽相同。上文所阐述的更多的是一个逻辑和思路，按照这个范式迁移到我们职业教育的学生学习成效评量中，我们可以从3个层面去实施：一是学校层面的评量（Institution-level Assessment），是评析学校达成预期培养目标及学生达成预期毕业成果的程度；二是专业（学程）层面的评量（Programmer-level Assessment），是评析学生学习成效达到专业（学程）预期目标的程度；三是学科（课程）层面的评量（Subject-level Assessment），是评析学生达成学科（课程/科目）预期学习成效的程度。学生学习评量维度一般包括教师教学效率的评量、学生学习成就的评量和课程设计与实施的评量3个部分。对于教学者而言，有助于诊断学生学习困难与潜能，了解教学者的教学效能，并据以改进或调整课程、教材教法以及教学进度，增强学生学习动机和教师的教学动机，进而提高教学效率。对于学习者而言，有助于了解学习者的职业倾向预测、定向和安置，以及学习行为、学习困难和学习成就，进而分析学习者表现的优缺点，作为补救教学、个别指导或修改教学方案的依据。对于课程设计和实施而言，有助于了解课程目标、课程内容、教学方式及活动设计是否适合学习者的需求，进而了解能否达成教育目标，提供给学校行政部门作为课程评监和教学改革参考。

在学习评价方法选择上，教学目标和教与学的方法的多元化决定了评量的多元化。评量也由传统的主要对学习的评量发展到对学习和促进学习的评量上来。直接评量与间接评量成为多元评量的方法，测验蓝图与评量尺规成为评量的标准，量化评量与质性评量成为多元评量的主要方式。评量方式的检视旨在对评量方式的选择和设计进行符合度、完整性的检查与审视。质性评量方式要制作"双向表格"，要有评量规准、评分标准和注意事项及说明，并要建立起评量与教学目标的对应关系。量化评量方式要有描述测验中应包括的内容及评量到的能力，据此制定规范、完整的双向细目表，并要建立起评量与教学目标的对应关系，详见图13-2。受篇幅限制，本节不再赘述和分析相关理论，仅节选王晓典教授等主编的《成果导向高职课程开发》（高等教育出版社2016年版）第三章"多元评量中纸笔测验、实作评量、口语评量、档案评量和毕业实作课程评量"中的部分实例与大家分享。所节选的实例不含实例的前后分析，需要进一步了解的可以购买该书学习。书中的实例从评量目的、步骤和原则等方面介绍了成果导向教育中的多元评量方式，对教学设计有积极的参考作用。

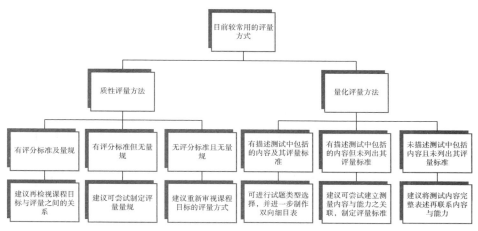

图 13-2　常见的评量方式及评量规程

（资料来源：王晓典等：《成果导向高职课程开发》，高等教育出版社 2016 年版）

第二节　成果评价方法及境外案例赏析[①]

专业教育成果评价方法不同，得出的结论也不尽相同。《华盛顿协议》的签约方当中，每个国家（地区）采用的评价方法有相同点也有不同点，常见的评价方法有以下 4 种：课程成果分析法、评分表分析法、问卷调查法、档案袋评价法等。每种方法都各有特点，本节结合实际摘录的几个案例进行解析。

一、课程成果分析法

课程成果分析法是目前很多国家都采用的专业教育成果评价方法，实施起来也是相对简单容易的一种方法。基于现有的课程考核的成绩，衡量学生是否达到毕业要求，最后得到专业教育成果达成程度的结果。在具体实施过程中，每个国家各有特点，实施的方法和过程不是完全相同的。马来西亚、印度和沙特阿拉伯等国家都采用此种评价方法。

（一）马来西亚国立大学课程成果评价方法

在最近一次的访问中，工程专业认证委员会认证小组质疑使用学生自我

[①]　王玉：《专业教育的成果评价及持续改进研究》，大连理工大学硕士学位论文，2017 年，第 22—37 页。

评价分数和他们的每门课程的期末成绩去说明 CO - PO[①] 成就的方法。认证小组认为，自我评价是一种间接的评价方法，学生的期末成绩并不能反映其具体的知识和技能。因此，马来西亚国立大学（UKM）的电子电气系统（EESE）专业，制定了新的直接对项目成果进行评价的方法。该方法只测评选中的样本课程。评价方法如下：①保证所有的项目成果都被课程覆盖。在 4 年的工程项目里面，每一个学年学生至少选择一门课程，一共选中了 10 门课程。表 13 - 1 中包括所有被选中的课程以及对应的项目成果，还有测量每个项目成果的评价工具。②每一门被选中的课程，其相关的被测量的项目成果都与课程成果相联系。课程的指导教师将会基于这些特定的 CO - PO 关系测量学生的知识和能力。评估工具如测验、口头报告、书面报告、项目、实验室实验、教程、作业和考试。③每一门课程的评估工具产生的百分制的分数与项目成果相联系，用来计算这门课程的项目成果达成度。由院系的学习、教学和评估委员会，收集所有被选中课程的数据，将之与项目成果相联系。④把学生的分数（百分比的）转化为基于 Likert 量表 1～5 分的分数，表 13 - 2 详细展示了从百分制转换成 5 分制的过程，5 分是最好的成绩。每个班的平均项目成果达成度达到 3.0 以上，就是合格的，反之需要进行整改。

---

① CO：Course Outcome；PO：Program Outcome，因所引用的资料的表述不同，本书的这种缩写如 PO、POC 等均按原引文行文，以方便局部的统一表述。

第二编　设计与应用

表 13-1　学期 2008/2009 课程对应项目成果（PO）

课程	学期	PO1	PO2	PO3	PO4	PO5	PO6	PO7	PO8	PO9	PO10	PO11	PO12
KF1243 计算机编程	学期 1	期末考试 A 部分	个人项目展示	×	×	×	×	×	×	×	×	×	团队项目
KF1063 电工程概论	学期 2	期末考试 A 部分	×	×	期末考试的 B1、B2、B3 部分	×	×	×	×	实验（评均分）	×	×	×
KI2091 电气和电子实验 1	学期 1	期末考试	×	实验（平均分）	期末考试	项目	×	×	×	实验（平均分）	×	×	×
KI2083 数字设计	学期 2	期末考试 + 小测验 + 期中测验	×	实验 + 项目	期末考试 + 期中考试	项目	×	×	×	实验	×	×	×
KI3193 微处理器和微计算机	学期 1	期末考试 + 小测验 + 期中测验	展示报告 + 项目报告	实验 + 项目	期末考试 + 期中考试	×	PRK + MCM	×	×	实验	×	×	×
KF3283 工程伦理和科技发展	学期 1	×	×	×	×	×	×	期中考试	×	×	期末考试	×	×
KI3083 系统设计	学期 2	期末考试	×	项目展示	期末考试	Raw_Prob. Sol	团队合作	×	×	项目成就	×	×	×

259

(续表 13-1)

课程	学期	PO1	PO2	PO3	PO4	PO5	PO6	PO7	PO8	PO9	PO10	PO11	PO12
KL3065 工业训练	学期3	雇主对学生表现的评估	雇主对学生表现的评估	×	×	×	雇主对学生表现的评估	雇主对学生表现的评估	雇主对学生表现的评估	×	×	×	×
KCKTKL4933 项目1	学期1	建议报告	展示	×	建议报告	×	×	×	SAR	×	×	×	×
KCKTKL4943 项目2	学期2	论文最终稿	展示	×	论文最终稿	×	×	×	管理	×	×	×	×

表 13-2 课程分数转换成学生表现分数

百分制分数	分数	掌握程度
81~100	5	非常好
61~80	4	好
41~60	3	中等
21~40	2	较差
1~20	1	很差

这种直接评价的方法优点如下：能确保评价数据对项目成果的支撑程度，明确课程与能力之间的对应关系；排除不相关的干扰因素，提高评价结果的准确性、客观性；评价具体而有效，细化收集数据的过程，容易得到科学的评价结果；对课程成果进行评价的工具多样化，课堂每个环节都有考核，在评价中更加全面具体地体现学生知识和技能。不足之处体现在：评价方法操作起来较为复杂，给任课教师带来额外的负担，任课教师必须对课堂每个环节都有考核，并且采用不同的考核方式；评价过程比较复杂，给相关工作人员带来负担；课程环节对相关能力的支撑程度不同，采用相同的权重容易产生评价结果的误差。总体来说，该方法通过对课程成果的直接评价，评价学生能力达成度，细化了评价过程，具体到课程教学每个环节，是值得借鉴和参考的一种评价方法。

（二）印度工程学院课程成果与学生能力评价方法

印度工程学院的课程成果评价方法主要有以下步骤：①明确项目成果的目标与学院使命和教育使命是一致的。②把课程成果与学生能力一一对应，做出课程成果与学生能力的映射表（如表13-3所示）。③设计问卷对学生进行调查，获得学生对课程成果的反馈数据。表13-4是一个课程成果评价表样本。④基于样本的大小（学生的数量）、课程成果成绩（最高5分），采用加权平均的方法对课程成果分数进行计算，采用5分制。表13-5给出一个学期所有课程获得的课程成果成绩。⑤把课程成果的分数赋予每一个与之对应的学生能力，计算出学生能力的分数。表13-6是课程成果与项目成果的映射。⑥把结果用于课程与项目的持续改进。

表13-3 一门典型课程的课程成果

课程名称	课程成果（CO）	与项目成果（PO）对应关系
ME2352 传输系统设计	1. 识别不同类型的动力传动系统（如机械、液压、电气等）及其优点缺点的能力 [a, h]； 2. 使用功率、转矩、转速、速比和效率之间的关系去解决输电系统问题的能力 [a, b, e]； 3. 熟悉齿轮类型、齿轮术语和齿轮制造方法相关的知识 [e]； 4. 解释齿轮、齿轮和齿轮的基本定律的能力 [e]； 5. 能够识别、评估和比较不同类型的联轴器、制动器和离合器的能力 [e]； 6. 分析、设计和选择皮带、链条、绳索驱动系统的能力 [b, c, e, j]	a, b, c, e, h, j

表13-4 "传输系统设计"课程成果评介

评估标准	非常好（E）5	很好（VG）4	好（G）3	一般（A）2	很差（P）1			
序号	问题			E	VG	G	A	P
	课程成果（CO）							
1	你能够识别不同类型的动力传动系统（如机械、液压、电气等）及其优点缺点吗？							
2	你能够使用功率、转矩、转速、速比和效率之间的关系去解决输电系统问题吗？							
3	你是否获得齿轮类型、齿轮术语和齿轮制造方法相关的知识？							
4	你能够解释齿轮、齿轮和齿轮的基本定律吗？							
5	你可以识别、评估和比较不同类型的联轴器、制动器和离合器吗？							
6	你能够分析、设计和选择皮带、链条、绳索驱动系统吗？							

表13-5 课程成果成绩汇总

课程代码	课程名称	与项目成果对应关系	课程成果评估结果（5分制）
ME2351	管理原理	a, c, f, h	4.1
ME2352	有限元分析	a, b, e, h	4.1
ME2353	气体动力学与喷气推动	a, b, c, e, j	4.2
ME2354	传输系统设计	a, b, e, h, j	4.3
ME2355	汽车工程	a, c, e, h, j	4.4
ME2356	热能工程实验	a, b, c, e	4.5
ME2357	设计与制造项目	a, b, c, d, e, f, j	4.0
ME2358	沟通技能实验	d, g	3.9

表 13-6 课程成果成绩与项目成果映射

课程细节		与项目成果的映射										
序号	课程名称	a	b	c	d	e	f	g	h	i	j	k	l
1	管理原理	4.1		4.1			4.1		4.1				
2	有限元分析	4.1	4.1			4.1			4.1				
3	气体动力学与喷气推动	4.2	4.2	4.2		4.2					4.2		
4	传输系统设计	4.3	4.3	4.3		4.3			4.3		4.3		
5	汽车工程	4.4		4.4		4.4			4.4		4.4		
6	热能工程实验	4.5	4.5	4.5		4.5							
7	设计与制造项目	4.0	4.0	4.0	4.0	4.0	4.0	4.0					
8	沟通技能实验				3.9			3.9					
项目成果达成度（5分制）		4.20	4.22	4.25	3.95	4.25	4.05	3.95	4.23		4.23		
项目成果达成度（百分比）		84%	85%	85%	79%	85%	80%	79%	85%		86%		

课程评价的数据来自传输系统设计课程。评价能够反映出课程的好坏，有助于教师对课程和项目的改进。该评价方法的优点如下：能充分了解学生对于课程目标的理解以及执行情况，帮助了解学生思想动态；教师通过对学生的调查，得到学生反馈，有助于改进课堂教学；通过课程成果评价，反映出学生的毕业要求达成度。不足之处在于：评价工具过于单一，数据仅仅依靠学生对课程的反馈问卷，可信度不高；学生评价带有主观意识，不能客观反映课程成果达成度；计算方式采用加权平均，各个能力的权重都是一致的，不能体现学生能力培养的重点，缺乏科学合理性；课程成果与学生能力的对应方式单一，不同课程对学生能力达成的支撑程度不一致，不能简单地把课程成果的分数直接等同于学生能力。此种评价方法存在缺陷，有待进一步研究和改进。

（三）沙特阿拉伯国王大学（KSU）课程成果评价方法

M. Iqbal Khan 等人研究了沙特阿拉伯国王大学（KSU）土木工程项目面向工程教育专业认证的评价项目。评价方法的实施过程如下：

首先，分析项目的使命与工程学院以及沙特阿拉伯国王大学的使命是否一致，再确定项目教育目标（PEO）与每一个学院和大学的使命陈述是否一一对应，保证一致性。其次，将土木工程项目的学生学习成果（SO）与美国工程技术评审委员会（ABET）的标准以及美国土木工程师学会（ASCE）的标准相对应。最后，再把这个项目中每门课程的目标与相关的和最重要的学生学习成果对应起来，创建一个映射表。上述过程与其他国家只有微小的差异，下面一个环节是沙特阿拉伯国王大学（KSU）课程成果评价方法的突出特点。

让教师将课程学习成果（CLO）与学生学习成果（SO）对应，使用从1到5的加权数，权重表明了每一个 CLO 服务于 SO 的强度。权重5为最高强度，权重1为最低强度。权重反映了教师依据 CLO 对课程的评估，表明课程学习成果如何服务于学生学习成果。表13-7显示了每个 CLO 与 SO 的相对应的权重实例。任何课程的学习成果没有必要覆盖所有的学生学习成果，一门课程的学习成果不能映射到超过4个学生学习成果。对于每个 SO 设定的权重体现在"总结"那一排。如果这门课程有3个学分的话，那么这个课程的学分可以被分配到相对应的 SO。分配是基于总权重在每一个 SO 所占的比率，具体如下：学分分配给每个 SO =[（每个 SO 的总权重÷权重总和）×课程学时]。学分分布表明这门课程对于达成相关的 SO 有多强的贡献度。然后，每个学期通过学生成绩和教师自评，评估课程学习成果（CLO）。评估 SO 的反馈可以调整或修改或添加一些 CLO，满足知识的发展和行业需求的同时，满足 ABET 和 ASCE 标准。最后，确定每个课程服务于各项学生学习成果（SO）的强度，以此调整教学计划。

评价数据来源于沙特阿拉伯国王大学的土木工程项目。评价项目是为了适应 ABET 2010 标准和 ASCE 2009 土木工程项目标准而开发的。该评价的优点有：强调了课程学习成果（CLO）对学生学习成果（SO）的支撑作用，并赋予不同的权重，改进了以往的评价方法，更加科学地测评学生能力；保证项目使命与学院和大学使命的统一，明确评价的方向和教学目标，更有力地促进学生能力的达成。缺点在于：按照学分来计算权重，对课程给予项目成果的支撑程度判断不够准确，很可能出现学分多，但是与对应的项目成果之间关系较弱，或者学分相对较少，但是与对应的项目成果之间关系较强的情况；评价课程成果的方式较为单一，只采用学生成绩和教师自评的方式评价课程成果，结果不够准确。

表13-7 CE361课程学习成果与学生学习成果的映射

CE361 结构分析	SO1	SO2	SO3	SO4	SO5	SO6	SO7	SO8	SO9	SO10	SO11	SO12	SO13
根据相关代码确定不同类型负载的大小	3				3								
认识到结构的理想化、确定性和稳定性以及不同类型的地板系统	3												
分析内在力量去确定梁、框架、桁架	2				4								
用数值方法说明梁、框架、桁架的位移和斜率	3				4								
应用影响力线解决土木工程问题	2				4								
用不同方法分析不确定结构	3				4								
利用计算机软件解决确定性和不确定性结构							2				4		
总结（权重的总和为41）	16				19		2				4		
学时分配每个成果的权重总和×3÷41（总共3学时）	1.17				1.39		0.15				0.29		

权重：5是最高权重，1是最低权重。

二、评分表分析法

在评价学生能力时，有很多能力不能用课程成果方式体现出来，需要进行定性分析。评分表（Rubric，也叫评价量表）分析法就是进行定性分析的一种方法。通过制定详细、具体、可衡量的评价指标，形成评分表，结合学生的表现，评价学生的专业教育成果达成度。

（一）马来西亚国立大学评分表分析法

传统的评价方法在很大程度上依赖于最终的考试，但是在测量批判性思维、创造力和领导能力等领域时不能达到预期的效果。为了测量情感领域和技能领域的态度或技能，最常用的工具是评价量表。如表13-8所示是一个普通量表的例子。

表13-8 测量设计实验的能力的量表

学习成果	5	4	3	2	1
基于学习目标设计一个实验的能力	实验设计符合目标，解决问题并产生数据/结果来证明结果	实验设计符合部分目标，解决问题并产生数据/结果来证明结果	实验设计符合部分目标，解决部分问题并几乎产生数据/结果来证明结果	实验设计符合部分目标，没有解决问题或者没有产生数据/结果来证明结果	实验设计不符合目标，没有解决问题或者没有产生数据/结果来证明结果
分数	85～100	70～84	55～69	40～54	<40

这种方法最大的优点就是可以进行定性评价，了解学生的态度和感受。但是这种方法只能作为一种辅助方法对专业教育成果进行评价。

（二）沙特阿拉伯费萨尔国王大学（KFU）基于量表的评价

沙特阿拉伯费萨尔国王大学的基于量表的评价，是对ABET所要求的A～K项目成果的评价，针对的学科是计算机科学。量表通常含有3个部分：评价指标点（绩效指标）、量表（量化的达成层级）、各指标点达成不同层级的情况描述。该评价针对ABET的计算机科学项目所要求的A～K项目成果设计的评价指标点如表13-9所示。

表 13-9　计算机科学项目成果行为指标

项目成果	行为指标
A	1. 能够定义和描述计算概念 2. 能够定义和描述数学概念 3. 运用计算机知识解决问题 4. 用数学来解决一个问题
B	1. 分析一个给定的问题或系统 2. 确定给定问题的计算要求 3. 定义适当的解决方案，以满足给定的问题的要求
C	1. 设计一个基于计算机的系统、过程、组件或程序以满足需要 2. 执行一个基于计算机的系统、过程、组件或程序以满足需要 3. 基于计算机的系统、过程、组件或程序的评估和测试
D	1. 有效参与团队讨论 2. 分担团队内的工作 3. 完成团队角色的职责
E	1. 专业责任知识 2. 展示专业和道德实践 3. 做出道德选择
F	1. 口语交际的有效性 2. 书面沟通的有效性
G	1. 分析计算对个人、组织和社会的局部影响 2. 分析计算对个人、组织和社会的全球影响
H	1. 了解专业发展的重要性 2. 独立识别和使用信息源完成指定任务 3. 独立使用不包括在课程内的新技术
I	1. 用当前编程语言编写程序 2. 使用当前网络和互联网开发工具和技术 3. 理解和使用操作系统的能力
J	1. 计算机系统设计中有关数学权衡的理解 2. 计算机系统设计中有关算法折中的理解 3. 计算机系统设计中有关计算机科学理论权衡的理解
K	1. 设计与开发原理在简单软件系统构建中的应用 2. 设计与开发原理在复杂软件系统开发中的应用

基于学生进入该计划时的知识水平，以及他们对于项目的了解情况及现状，把达成度水平的目标定为70%，作为第一个周期，达成之后可以再调整这一目标。此外，采取4分制评分法，表13-10概述了成果水平和相应的措施。

表13-10 成果水平 VS 标准行为

AL = 成就水平		标准行为
价值	百分比	
0～2	AL < 50%	项目成果没达成，需要主要的正确行动
2～3	50% < AL < 70%	项目成果稍微达成了，需要改进措施
3～4	AL > 70%	项目成果达成了

具体到相应的课程当中，基于课程对应的项目成果（对应方式请参照专业教育成果评价过程）和评价指标点，对每个项目成果都开发出相应的评分表。对每个项目成果进行评分，最后汇总评价结果，统计每个项目成果的达成度。

评分表分析法的优点：可以进行定性分析，了解学生的心理状态，能够评价那些不能用成绩测量的能力；系统评价学生的能力，评价体系全面而具体；有效性和可靠性比较高，是一种比较普遍的成果评价方法。缺点在于：评价过程比较复杂，要针对不同专业构建不同指标体系，而且保证指标体系的准确性很难，需要进行论证；评分表分析法要求参与人员较多，专家形成一致的建议才能得到科学的结果，因此评分具有主观性，需要努力减小误差的产生。

三、问卷调查法

问卷调查法属于间接评价方法的一种，主要调查对象有：应届毕业生、往届毕业生、用人单位和家长等。调查内容一般包括两项：一是调查对象对毕业要求所规定的各项能力重要性的认识；二是毕业生在这些毕业要求规定的能力项目上的具体表现和完成情况。这是一种比较常见的评价方法，使用频率比较高。进行问卷调查首先要明确调查的内容，针对ABET规定的11种能力进行调查问卷的设计，也可以对能力的分解指标点进行调查。采用这种方式评价专业教育成果的有中国香港、美国、日本、马来西亚和土耳其等，下面结合评价的实例对问卷调查法进行分析。

(一) 香港科技大学工程学院问卷调查法

香港科技大学工程学院对于学生专业教育成果评价的计划，主要使用的评价方法是问卷调查法。评价计划包括从学生入学到毕业，学生、教师和雇主都参与了对学生能力的全面评价。运用各种方法，包括问卷调查、访谈和焦点小组进行评价。该计划使用两个级别的比较：①三年级和四年级，从2012年秋季开始比较；②学生、教师和雇主之间的比较。比较两个年级之间的评估结果，将为四年的课程对学生学习的影响提供证据。

不同的利益相关者之间的比较，将揭示学生在课程中的实际表现和期望之间的差异。该计划的主要组成部分包括以下内容。①雇主调查：各行业的雇主将被邀请，调查他们对香港科技大学毕业生的能力有关问题的期望和反馈。②学生入学和毕业退出调查：这两项调查作为前和后测试，以评估学生的能力在工程教育过程之前和之后的变化。③教师调查：工程学院将邀请他们进行调查，吸取他们对毕业生的不同能力的意见。④顶点经验评价：顶点经验评价包括学生的书面报告、口头报告的评价和团队合作精神。评价者包括监事和考官，同时学生进行自我评价和同伴评价。这个计划的一个显著的特点是，这4个调查的问卷项目是一致的，以允许学生、教师和雇主之间的比较。特别是，评价指标是嵌入在所有调查中的，以减少歧义和反馈解释的不确定性，确保这两个层面的比较是可行的且有意义的。对于问卷的设计，给出了针对终身学习能力的雇主评价量表，如表13-11所示。

表13-11 针对终身学习能力的雇主评价量表

能够意识到需求，并投入终身学习中的能力						
H-1 探索一个主题然后寻找相关信息						
期望	1	2	3	4	5	N/A
表现	1	2	3	4	5	N/A
	探索一个主题，在一个表现程度上，辨别现存信息		探索一个主题，在有一定深度的层面上，寻找相关信息		探索一个主题，有深度地寻找相关信息，并对这个主题产生浓厚的兴趣	

(续表 13-11)

能够意识到需求，并投入终身学习中的能力					
H-2 寻找工作职责之外的附加知识					
期望	1	2	3	4	5	N/A
表现	1	2	3	4	5	N/A
	在寻找工作职责之外的附加知识上，表现出很少的兴趣		在指导下，寻找机会去拓宽工作职责之外的知识、技能和能力		积极寻找机会拓宽工作职责之外的知识、技能和能力	
H-3 回顾以前的学习经验，揭示意义或者用更广泛的角度看待教育或人生					
期望	1	2	3	4	5	N/A
表现	1	2	3	4	5	N/A
	回忆以前的学习经验，然后重复同样的学习模式		回顾以前的学习经验去辨别学习的课程；做出需要的改变去提高未来表现		回顾以前的学习经验，批判地看待学习的课程；做出需要的改变去提高学习过程	

收集评价结果以后，可以参考成果评价的一般过程，对结果进行汇总和计算。香港科技大学工程学院采用以问卷调查为主的评价计划对专业教育成果进行评价，整个计划很完备，在进行对比之后，能够看出学生的能力变化情况，这是一个优势。其优点还在于这个评价的对象包括学生、教师、雇主3个方面，能够从不同层面进行多角度的评价，评价的方式也是多元化的，能够得出满意的结果。

（二）马来西亚国立大学问卷调查法

马来西亚国立大学的土木结构工程系为了评价项目教育目标（PEO）的达成度，通过间接评价对家长、校友和雇主进行调查。评价项目成果（PO）是通过调查应届毕业生、工业培训雇主、校友和工厂老板，调查中的打分按1~5分进行评分。一般，项目教育目标（PEO）和项目成果（PO）的调查结果大多集中在3~5之间。这表明此项目教育目标（PEO）已经达成。马来西亚的问卷调查方法与香港的差异不大，但是增加了对学生家长进行问卷调查的环节，这一点值得我们借鉴。这是马来西亚国立大学的评价方法与其他国家（地区）相比的特点。通过对学生家长进行的问卷调查，表明学生在经过课程学习以后各方面能力的变化，尤其是类似沟通能力、语言能力等这些精神领域的能力。这些能力通过对其他对象的调查不容易反映出来，但是家长对学生的了解程度比教师、雇主都要高出很多。通过调查家长，能够获取学生能力变化的信息。所以，在使用问卷调查法进行专业教育成果评价时，如果能够把家长纳入评价对象之内，可以让评价结果更加准确，提高评价的科学性。

四、档案袋评价法

档案袋评价法就是教师根据课程培养目标与教学计划，要求学生在一段时间内主动地收集学习成果的证据、反思自身学习行为、组成学习成果的档案，用来评价学生的努力程度、进步幅度与成长速度。学生完成整个学习历程后予以整理，即成为一份完整的学习档案。档案袋评价法可以适切评价学生应用、推理、分析、综合等高层次的认知行为，听、说、读、写等技巧与技能，能够全面评价学生的素质，因此受到教师的青睐。在评价专业教育成果时，针对ABET的要求，许多国家（地区）采用档案袋评价的方法，如澳大利亚、美国、英国、新西兰、加拿大、中国香港等。澳大利亚迪肯大学工程和信息技术学院提供了一个在线学生档案袋的案例。在线学生档案袋作为评价的一种手段用来促进学生明确毕业生素质，并记录学生毕业素质的获得情况。学生评价档案袋系统很容易使用，它帮助学生去鉴别自己所获得的技能和知识。取得通过的成绩并不代表学生获得了相应的毕业生素质，而学生档案袋法是一种有效评价个人获得毕业生素质的方法。

在线学生档案袋作为一种方法吸引工程专业本科学生研究毕业生素质概念的发展与评价。评价被嵌入最后一年的学习当中，以解决专业实践问题。学生被要求提供"证据"（文章、演示文稿、计算机程序、音频录音、视频、照片等）和反思，即他们特定的毕业生素质的成就/理解/发展。为了评价学生对毕业生素质的理解能力的发展及学生对于在线档案袋系统的使用情况，学校实施了一个学期前和学期后的调查。具体实施过程如下：

澳大利亚迪肯大学工程和信息技术学院提供了一个4年的工程学士学位（BE）。该计划有校内和校外两种模式。学生在学习的第四年，对最后一个学期工程管理/专业实践研究单元SEB421的工程战略问题负有学术责任。相关的评价任务包括：①每周一次的反思日记；②撰写有关文献的技术创新的书面个案研究报告；③计算机标在前两个模块内容多选择和测试；④一个主要的书面报告和口头报告，涵盖了学期的单位内容和基于接受一个工程部经理的面试。所有的评价项目都通过在线方式进行提交，使用课程管理系统（CMS）进行提交。对于毕业生素质，迪肯大学有12条要求，针对这个项目选择了其中的5个：①熟练使用工程设计的能力；②与工程团队和社会有效沟通的能力；③进行有效的时间管理和过程管理的能力；④流畅的电脑文字、图形处理能力；⑤创造力和创新能力。学生为了证明自己获得了相关的能力，要针对这5个要求上传这两方面的内容：一是证据。学生将确凿的证据上传到迪肯大学在线课程管理系统（DSO），用来说明学生对指定的毕业生素质的实现。可能的证据格式包括书面工作、演示/视觉教具、计算机程序、音频、短视频、照片等。二是反思。一个人对于经验的反思是公认的专业人员（如工程师）必须具备的最重要的手段之一，不断地从他们的经验中建立他们的知识。在自己的素质证据上，学生要写至少200字的个人反思，用来表明学生认为素质对于自己发展为一个技术专业人才的重要性和相关性。

以上学生提供的证据，在最终成绩里面占10%的比重。这是一个实验，这是决定一个正式评价行为，在建立学生对于毕业生素质的前期认识和使用档案袋评价法后，去决定他们与毕业生素质相关的知识如何发展，通过使用档案袋，去决定使用档案袋系统的态度。在线学生档案袋的优点：容易使用；给予学生针对他们档案袋的安全控制；可以制作多媒体档案的材料；档案袋的内容可以搜索；材料可以很容易地更新或者更换；学生和工作人员可以随时访问在线档案袋；档案袋可以自动登录和管理；学生可以在网上提供反馈；档案袋结构可以与所需的毕业生素质相一致，从而使学生提交的意见集中在被测量的成果上。

参考文献

[1] 李贤凤. 成果导向教育对当代职业教育的适应性浅析[J]. 北方经贸, 2015（2）.

[2] 潘建华. 我国职业教育发展的理念误区探析[J]. 科技信息（学术版）, 2007（1）.

[3] 朱彦慧, 等.《教育哲学》对当前职业教育的启示[J]. 职大学报, 2015（6）.

[4] 张德江. 应用型人才培养的定位问题及模式探析[J]. 中国高等教育, 2011（18）.

[5] 吴中江, 黄成亮. 应用型人才内涵及应用型本科人才培养[J]. 高等工程教育研究, 2014（2）.

[6] 吴阿林. 应用型人才的层次结构及其指标体系的研究[J]. 黑龙江高教研究, 2006（11）.

[7] 杭州华三通信技术有限公司（HC）培训中心. 高技能网络人才培养新模式——多元应用能力模型"MAAM"[J]. 计算机教育, 2009（9）.

[8] 陈雪梅, 卢宁. 构建应用能力培养的课程体系[J]. 高教发展与评估, 2007, 23（1）.

[9] 高峡. 国外应用能力框架之比较及其启示[J]. 全球教育展望, 2012（11）.

[10] 周锦荣. 应用型人才教育模式下的知识应用能力培养[J]. 内蒙古农业大学学报（社会科学版）, 2015, 17（2）.

[11] 殷明, 等. 美国学历资格框架（DQP）述评[J] 中国职业技术教育, 2016（6）.

[12] 那一沙, 袁玫, 吴子东. 教学设计研究综述[J]. 西南交通大学学报（社会科学版）, 2013, 14（3）.

[13] 钟志贤, 刘春燕. 论学习环境设计中的任务、情境与问题概念[J]. 电化教育研究, 2006（3）.

[14] 贾跃. 从德国职业教育看学习情境的构建 [J]. 中国现代教育装备，2009（16）.

[15] 谭移民. 基于课程标准的教材结构设计 [J]. 职教论坛，2014（36）.

[16] 马光远. 全面准确理解中国经济新常态 [N]. 经济参考报，2014-11-10.

[17] 谢开华. 中国经济年会聚焦新常态 [N]. 参考消息，2014-12-22.

[18] 李克强. 以改革的思路办好职业教育 [EB/OL]. http://www.gov.cn/. 2014-02-26.

[19] 中国教育与人力资源问题报告课题组. 从人口大国迈向人力资源强国 [M]. 北京：高等教育出版社，2003.

[20] 国务院关于加快发展现代职业教育的决定 [EB/OL]. http://www.gov.cn/. 2014-06-22.

[21] 教育部副部长鲁昕：现代职业教育以就业为导向，不以升学为目的 [EB/OL]. http://www.GZSEDU.CN/. 2015-03-15.

[22] 肖永刚. 对后工业化时代职业教育转型发展的几点思考 [J]. 长沙通信职业技术学院学报，2013（1）.

[23] 刘立红. 新常态下职业教育转型发展的创新探讨 [J]. 成人教育，2015（8）.

[24] 何静，牛玉清. 美国DQP学历框架中国化的探索与实践——以广东岭南职业技术学院工商企业管理专业为例 [J]. 职业技术，2016（4）.

[25] 牛玉清，何静. 基于美国DQP学历框架的工商管理专业规范设计 [J]. 佳木斯职业学院学报，2016（2）.

[26] 叶晓平. 高等职业技术教育人才培养模式研究 [D]. 西安建筑科技大学，2007.

[27] 殷明，何静. 学分矩阵结构在完全学分制改革中的探索与应用 [J]. 当代职业教育，2016（6）.

[28] 覃川，顾勇革. 我国高等职业教育人才培养模式存在的主要问题及对策 [J]. 青岛职业技术学院学报，2015（6）.

[29] 刘春生，高玉鹏. 美国职业教育改革的新动向及启示 [J]. 外国教育研究，2004（9）.

[30] 刘尧. 美国职业教育特点述评 [J]. 世界教育信息，2007（7）.

[31] 严中华. 国外职业教育核心理念解读——学习成果导向职业教育课程开发理论与实践 [M]. 北京：清华大学出版社，2017.

[32] 陆长平，等. 学分制管理理论与实践指南 [M]. 南昌：江西人民出版

社，2009.

[33] 学分互动. 百度百科［EB/OL］. http://www.baike.com/wiki/%E5%AD%A6%E5%88%86？youdaocitiao&amp；pf=youdaocitiao.

[34] ［美］丹奈尔·D.史蒂文斯，安东尼娅·J.利维. 评价量表——快捷有效的教学评价工具（第2版）［M］. 陈定刚，译. 广州：华南理工大学出版社，2014.

[35] 韩开绯. 成果导向学习成效评量理论与实践研究［J］. 职业技术，2017，16（10）.

[36] 王玉. 专业教育的成果评价及持续改进研究［D］. 大连理工大学，2017.

[37] 王晓典，等. 成果导向高职课程开发［M］. 北京：高等教育出版社，2016.

[38] 李志义，朱泓，刘志军，等. 用成果导向教育理念引导高等工程教育教学改革［J］. 高等工程教育研究，2014（2）.

[39] 李坤崇. 学业评价——多种评价工具的设计及应用［M］. 上海：华东师范大学出版社，2016.

[40] 周清明. 中国高校学分制研究［M］. 北京：人民出版社，2008.

[41] 李庆苏. "成果导向+行动学习"课程大纲的开发［J］. 科技经济导刊，2017（27）.

[42] 李光梅. 成果导向教育理论及其应用［J］. 教育评论，2007（1）.

[43] 国务院关于印发国家职业教育改革实施方案的通知［EB/OL］. 索引号：000014349/2019-00005. http://www.gov.cn/zhengce/content/2019-02/13/content_5365341.htm. 2019-02-13.

后 记

——邀你续酿这壶美酒

翻到这里或许你已通读过一遍，或许你也已经找到了一些可以借鉴的文献（资料），当然，或许你在阅读时也曾经"灵光乍现"，有自己的认识和思考，或许你也有过迷茫，这都非常正常。如果，把这比喻成自酿的一壶酒，而你要问我"这壶酒"够不够味？够不够香？那，我应该怎么回答？我想最好的回答应该是告诉你这壶"酒"就是这样。至于"酒味"够不够、"香味"浓不浓，品者自有研判。把视野放大，必有适者。再说，我觉得这不仅仅是在"酿一壶酒"的问题，我更是摆了一桌"好酒"。"怎么摆，这壶酒都是好酒"，只是我更想与你共享、继酿这壶美酒，因为只有酒桌上多几个朋友，只有酿酒的过程多几位师傅，这壶酒或者更能彰显它的魅力。

就像前面所说的一样，由于国内的竞争思想冲击着传统的教育视野，当前在探索具有国际影响的中国特色的高职教育、教学理论时，涌现出了前所未有的热情。大家开始意识到培养国际型人才的紧迫感，开始积极地对国际职业教育的发展变化与趋势进行了解和研究，开始对国际标准、规范和先进技术进行技能了解和学习，开始积极鼓励师生参与国际竞争。随着社会经济、科学技术的进步，市场和人才全球化趋势越来越明显，中国积极投入并参与国际竞争，提升我国职业教育国际化程度和国际竞争力或许将是职业教育未来一段时间发展的主旋律之一。因此，我们要与世界接轨，加紧与世界先进文化的交流与沟通，然后融入国际大环境中。

在"职教20条"的引领下，"1 + X"证书制度、学分制、中国特色学历资格框架的构建也有了一个良好的开端，我愿意也希望与你继续酿好这壶美酒。相信有了这个良好的开端，未来我们一定可以在这个领域看到很多"迷人的风景"，听到很多"动人的故事"。你的参与不仅体现了你的职业能力，更体现了作为一名教育者对教育的那份执着和那份职责。教育探索和分享本就是教育工作者应尽的一分责任,"教书育人"的过程也应该是一个教育探索的过程。早在《礼记·学记》中就有"记问之学,不足以为人师,必也其听语乎?"的表述。它告诫我们作为一名教师、一名教育工作者,理应积极探索适合社会经济发展的人才培养方法和模式。很荣幸,作为一名教师,我能一路参与并积极探索。现在,我更希望与你一起,为祖国的高职教育发展一起努力。

最后,再次感谢在本书的编撰中给予我支持的各位专家和朋友,并用唐代诗人刘禹锡的"千淘万漉虽辛苦,吹尽狂沙始到金"作为结尾。

何静

2020 年 3 月于广州

E-mail:398317684@qq.com

注:本书为广东省高等职业技术教育研究会重点课题"大数据背景下的课程学习成果呈现模式研究与实践"(GDGZ18Z027),校级科研项目"基于 OBE 理念的课堂教学诊断与改进系统设计与应用"(KY201904),广州市哲学社会科学规划课题"基于制度逻辑视角成果导向国家资格框架开发分析框架及其在粤港澳大湾区的应用研究"(2019GZGJ166)研究成果。